教育部重点推荐
新世纪财经系列教科书
李海波工作室

新编商业会计
——商品流通企业会计

（第十版）

李海波　蒋瑛/主编

XINBIAN SHANGYE KUAIJI

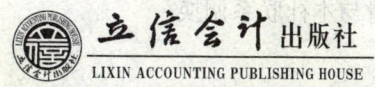

立信会计出版社
LIXIN ACCOUNTING PUBLISHING HOUSE

图书在版编目(CIP)数据

新编商业会计:商品流通企业会计 / 李海波,蒋瑛
主编. —10 版. —上海:立信会计出版社,2019.11
ISBN 978 - 7 - 5429 - 6327 - 7

Ⅰ.①新… Ⅱ.①李… ②蒋… Ⅲ.①商业会计-教
材 Ⅳ.①F715.51

中国版本图书馆 CIP 数据核字(2019)第 260879 号

责任编辑   余 榕

新编商业会计——商品流通企业会计(第十版)

出版发行	立信会计出版社		
地 址	上海市中山西路 2230 号	邮政编码	200235
电 话	(021)64411389	传 真	(021)64411325
网 址	www.lixinaph.com	电子邮箱	lixinaph2019@126.com
网上书店	http://lixin.jd.com		http://lxkjcbs.tmall.com
经 销	各地新华书店		
印 刷	常熟市华顺印刷有限公司		
开 本	710 毫米×960 毫米	1/16	
印 张	19.75	插 页	1
字 数	410 千字		
版 次	2019 年 11 月第 10 版		
印 次	2019 年 11 月第 1 次		
印 数	1—3100		
书 号	ISBN 978 - 7 - 5429 - 6327 - 7/F		
定 价	45.00 元		

如有印订差错,请与本社联系调换

李海波 毕业于中央财经大学，教授，研究员，中国注册会计师，享受国务院政府特殊津贴的专家。

长期从事会计、财金等教学、理论研究和高校管理工作。先后兼任中国会计学会理事，中国审计学会理事，中国生产力学会常务理事，上海生产力学会常务副会长等职。多年来，主编出版了《公司会计》《企业会计》《股份制会计》《新编审计学》《财务管理》《新编会计学原理》《经济法》《财政与金融》《金融会计》《管理会计》《中国税制》《珠算》《生产力词典》等著作、词典、教科书四十多部，发表论文数十篇，教学、科研成果突出；多次荣获国家教育部、中国书刊发行业协会等颁发的"全国优秀畅销书"奖、"全国生产力理论实践成果著作一等奖""建国50周年精品图书"奖、全国"优秀教材特等奖""全国优秀畅销书"排行榜金杯奖和"优秀畅销书一等奖"；多次被授予"上海市财贸系统有突出贡献的优秀专家"称号，荣获"宝钢奖"。曾受聘担任国家教育部全国专科教育人才培养工作委员会副主任，并被收入《中国大学校长名典》和《中国教育名人录》。

前　　言

本书根据会计与国际趋同的要求，按照财政部最新修订的《企业会计准则》及其应用指南、《企业会计制度》及税制改革的有关规定，吸收了近年来财会研究的新成果，组织有关专家、学者和教育工作者修订编写而成。本书是一本内容新颖、富有特色、实用性强的规范化教材，适合普通高等院校财会教学、职业技术教育、上岗培训、专业技术资格考试、自学进修的需要，也可作为商业企业财会人员的培训教材，以及教育工作者、企业管理人员的业务学习参考用书。

本书由我国著名的会计学专家、中国注册会计师、兼任中国会计学会理事、中国审计学会理事、中国生产力学会常务理事、曾受聘担任全国专科教育人才培养工作委员会副主任、享受国务院政府特殊津贴的李海波教授和著名会计专家蒋瑛教授主编。参加本书编写的有李海波、蒋瑛、张翠琼。

本书被教育部列为全国重点推荐教科书。

本书自出版以来，在全国各省、市、自治区发行，连续再版并数十次印刷，多次被中国书刊发行业协会评为"全国优秀畅销书"，荣获上海普通高校"优秀教材奖"。

为使本书内容更趋完善，作者不断对全书进行修订和完善，并敬献给广大读者。

本书在编写过程中，得到中国会计学会、中国生产力学会、全国经济书店以及中央财经大学、上海商学院、上海立信会计金融学院和立信会计出版社等单位有关同志的大力支持，在此表示衷心的感谢！

为了方便教学,本书配备了教学课件,需要的老师请登录 www. lixinaph. com 免费下载或发送电子邮件至 lixinaph@163. com 免费索取。

本书难免存在不足之处,敬请读者批评指正。

目　　录

习题参考答案

第 一 章

商业会计概述

【内容提示】 本章是商业会计的导言,概述了商业会计的一些基本问题。通过学习,学生应了解商业会计的含义和特征,明确商业会计制度的沿革及现行企业会计制度的特点和主要内容,掌握会计法规及商业会计工作组织等方面的知识。

第一节 商业会计的含义和特征

一、商业会计的含义

商业会计是应用于商品流通领域企业的一项专业会计。它是以货币为主要计量单位,以会计凭证为依据,借助于专门技术方法,对商品流通企业的经济活动进行全面、综合、连续、系统的核算和监督,综合反映企业的经营情况和经营成果,为企业内外部利益关系人提供财务信息;并为取得最佳经济效益的一种经济管理活动,是商品流通企业经营管理的一个重要组成部分。

二、商业会计的特征

商业会计是国民经济中企业会计的一个分支,在会计方面与其他企业会计具有核算和管理的共同职能。但从商品流通运行规律与会计的结合来看,商业企业主要是从事商品的购销活动的企业,商业会计主要是环绕商品流通进行核算和管理的,因此有其自己的特征。

(一)商业会计以商品流通资金运动为中心进行核算和管理

商品流通通过商品、货币关系形成"货币—商品—货币"的资金循环运动形式,在购销过程中,通过购买商品,支付货款及费用,使货币资金转化为商品资金;在销售过程中,通过商品销售,取得收入和盈余,使商品资金又转化为货币资金,并获得增值。商业会计以商品流通活动为中心,对商品资金的筹集、投放、运用和资金的循环进行核算和管理,其核算重点和管理方法显然与其他企业不尽相同。

(二)商业会计以市场为导向

商品流通最基本的规律是价值规律。从商品的价值规律及其供求关系上获得有利时机,扩大经济效益,这是在社会主义市场经济中商业会计的又一特征。我国自从建立市场经济体制以后,打破了过去的产品计划分配、计划定价以及垄断销售的局面,商业会计必须在企业运行中,按照价值规律控制商品的成本和费用,扩大收益,使企业在竞争中立于不败之地。

(三) 商业会计在生产与消费之间发挥桥梁和纽带作用

在扩大再生产过程中,商业会计通过复杂的结算工作和优质服务,一方面为生产者服务,另一方面又为消费者服务,以促进生产,满足消费,加速资金周转,联结企业与各方面的经济关系。

三、商业会计的任务

会计的任务是由会计的职能和作用决定的,它取决于会计对象的特点和经济管理的要求。商业企业主要在流通领域中从事商品购销活动,其会计核算的任务主要是对经营资金及其运动进行核算和管理,并促使企业改善经营管理,提高经济效益。改革开放以来,我国商业企业进行了机制的转换,以"建设大市场,发展大贸易,搞活大流通"为目标,实现流通市场化、社会化、现代化和全球化,商业会计的任务更为艰巨和复杂,应该在企业经营管理总的要求下,完成以下任务。

(一) 根据新的会计核算要求,及时正确地反映经济情况,提供会计信息

会计信息是经济信息的重要方面,会计部门必须利用会计的全面性和综合性特点,按照《中华人民共和国会计法》(以下简称《会计法》)规定,正确贯彻《企业财务通则》和《企业会计准则》,正确、及时、完整地反映企业的经济活动和经营成果,为企业经营决策和为投资人等提供可靠的会计信息。

(二) 严格执行国家的方针政策和财务制度,坚持财会监督,保护国家、社会和企业所有者的权益

保护国家利益、社会公众利益和投资者利益是企业会计的主要任务,商业会计必须遵守国家的财政政策和商业政策,严格执行财务会计制度,保证企业的财产不受损失,维护国家利益、社会公众利益和投资人的合法权益。为此必须做到:

(1) 企业的一切经济活动必须严格按照国家的政策法令和财务制度,并监督其执行。

(2) 保障投资人的权益,不得任意增减资本金,不得任意转移资金和盈余,并保证国有资产不受损害。

(3) 全面记录企业财物的增减变动情况,定期组织财产的清查和核对,保证企业财物的安全和完整。

(4) 加强会计稽核和检查,进行事先、事中和事后的控制,促使企业合理有效地运行,并制止乱挤成本、乱摊费用和铺张浪费、违法乱纪的行为。

(三) 加强计划和预算,合理和节约使用资金,改善企业经营管理

在市场经济条件下,企业的一切经济活动在很大程度上受市场变化的影响。

因此对企业资金的筹集和使用，都必须加强计划和预算，防止脱节和浪费。财会部门更应当在企业内部实行人、财、物的综合利用，节约人力、财力和物力，并对企业货源和销售，实行有效的控制，对商品物资实行严格的管理，以促进企业改善经营管理。

（四）检查分析企业经营业绩，参与企业的预测和决策，增强企业活力，提高企业经济效益

通过会计信息的检查分析，预测企业经济前景，控制企业经营过程，参与企业经营计划和经营决策，是对商业会计工作提出的新要求。加强经济核算，重视经济效益，收集和利用经济信息，对经济活动进行组织、控制、调节和指导是企业提高经济效益的一种管理活动，它要求财会部门在日常核算和监督过程中加强财务管理，促进企业按计划目标和市场要求，不断提高经济效益。

第二节　商业会计制度改革

一、商业会计制度的演变

我国商业会计制度是随着商业经济的发展而演变的。在新中国成立初期，各地商业企业都是根据原有的会计核算办法进行核算的，无统一会计制度。为了适应全国统一的国营贸易工作的需要，贸易部于 1950 年 5 月制定了《全国贸易系统暂行会计制度》；1952 年又根据国家贸易机构的设置，分别制定了《对外贸易会计制度》和《商业会计制度》。全国供销合作总社也草拟了《各级供销合作社统一会计制度》。这几种会计制度都是在财政部和国家主管部门领导下，参照苏联计划经济的模式而制定的。后来，随着经济体制的变革和经营管理的要求，各种制度经过了多次变化，并按照不同领导机构具体划分为外贸企业会计、物资企业会计、商业企业会计、粮食企业会计、供销合作社会计及石化、烟草、医药等企业会计，其中原商业部系统就有国营商业企业、粮食企业和供销合作社企业会计，而各种集体企业会计制度又分别由各地财政、商业和合作企业等主管部门负责制定，形成了分部门、分行业、分所有制的会计制度体系。随着我国改革、开放和市场经济的发展，我国商业企业出现了跨部门、跨所有制和跨行业多元化的经济实体，并出现了股份制企业、集团公司和外商投资企业，原来的单一所有制、单项经营和与国际会计惯例不相衔接的会计制度已不适应客观形势的变化，不能满足国家转变政府机关职能和企业转换经营机制的需要。因此，财政部公布了《企业财务通则》和《企业会计准则》，以及包括《商品流通企业会计制度》在内的十几个行业会计制度，在全国统一执行。

为了贯彻执行《会计法》所提出的"保证会计资料真实、完整"及"国家实行统一

的会计制度"的规定,进一步规范企业会计核算工作,提高会计工作质量,财政部又于 2001 年 1 月发布了《企业会计制度》;此后,又陆续对《企业会计准则——基本准则》和具体准则进行了补充修订,同时还制定了《小企业会计制度》《金融企业会计制度》、企业会计制度与核算办法等。《企业会计制度》的执行,统一了不同所有制、不同行业集财务会计于一体的会计核算工作。2006 年 2 月,财政部正式发布了新修订的《企业会计准则——基本准则》和 38 项具体准则;同年 10 月,又根据新的《企业会计准则》制定了《企业会计准则——应用指南》,形成了我国企业会计准则体系。近几年,我国企业会计准则体系得以不断修订补充和完善。这是我国会计为适应经济全球化,提高我国企业的会计信息在全球经济中的可比性,促进创新改革,推动我国会计国际化的发展战略,全面提高我国对外开放水平的一次重大举措。

二、《企业会计准则——应用指南》的主要内容

《企业会计准则——应用指南》是在 2006 年新修订的《企业会计准则》和 38 项具体准则的基础上,对具体准则中的重点、难点作进一步解释,并规定了会计科目的设置、财务会计报告的编制,以及有关会计处理方法的规范性文件。现将主要内容分别简述于后。

(一)会计基本前提

会计基本前提也称会计假设,是对会计领域里某些无法正面加以论证的事物,根据客观的、正常的情况和趋势,经过逐步认识所作的合理的判断。会计核算对象的确定、会计方法的选择、会计数据的收集等都要以会计核算的基本前提为依据。例如,为了及时计算企业的损益情况,就有必要将企业的生产经营过程人为地划分为一定期间;为了反映企业的生产经营情况,就有必要选择确立一定的计量单位。会计核算的基本前提包括会计主体、持续经营、会计分期和货币计量四项内容。

(1)会计主体。会计主体是指独立核算的经济实体。会计核算应当以企业发生的各项交易或事项为对象,记录和反映企业本身的各项生产经营活动。

这个规定是指在会计核算工作中,只有能影响企业本身经济利益的各项交易或事项才能加以确认和计量,不能影响企业本身经济利益的各项交易或事项不能加以确认和计量。为了真实地反映会计主体的财务状况、经营成果和现金流量,必须将会计主体的经济活动与会计主体所有者或其他经济主体的经济活动区别开来。

(2)持续经营。企业应当以持续、正常的生产经营活动为前提。在一般情况下,我们应当假定企业将会按当前的规模和状态继续经营下去,不考虑停业、破产、清算的因素,使之对资产能够按照历史成本计价和折旧,费用能够定期进行分配,负债能够按期偿还,否则正常的核算就无法进行。

(3)会计分期。会计核算应当划分会计期间,分期结算账目和编制财务会计

报告。企业在持续经营期间,为了定期确立收入、费用和利润,定期确立资产存量、负债和所有者权益,必须等距离地划分为一定期间,以便结算账目,编制财务会计报告和对会计信息进行比较和分析。会计期间分为年度、半年度、季度和月度,其起讫的日期按公历日期。

(4)货币计量。会计核算以人民币为记账本位币。会计核算以货币计量可以使企业的生产经营活动统一地表现为货币运动,能全面地反映企业的财务状况和经营成果。在我国,会计核算以人民币为记账本位币。业务收支以外币为主的企业,也可以选定某种外币为记账本位币,但编制的财务会计报告应当折算为人民币反映。在境外设立的中国企业向国内有关部门报送财务会计报告,应当折算为人民币反映。

(二)会计信息质量要求

为了规范企业的会计核算行为,提高会计信息质量,《企业会计准则——基本准则》规定了会计信息质量要求,主要有以下几条内容:

(1)可靠性。这是指会计核算应当以实际发生的交易或事项为依据,进行会计确认、计量和报告,如实反映符合确认和计量要求的企业各项会计要素及其相关信息,保证内容真实、数字准确、反映完整、资料可靠。

(2)相关性。这是指企业所提供的会计信息应与财务会计报告使用者决策有关,要求在收集、记录、处理和提供会计信息过程中能充分考虑会计信息使用者决策的需要。

(3)可理解性。这是指会计提供的会计信息应当清晰明了,便于使用者理解和利用。对于报表中难以用数字明确的问题,应当用文字加以说明。

(4)可比性。这是指会计核算应当按照国家统一规定的会计处理方法进行,企业提供的会计信息应当具有可比性。同一企业不同时期发生的相同或者相似的交易或事项,应当采用一致的会计政策,前后各期应当保持一致,不得随意变更,便于对不同时期的各项指标进行纵向比较;不同企业发生的相同或者相似的交易或事项,应当采取规定的会计政策,确保会计信息口径一致,相互可比,使其所提供的数据资料便于比较、分析和汇总。

(5)实质重于形式。这是指会计核算应以交易或事项的经济实质为依据,而不应仅仅按照它们的法律形式作为依据。例如,以融资租赁方式租入的资产,虽然从法律形式来讲,企业不拥有其所有权,但是,由于租赁合同规定的租赁期接近该项资产的使用寿命,租赁期结束时,承租企业有权优先购买该项资产,且在承租期内有权支配资产并从中受益。因此从该项资产的经济实质来看,是企业能控制其创造未来经济利益的,在会计核算上应视为企业的资产。体现了对经济实质的尊重,以保证会计信息与客观经济事实相符。

(6)重要性。这是指在会计核算过程中,对交易或事项应区别其重要程度,采用不同的核算方式。对资产、负债、损益等有较大影响,并进而影响财务会计报告使用者据以作出合理判断的重要会计事项,必须按规定的会计方法和程序进行处理,并在财务会计报告中予以充分、准确的披露;对于次要的会计事项,则可在不影响会计核算真实性的情况下,作适当简化,合并反映。

(7) 谨慎性。谨慎性也称稳健性,是指在会计核算中,企业在不确定因素情况下作出职业判断时,应保持必要的谨慎,不多计资产或收益,不少计负债或费用,把会计核算尽可能地建立在比较稳妥可靠的基础上。例如,企业对可能发生的各项资产损失,计提资产减值准备,就是体现了谨慎性的会计信息质量要求。但是要注意,企业不能任意设置各种秘密准备,滥用谨慎性原则。

(8) 及时性。这是指对于已发生的交易或事项应当及时进行会计处理,不得提前或延后,即要求及时收集会计信息,及时对会计信息进行加工处理,及时传递会计信息,力求讲究时效,促使有效地利用会计信息。

(三) 会计要素的确认和计量

会计要素是对会计对象按其经济特征所作的进一步分类。它是反映企业财务状况,确定经营成果的基本单位。通过对会计要素的分类,我们可以根据各个要素的性质和特点,分别制定对其进行确认、计量的标准和方法,并为合理建立会计科目体系和设计财务会计报告提供依据。

会计要素分为资产、负债、所有者权益、收入、费用、利润六类。

按照《企业会计准则》中对会计要素的新定义,以下介绍会计要素确认和计量的规范要求。

1. 资产

资产是指过去的交易或者事项形成的、由企业拥有或者控制的、预期会给企业带来经济利益的资源。

对资产的确定,主要把握以下要点:

(1) 该资源是否"预期会给企业带来经济利益"。预期给企业带来经济效益是资产最重要的特征,是指能直接或间接导致现金和现金等价物流入企业的潜力。例如,存货中的冷背呆滞商品,无法收回的应收账款,以及已被淘汰或长期闲置不用的设备等资产项目,预计不能给企业带来经济利益,而其价值仍反映在资产负债表的资产方,造成虚增资产。对于这些资产,制度规定应提取减值准备,减少资产价值,使之符合资产定义。

(2) 企业拥有或者控制该项资源的所有权并可由企业自行使用或处置。

资产按其流动性进行分类,可分为流动资产和非流动资产两类。

2. 负债

负债是指过去的交易或者事项形成的、预期会导致经济利益流出企业的现时义务。

对负债的确定,主要是看以下两个方面:

（1）是否源于已经发生的交易或事项及现时义务。例如,购入商品产生的应付账款,收到银行借款产生的还款义务可以作为负债,而未来的交易及未来的承诺,都不能作为负债。一般情况下,只有在资产已经获得时才产生义务。

（2）与该义务有关的经济利益是否可能流出企业。

负债按其流动性划分,可分为流动负债和非流动负债两类。

3. 所有者权益

所有者权益是指企业资产扣除负债后由所有者享有的剩余权益,其金额为资产减去负债后的余额。对所有者权益的核算,不仅要反映企业的资本来源,揭示法定资本,同时还要对利润分配和公积金的构成、使用予以记录,因此所有者权益包括所有者投入的资本(或股本)、直接计入所有者权益的利得和损失以及留存收益等项目。

4. 收入

收入是指企业在日常活动中形成的、会导致所有者权益增加的、与所有者投入资本无关的经济利益的总流入,包括销售商品收入、劳务收入、利息收入、使用费收入、租金收入、股利收入等,但不包括第三方客户代收的款项。

收入按企业经营业务划分,可分为主营业务收入和其他业务收入。商品流通企业的主营业务收入主要是销售商品收入;其他业务收入主要是包装物出租收入等。

收入主要是指源于企业日常活动所形成的收益。商品流通企业的日常活动是指其销售商品,提供劳务等日常活动。

至于企业日常活动以外形成的收益,通常称为利得,在营业外收入中反映,如固定资产盘盈、处置固定资产净收益、出售无形资产收益、罚款净收入等。

5. 费用

费用是指企业在日常活动中发生的、会导致所有者权益减少的、与向所有者分配利润无关的经济利益的总流出。对费用的确定,主要是判断其是否在日常活动中发生并最终是否会减少企业资源。例如,以银行存款支付费用,其本质是资产的流出,但如果以银行存款偿付债务,同时减少负债就不能构成费用。

费用按其经济用途划分,可分为生产费用和期间费用。商品流通企业的费用主要是期间费用,包括销售费用、管理费用和财务费用。企业应当在发生时确认为费用,并计入当期损益。

6. 利润

利润是指企业在一定会计期间的经营成果,它是企业在一定会计期间内实现的收入减去费用后的净额、直接计入当期利润的利得和损失等。

企业利润包括营业利润、利得、损失、所得税费用等组成部分。其中,营业利润加上利得,减去损失的数额称为利润总额;利润总额减去所得税后的数额即为企业的净利润。

（四）会计科目

《企业会计准则——应用指南》规定设置和使用的会计科目可分为资产、负债、共同、所有者权益、成本、损益六大类，涵盖了我国上市公司的交易或事项，一般企业使用的为除共同类外的五大类会计科目（见表1-1）。

表1-1　　　　　《企业会计准则——应用指南》会计科目名称表

顺序号	编号	会计科目名称	顺序号	编号	会计科目名称
		一、资　产　类	23	1304	贷款损失准备
1	1001	库存现金	24	1311	代理兑付证券
2	1002	银行存款	25	1321	代理业务资产
3	1003	存放中央银行款项	26	1401	材料采购
4	1011	存放同业	27	1402	在途物资
5	1012	其他货币资金	28	1403	原材料
6	1021	结算备付金	29	1404	材料成本差异
7	1031	存出保证金	30	1405	库存商品
8	1101	交易性金融资产	31	1406	发出商品
9	1111	买入返售金融资产	32	1407	商品进销差价
10	1121	应收票据	33	1408	委托加工物资
11	1122	应收账款	34	1411	周转材料
12	1123	预付账款	35	1421	消耗性生物资产
13	1131	应收股利	36	1431	贵金属
14	1132	应收利息	37	1441	抵债资产
15	1201	应收代位追偿款	38	1451	损余物资
16	1211	应收分保账款	39	1461	融资租赁资产
17	1212	应收分保合同准备金	40	1471	存货跌价准备
18	1221	其他应收款	41	1501	持有至到期投资
19	1231	坏账准备	42	1502	持有至到期投资减值准备
20	1301	贴现资产	43	1503	可供出售金融资产
21	1302	拆出资金	44	1511	长期股权投资
22	1303	贷款	45	1512	长期股权投资减值准备

顺序号	编号	会计科目名称	顺序号	编号	会计科目名称
46	1521	投资性房地产	73	2004	向中央银行借款
47	1531	长期应收款	74	2011	吸收存款
48	1532	未实现融资收益	75	2012	同业存放
49	1541	存出资本保证金	76	2021	贴现负债
50	1601	固定资产	77	2101	交易性金融负债
51	1602	累计折旧	78	2111	卖出回购金融资产款
52	1603	固定资产减值准备	79	2201	应付票据
53	1604	在建工程	80	2202	应付账款
54	1605	工程物资	81	2203	预收账款
55	1606	固定资产清理	82	2211	应付职工薪酬
56	1611	未担保余值	83	2221	应交税费
57	1621	生产性生物资产	84	2231	应付利息
58	1622	生产性生物资产累计折旧	85	2232	应付股利
59	1623	公益性生物资产	86	2241	其他应付款
60	1631	油气资产	87	2251	应付保单红利
61	1632	累计折耗	88	2261	应付分保账款
62	1701	无形资产	89	2311	代理买卖证券款
63	1702	累计摊销	90	2312	代理承销证券款
64	1703	无形资产减值准备	91	2313	代理兑付证券款
65	1711	商誉	92	2314	代理业务负债
66	1801	长期待摊费用	93	2401	递延收益
67	1811	递延所得税资产	94	2501	长期借款
68	1821	独立账户资产	95	2502	应付债券
69	1901	待处理财产损溢	96	2601	未到期责任准备金
		二、负 债 类	97	2602	保险责任准备金
70	2001	短期借款	98	2611	保户储金
71	2002	存入保证金	99	2621	独立账户负债
72	2003	拆入资金	100	2701	长期应付款

（续表）

顺序号	编号	会计科目名称	顺序号	编号	会计科目名称
101	2702	未确认融资费用	127	6031	保费收入
102	2711	专项应付款	128	6041	租赁收入
103	2801	预计负债	129	6051	其他业务收入
104	2901	递延所得税负债	130	6061	汇兑损益
		三、共 同 类	131	6101	公允价值变动损益
105	3001	清算资金往来	132	6111	投资收益
106	3002	货币兑换	133	6201	摊回保险责任准备金
107	3101	衍生工具	134	6202	摊回赔付支出
108	3201	套期工具	135	6203	摊回分保费用
109	3202	被套期项目	136	6301	营业外收入
		四、所有者权益类	137	6401	主营业务成本
110	4001	实收资本	138	6402	其他业务成本
111	4002	资本公积	139	6403	税金及附加
112	4101	盈余公积	140	6411	利息支出
113	4102	一般风险准备	141	6421	手续费及佣金支出
114	4103	本年利润	142	6501	提取未到期责任准备金
115	4104	利润分配	143	6502	提取保险责任准备金
116	4201	库存股	144	6511	赔付支出
		五、成 本 类	145	6521	保单红利支出
117	5001	生产成本	146	6531	退保金
118	5101	制造费用	147	6541	分出保费
119	5201	劳务成本	148	6542	分保费用
120	5301	研发支出	149	6601	销售费用
121	5401	工程施工	150	6602	管理费用
122	5402	工程结算	151	6603	财务费用
123	5403	机械作业	152	6604	勘探费用
		六、损 益 类	153	6701	资产减值损失
124	6001	主营业务收入	154	6711	营业外支出
125	6011	利息收入	155	6801	所得税费用
126	6021	手续费及佣金收入	156	6901	以前年度损益调整

在不影响会计核算要求和会计报表指标汇总以及对外提供统一的财务会计报告的前提下,可以根据企业实际情况自行增设、减少或合并某些会计科目。

对明细科目,除准则已有规定外,在不违反统一会计指标前提下,企业可以根据需要自行确定。

企业在填制会计凭证、登记账簿时,应当填列会计科目的名称或同时填列会计科目名称和编号,但不能只填列会计科目编号而不填列会计科目名称。

（五）财务会计报告

《企业会计准则——应用指南》规定:企业应按有关财务会计报告的列报基础、依据、原则和方法的要求对外提供真实、完整的财务会计报告。

年度财务会计报告至少应包括制度规定的资产负债表、利润表、现金流量表和所有者权益变动表等会计报表及附注。

中期财务会计报告应包括会计报表和附注中有关重大事项的说明。月度财务报表至少包括资产负债表和利润表。

第三节　商业会计工作的组织

商业会计工作的组织主要包括设置会计机构、配备会计人员和制定会计工作的各项制度。正确地组织会计工作,有利于提高会计工作的质量和效率;有利于实现企业各项计划和预算;有利于会计机构、会计人员和会计制度适应企业搞活、开放的需要;有利于促进和完善各种经济责任制度,因此,它是完成商业企业任务的重要组织保证。

一、商业会计机构的设置和内部组织形式

（一）商业会计机构的设置

会计机构的设置要坚持实事求是、精简节约的原则,做到既能保证工作质量,满足工作需要,又能节约人力、物力和财力。按照《会计法》规定,凡是实行独立核算的企业都要根据会计业务的需要设置会计机构,或者在有关机构中设置会计岗位,并指定会计人员。不具备条件的,可以委托经批准设立的会计咨询、服务机构进行代理记账。

会计机构内部应建立稽核制度。出纳人员不得兼任稽核、会计档案保管和收入、支出、费用、债权债务账目的登记工作。

国有的和国有资产占控股或主导地位的大中型企业必须设置总会计师。总会计师由具有会计师以上专业技术任职资格的人员担任。

（二）商业会计的内部组织形式

商业会计的内部组织形式是由企业的规模和任务决定的,一般分为独立核算单位、半独立核算单位和简易核算单位。

1. 独立核算

企业实行独立核算必须具备一定的条件：在财力上有一定的自有资金，单独在银行开设账户，对自有资金有独立的支配权和使用权；在会计上能全面地记账、结算，单独计算盈亏，并定期编制财务会计报告；在经营上有独立的自主经营权。

独立核算可以分为集中核算和分散核算两种。

集中核算是指账务工作全部在会计部门进行，包括制证、记账和编制财务会计报告。会计部门以外的业务、储运、总务部门或分支机构只对其发生的经济业务填制原始凭证，定期送会计部门审核制证或结算记账。其优点是减少核算环节，简化核算手续，有利于及时掌握全面经营情况和精简人员，一般适应于中小型企业。

分散核算是指企业的其他部门或分支机构，在会计部门指导下，实行半独立核算或简易核算，其优点是便于发挥基层单位的作用。

2. 半独立核算

半独立核算是指独立核算企业所属的业务单位，其规模比较大，在业务经营和成本费用的管理上有一定的独立性，但不具备完全独立核算的某些必要条件，如没有独立的资金，不能在银行开户等。这些单位的会计人员可以单独编制会计凭证，单独记账和编制会计报表，然后报会计部门汇总，对外结算则通过会计部门办理。企业内部的二级经营单位，如大中型批发企业的业务部，大中型零售企业的门市部、分销店、连锁经营门店等，通常采用这种核算形式。其优点是部门责任人能及时掌握部门的经营情况和经营成果。

3. 简易核算

简易核算是指不独立核算的企业部门或柜组，由兼职或专职核算员对本部门或本柜组的直接有关的经济指标进行简易核算，对全部交易单证和结算凭证，则报送主管财会部门进行会计核算。例如，零售企业的柜组，一般在定额的基础上核算销货额、销货毛利、商品库存以及直接与柜组有关的费用支出等指标，以考核本柜组的经营成果。

二、商业会计人员

《会计法》规定，会计人员应当具备从事会计工作所需要的专业能力。担任单位会计机构负责人（会计主管人员）的，应当具备会计师以上专业技术资格或者从事会计工作3年以上经历。会计人员调动工作或者离职，必须与接管人员办清交接手续。

因提供虚假财务会计报告，做假账，隐匿或者故意销毁会计凭证、会计账簿、财务会计报告，贪污、挪用公款，职务侵占等与会计职务有关的违法行为被依法追究刑事责任的人员，不得再从事会计工作。

商业会计人员包括财务机构中的财务、会计人员和各附属单位和门市部的专职核算人员，应严格遵守《会计法》的有关规定，履行职责，遵守职业道德，并认真执行《企业会计准则》。

（一）会计人员的主要职责

（1）按照《会计法》和《企业会计准则》规定，认真进行会计核算，保证一切会计凭证、账簿、报表及其他会计资料的合法、真实、准确和完整，如实反映经营情况，保证会计信息的质量。

（2）认真贯彻国家财经方针、政策和各项规章制度，加强稽核检查，实行会计监督。对不真实、不合法、不准确、不完整的原始凭证不予受理；对账实不符的账簿记录不予处理，对违法的收支不予办理；对需要单位领导解决的问题及时提出书面意见，纠正和制止一切违法收支和危害国家和企业利益的行为，以保障国家利益、社会公众利益和投资人的利益。

（3）按照规定编制和执行各项财务计划和预算，考核、分析预算和财务计划执行情况，参与拟订经营计划、业务计划；参与企业预测和决策；挖掘增产节约、增收节支的潜力，提高企业经济效益。

（4）遵纪守法，廉洁奉公，忠于职守，坚持原则，认真完成本企业一切财务会计事务。

（二）单位负责人和会计人员的法律责任

单位负责人应领导会计机构、会计人员严格执行《会计法》，保证会计资料真实、合法、准确、完整，保障会计人员的职权不受侵犯。根据《会计法》规定，单位负责人和会计人员凡有违反《会计法》规定行为的，由县级以上财政部门责令限期改正，并对单位处以 3 000 元以上、50 000 元以下的罚款；对其直接负责的主管人员和其他责任人员处以 2 000 元以上 20 000 元以下的罚款；属于国家工作人员的，还应由其所在单位或有关单位依法给予行政处分。

1. 应负法律责任的行为

（1）不依法设置会计账簿的。

（2）私设会计账簿的。

（3）未按照规定填制、取得原始凭证或者填制、取得的原始凭证不符合规定的。

（4）以未经审核的会计凭证为依据登记会计账簿或者登记会计账簿不符合规定的。

（5）随意变更会计处理方法的。

（6）向不同的会计资料使用者提供的财务会计报告编制依据不一致的。

（7）未按照规定使用会计记录文字或者记账本位币的。

（8）未按照规定保管会计资料，致使会计资料毁损、灭失的。

（9）未按照规定建立并实施单位内部会计监督制度或者拒绝依法实施的监督或者不如实提供有关会计资料及有关情况的。

（10）任用会计人员不符合《会计法》规定的。

2. 应追究刑事责任的行为

《会计法》规定，凡有以下各条并构成犯罪的，依法追究刑事责任。

（1）伪造、变造会计凭证、会计账簿，编制虚假财务会计报告。

（2）隐匿或者故意销毁依法应当保存的会计凭证、会计账簿、财务会计报告。

（3）授意、指使、强令会计机构、会计人员及其他人员伪造、变造会计凭证、会计账簿，编制虚假财务会计报告或者隐匿、故意销毁依法应当保存的会计凭证、会计账簿、财务会计报告。

（4）单位负责人对依法履行职责、抵制违反《会计法》规定行为的会计人员以降级、撤职、调离工作岗位、解聘或者开除等方式实行打击报复。

以上各条如果尚不构成犯罪的，可以分别情况，依法处以不同的罚款，属于国家工作人员的还应当由其所在单位或者有关单位依法给予行政处分，并由县级财政部门吊销其会计从业资格证书。

（三）会计人员岗位责任制

各单位应按会计业务需要设置会计机构，配备人员，会计人员应取得专业资格证书上岗。会计机构根据会计工作的内容和人员配备情况进行合理分工，使每项工作都有专人负责，每一个会计人员都有明确的职责，职权分管，一般会计机构应有财会主管人员、财务管理人员、记账人员、复核人员和出纳人员，业务复杂的单位可分别设置总账、商品账和费用账等，实行一人一岗、一人多岗或一岗多人，明确规定其所承担的工作内容和工作标准。出纳人员不得兼管稽核、会计档案保管和收入、费用和债权债务的登记工作。国有的和国有资产占控股或主导地位的大中型企业必须设置总会计师，负责本企业的财务管理和会计核算，参与本单位重要经济问题的分析和决策，组织会计人员贯彻执行国家有关的政策、方针和制度。

三、商业企业的内部财务管理制度

商业企业除了设置会计机构、配备会计人员以外，必须建立内部财务管理制度。

（一）建立内部财务会计制度

会计部门应当根据《企业会计准则》，建立和健全本企业的成本、费用管理制度和会计核算制度，对会计科目可以在不影响会计核算要求和报表指标汇总的前提下适当增减，内部管理需要的会计报表可以由企业自行规定。

（二）整顿会计基础工作，实行会计工作规范化

企业会计工作一定要符合有关的标准规范和法规条例，从加强和整顿会计基础工作的要求出发，正确使用会计科目、凭证和账簿，实行科目、凭证、账簿和报表的规范化；严格进行凭证的审核，事先监督和检查原始凭证的合法性和真实性，并根据经过审核的原始凭证编制记账凭证；严格记账、对账、结账手续，会计账簿应有

规定的格式和内容,按规定记账、对账和结账,并建立健全的会计档案。

（三）建立内部会计监督制度和稽核审计制度

为了维护财经纪律,保护财产安全和保证账目和会计报表的可靠性,企业应建立内部会计监督制度,重点是明确各部门的责任和权利,规定相互之间的联系和制约关系;记账人员与经济业务事项和会计事项的审批人员、经办人员、财物保管人员的职责权限应当明确,并相互分离、相互制约;对货币收支,进销货业务、重大对外投资、资产处置、资金调度和其他重要经济业务等重大项目制定控制监督办法;在会计部门以外,建立内部审计部门或者配备审计人员,对企业的会计记录、会计报表和会计制度的执行情况进行内部检查和监督,并对企业经济效益进行审查。

会计稽核是会计机构内部进行的会计检查和审核;内部审计是独立于会计机构以外的专门机构或人员,对企业进行的财务审计和管理审计。两者都是为了维护国家、企业和投资人的利益,防弊改错,促进企业经营管理和提高经济效益。

（四）建立和健全会计电算化

计算机技术是一项高新技术,它的发展对于提高会计工作效率起着巨大作用。目前我国虽有不少企业使用电子计算机进行会计数据处理,实现了会计电算化,在会计数据处理、分析和管理方面显示出强大的功能,但还不够普遍,有的还处于试用阶段。随着经济的发展,商业会计工作电算化必将进一步发展。因此,大中型商业企业要在实行会计电算化的基础上进一步健全计算机的维修保养制度,改进程序设计和加强文件管理,并积极培养电算专职人员,不断提高计算机技术,努力实行系统化和网络化。

思 考 题

1. 什么是商业会计？它有何特征？

2.《企业会计准则——应用指南》的主要内容有哪些？

3. 商业会计的任务是什么？

4. 企业实行独立核算、半独立核算和简易核算各有什么区别？

5. 会计人员的主要职责是什么？会计人员对会计核算中不符合规定和不合法的行为应负什么责任？

6. 企业单位负责人对企业的会计核算应负什么责任？在此方面有什么法律规定？

7. 如何对会计要素进行确认和计量？

习　　题

目的　练习借贷记账法。

资料　设某商业企业201×年7月份各资产、负债和所有者权益账户的期初余额如表1-2所示。

表1-2　　　　　　　　某商业企业各账户期初余额表　　　　　　单位：元

资产类账户	金　额	负债类和所有者权益类账户	金　额
库存现金	1 000	负债：	
银行存款	35 000	短期借款	420 000
应收账款	10 000	应付账款	110 000
库存商品	1 260 000	负债合计	530 000
低值易耗品	40 000		
原材料	20 000	所有者权益：	
包装物	24 000	实收资本	1 300 000
固定资产	500 000	资本公积	60 000
		所有者权益合计	1 360 000
总　　计	1 890 000	总　　计	1 890 000

201×年7月,该企业发生下列经济业务：

(1) 购进商品一批,计价11 300元,含增值税,增值税进项税税率为13%,商品验收入库,货款以银行存款支付。

(2) 商场向仓库领用包装物一批,计价5 000元。

(3) 从银行存款户领取现金500元。

(4) 以银行存款购入新汽车一辆,计价200 000元。

(5) 用银行存款偿还应付供货单位货款3 000元。

(6) 接收其他单位投入资金400 000元,存入银行。

(7) 收到购货单位前欠货款3 000元,存入银行。

(8) 以银行存款50 000元,归还短期借款40 000元,归还应付供货单位货款10 000元。

(9) 以银行存款购入柜台4只,每只计价200元。

(10) 以银行存款支付修理用材料一批,价值为5 000元。

要求

(1) 根据上列各项经济业务,用借贷记账法编制记账凭证(以会计分录代替)。

(2) 计算7月份资产、负债和所有者权益各项目的增减变化并结出期末余额和总计数。

第 二 章

货币资金与转账结算

【内容提示】 本章主要阐述商业企业的现金、银行存款、外币等各项货币资金的结算方法和会计处理。货币是交换和流通的手段。通过学习,学生应了解现金、银行存款和外币的管理规定及转账结算方式的内容;明确现金使用范围,开立银行账户手续和各种转账结算方式的内容和应用以及外汇管理的内容;掌握现金、银行存款结算业务、转账结算业务和外币结算业务等的账务处理知识。

第一节 货币资金概述

一、货币资金的含义

货币资金是指企业经营资金在周转过程中停留在货币形态上的那部分资金。货币资金按其存放地点和用途的不同,分为现金、银行存款和其他货币资金。现金是指存放在企业的货币资金,包括库存的人民币和外币。这里需要说明的是,我国会计上所界定的"现金"概念不同于西方会计上所界定的概念。我国会计上所说的现金是指企业的库存现金;而西方会计上所说的现金则包括库存现金、银行存款和其他符合现金定义的票证,如未结付的支票、汇票等。银行存款是企业存放在银行的货币资金。其他货币资金是指企业的外埠存款、银行汇票存款、银行本票存款和在途货币资金等各种货币资金。

商业企业在经营过程中,大量的经济活动都是通过货币资金的收支来进行的。例如,商品的购进、销售,工资的发放,税金的交纳,股利、利息的支付以及进行投资活动等事项,都需要通过货币资金进行收付结算。同时,一个企业货币资金拥有量的多少,标志着它偿债能力和支付能力的大小,是投资者分析、判断财务状况的重要指标,在企业资金循环周转过程中起着连接和纽带的作用。因此,商业企业需要经常保持一定数量的货币资金,既要防止不合理地占压资金,又要保证业务经营的正常需要,并按照货币资金管理的有关规定,对各种收付款项进行结算。

二、货币资金核算的任务

为了管好用好货币资金,必须正确组织货币资金的核算,其主要任务如下:

(1) 正确、及时地反映货币资金的收付、结存情况,合理地调度和运用货币资金,及时清算应收、应付等往来款项。

(2) 严格审核货币资金的收付凭证,遵守现金管理制度,以及银行信贷和结算制度,维护财经纪律,对违反国家财务制度规定的收支,应予制止。

(3) 保证货币资金的安全与完整,防止发生差错和弊端。为此,要健全货币资金收付领用的手续制度并要经常检查、核对有关账目和库存;同时要建立内部牵制制度,实行钱账分管的原则。对收付凭证必须经过严格审核,才能据以收付款项。企业财会部门应设置专职的出纳人员,负责收付货币资金和办理银行结算业务。在国家规定的现金开支范围以外的各项付款,一律以支票或相应结算方式通过银行支付,对零星的小额开支,应建立备用金制度,由专人负责。除此以外,还应由内部审计人员或其他指定人员经常对货币资金进行不定期的清查盘点,以确保货币资金的安全和完整。

第二节 现金的核算

在我国,现金是指库存现金,就是出纳保管的那部分货币,包括人民币和外币。在货币资金中,库存现金流动性最大,也最容易被挪用和侵吞,成为营私舞弊的对象。因此,现金管理是货币资金管理的重点,必须切实遵守现金管理制度,自觉接受银行的监督,以确保库存现金的安全。

一、库存现金的管理

商业企业的现金来源,主要有零售商品销货款、从银行提取的现金和其他收入的现金。

根据现金管理制度和结算制度的规定,每个企业都必须在银行或其他金融机构开立存款户,借以办理存款、取款和转账结算。商业企业的现金收付频繁,业务量大,涉及的经办人员多,很容易造成差错,而加强对现金的管理是我国一项重要的财务制度,企业对现金的收付,必须严格执行《现金管理暂行条例》和《现金管理暂行条例实施细则》。现金管理的主要内容包括以下几个方面。

(一) 规定现金的使用范围

(1) 支付给职工个人的工资、奖金、补贴、福利补助费、差旅费等款项。

(2) 支付给不能转账的单位或城乡居民个人的劳务报酬和购买物资的款项。

(3) 在转账金额起点以下的零星支付款项。

(4) 确需现金支付的其他支出。

（二）规定现金的库存限额

为了加强现金管理，减少闲置的现金，通常由开户银行核定企业库存现金的最高限额。

根据我国的现行规定，企业日常零星开支所需要的库存现金数额由开户银行根据企业的实际情况来核定。一般不超过企业3~5天的日常零星开支的需要量。离银行较远、交通不便的企业，虽可以放宽限额，但最多也不得超过15天的现金日常零星开支需要量。库存限额一经核定，要求企业必须严格遵守，不能任意超出，超过限额的现金应及时存入银行。若情况变化，企业需要增加或减少库存现金限额的，应向开户银行提出申请，由银行核定。

（三）规定不准坐支现金

所谓坐支现金，是指企业用收入的现金直接支付自己的支出。坐支现金是国家所不允许的，企业在经营活动中收入的现金，应在当日就送存银行。为了加强银行的监督，企业在向银行送存现金时，应在解款单上注明款项的来源；支取现金时，应在现金支票上注明款项的用途。对于那些违反现金管理制度所规定的款项，银行则有权拒绝支付。

总之，企业除了在规定限额以内可以保存少量现金以外，其余的都必须存入银行。企业的一切款项，只有在规定范围内可以采用现金结算，其余都必须通过银行办理转账结算。只有这样，才有利于调节货币流通，节约现金使用，集中企业闲散资金支援国家建设。

二、库存现金的核算

企业现金的收入、支出和保管都应由出纳人员或指定的专门人员负责办理。企业的一切现金收支，都必须取得或填制原始凭证，作为收付款项的书面证明。例如，企业向银行提取现金时，要签发现金支票，以"支票存根"作为提取现金的证明；将现金存入银行，要填写解款单，以银行退回的"解款单回单"作为收款的证明；支付零星小额的开支，以发票作为付款的证明；收入小额销售货款，以销售部门开出的"发货票副本"作为收款的证明；支付职工差旅费的借款，应以有关领导批准的"借款单"作为付款的证明；发放职工困难补助费，要以"领款单"作为付款的证明，等等。所有这些作为现金收支的原始凭证，会计部门都要进行认真的审核。审核现金收支是否合理、合法，手续是否完备，所列项目内容是否齐全，数字是否准确等。在审核中，对于那些不合理的开支应予以拒付；对不真实、不合法的原始凭证，不予受理；对记载不准确、不完整的原始凭证，应当退回，要求更正补充。根据审核无误的原始凭证编制收款凭证和付款凭证，办理现金的收付。对于办完现金收付业务的凭证，出纳人员要加盖"现金收讫"或"现金付讫"的戳记，表示款项已经收付完毕，可据以登记有关账簿。

库存现金的核算，还应包括它的总分类核算和明细分类核算。

库存现金的总分类核算是通过设置"库存现金"账户进行的。"库存现金"账户是资产类账户,借方反映库存现金的收入,贷方反映库存现金的支出,余额在借方,表示库存现金的余额。

【例 2-1】 某商业企业 201×年 3 月发生与现金有关的经济业务如下:

(1)企业销售商品取得现金收入 100 元,增值税税率为 13%,计税 13 元。

借:库存现金	113
贷:主营业务收入	100
应交税费——应交增值税(销项税额)	13

(2)企业收回应收账款 120 元。

借:库存现金	120
贷:应收账款	120

(3)企业技术人员王云预借差旅费 300 元。

借:其他应收款——王云	300
贷:库存现金	300

(4)行政管理部门报销市内交通费 200 元。

借:管理费用	200
贷:库存现金	200

明细分类核算是通过设置现金日记账进行的。现金日记账是反映和监督现金收支结存的序时账,必须采用订本式账簿,并为每一账页顺序编号,防止账页丢失或随意抽换,也便于查阅。现金日记账一般采取收、付、存三栏式格式,由出纳人员根据审核后的原始凭证或现金收款凭证、付款凭证逐日逐笔序时登记;对于从银行提取现金的业务,一般编制银行存款的付款凭证,并据以登记现金日记账。每日终了应计算本日现金收入、支出的合计数和结存数,并同实存现金进行核对,做到日清月结,保证账款相符。不准挪用公款,也不准用"白条"抵充现金库存。

所有的收付款凭证应由出纳人员送交会计人员,作为登记总分类账和有关明细分类账的依据。总分类账户中"库存现金"账户余额应与现金日记账的余额相等。

现金日记账的格式见表 2-1。

表 2-1　　　　　　　　　　　　**现 金 日 记 账**

201×年		凭证号码	摘　要	对方科目	收入	支出	结　余
月	日						
2	28		承前页				306
3	1	(略)	销售商品	主营业务收入、应交税费	113		419
	1		收回应收款项	应收账款	120		539
	5		王云预借差旅费	其他应收款		300	239
	5		报销市内车费	管理费用		200	39

三、备用金的核算

备用金是指企业拨给各所属部门或报账单位收购商品,开支费用和销货找零用的款项以及其他业务上必需的周转资金。备用金的需要量,也要经过银行核准,包括在库存现金的限额之内。在使用上也要执行现金管理的有关规定。备用金具有指定的用途,必须单独核算,单独管理。

备用金的核算,可在"其他应收款"账户内设置"备用金"明细账户。它属于资产类账户,借方登记增加数,贷方登记减少数,余额表示库存的备用金数额,并按照领用单位或个人设细目核算。

【例2-2】 某企业的储运部门发生与备用金有关的经济业务如下:

(1)领用备用金500元,以现金支付。

借:其他应收款——备用金——储运部门   500
  贷:库存现金   500

(2)储运部门报销运费250元。

借:销售费用——运费   250
  贷:库存现金   250

(3)储运部门将备用金的余额交回财会部门。

借:库存现金   500
  贷:其他应收款——备用金——储运部门   500

四、库存现金的清查

为了及时如实地反映库存现金的余额,加强对出纳工作的监督,企业应经常对库存现金进行核对和清查。库存现金的清查包括出纳人员每日的清点核对和清查小组定期或不定期的清查。清查现金的基本方法是实地盘点,将库存现金的实存数与现金日记账的余额进行核对,看账款是否相符。

清查后要根据清查结果编制现金盘点报告表,列明实存、账存与盈亏金额。如有盈亏,除了设法查明原因外,还应根据"现金盘点报告表"进行账务处理,可在"其他应收款"或"其他应付款"总账账户下设"现金短款或长款"明细账户核算,按短款或长款的金额记入该账户,待查明原因后再转账。

【例2-3】 某商业企业清查库存现金发现如下情况:

(1)现金清查中发现现金多余180元。

借:库存现金   180
  贷:其他应付款——现金长款   180

假如经核查,原因不明,在批准后可作收入处理。则:

借:其他应付款——现金长款   180
  贷:营业外收入   180

（2）现金清查中发现现金短缺160元。

借：其他应收款——现金短款   160

    贷：库存现金   160

假如经核查，应由出纳人员负责赔偿的，则：

借：其他应收款——××出纳员   160

    贷：其他应收款——现金短款   160

第三节　银行存款的核算

银行存款是指企业存放在银行的货币资金。银行是金融结算中心，每个企业都必须向银行申请开立账户，办理存款、取款和划拨转账业务。财会部门要加强对银行存款的管理与核算，做好资金调度，以保证商品流通的需要。

一、开立银行账户

按照《银行账户管理办法》规定，银行存款账户分为基本存款账户、一般存款账户、临时存款账户和专用存款账户四类，企业应根据自身的资金性质、用途和管理要求，分别设立银行存款账户。

现将各存款账户的用途和设立程序简述如下。

（一）基本存款账户

基本存款账户是办理企业转账结算和现金收、付的账户。企业开立基本存款账户应凭中国人民银行当地分支机构核发的开户许可证只能在一家银行开立一个基本存款账户，其开立程序为先提出申请、填制开户申请书，提供开户证明（企业法人执照或者营业执照，有关部门证明或批文等）并送交盖有存款单位印章的"印鉴卡片"，经开户银行审查同意，将申请材料送交中国人民银行当地分支机构审核无误后，填制"开户许可证"退回开户银行交存款单位作为开户证明。"开户许可证"一式正、副两本，正本由开户单位留存，副本由开户银行存查。

（二）一般存款账户

一般存款账户是企业在基本存款账户以外的银行存款转存及与基本账户的企业不在同一地点的附属非独立核算单位开立的账户。一般存款账户可以办理转账结算和现金缴存，但不能支取现金。企业开立一般存款账户，应填制开户申请书，向开户银行提供基本账户开户许可证及盖有存款单位印章的"印鉴卡片"，经开户银行审核同意后开立账户。

（三）临时存款账户

临时存款账户是企业因临时生产经营活动的需要而开立的账户，如企业临时性采购资金、异地产品展销等。临时存款账户既可办理转账结算，又可按国家现金管理规定存取现金。

企业开立临时账户,应向开户银行出具当地工商行政管理部门核发的临时执照或当地有关部门同意设立外来临时机构的批件办理开户手续,其申请开户程序与一般存款账户相同。

（四）专用存款账户

专用存款账户是企业因特定用途需要所开立的账户。如基本建设项目专项资金,农副产品资金等,企业的销货款不得转入专用存款账户。企业开立专用存款账户应出具有关部门批准立项的文件或国家有关文件规定,其开立程序与一般存款账户相同。

二、银行存款的管理

商业企业的货币资金,除按照限额保留一定的现金以外,都必须送存银行;企业应付的款项,除允许以现金支付的以外,都必须通过银行转账结算。为此,所有的企业都必须在当地银行开立结算存款户,办理本单位流动资金存入、提取和由于业务经营而发生的应收、应付等往来款项的结算。

银行在给企业确立账户后,应售给企业各种银行往来使用的凭证(如解款单、进账单、现金支票、转账支票等),用来办理银行存款的收付款项,银行凭企业留存的印鉴核对付款凭单。企业在银行开立的账户,只限本企业使用,不准将银行账户借给外单位或个人使用,而银行存款账户则必须保留足够的资金保证支付,不准签发空头支付凭证。

企业通过银行结算存款户收付款项,应在有关凭证上填明款项的来源和用途,以便于银行监督。在此同时,企业还必须遵守有关规定的结算制度和收付款项的手续制度,其主要内容包括以下方面:

（1）企业向银行送存款项时,应填写"解款单",注明款项的来源和金额,连同现金一并送交银行。银行点收后,在"解款单"的回单联加盖"收讫"戳记退还企业,作为企业记入结算户存款增加的依据。如果送存银行的款项既有现金,又有收进的支票,则应分别填制,以利于银行分别办理收款手续。

（2）企业从银行提取现金或委托银行支付款项时,应当按照规定签发支票或其他结算凭证,银行据以减少企业的结算户存款,企业则以支票存根或其他结算凭证的回单联作为企业记入结算户存款减少的依据。

（3）企业通过银行转账收入的款项,以银行转来的收款凭证作为结算户存款的增加。

总之,对银行存款应加强印鉴、支票的管理,账户使用的管理,银行存款收入和支出的管理。

三、银行存款的账务处理

商业企业的银行存款是通过"银行存款"账户进行核算的。它是资产类账户,借方登记存入的款项;贷方登记提取和支付的款项;余额在借方,反映企业存放在银行里的货币资金实存数。

银行存款的核算,也应包括总分类核算和明细分类核算。明细分类核算是通过设置银行存款日记账进行的。

银行存款日记账为订本式账簿,格式与现金日记账的格式基本相同,财会人员应按照结算户存款增减变动的先后顺序,逐日逐笔地进行登记,并随时结算出余额。

【例 2-4】 某企业 201×年 4 月 1 日发生与银行存款有关的经济业务如下:

(1) 将当日的销货现金 5 000 元送存银行,当即收到解款回单。

借:银行存款　　　　　　　　　　　　　　　　　　　　　5 000
　　贷:库存现金　　　　　　　　　　　　　　　　　　　　　　5 000

(2) 开出转账支票,支付商品运费 220 元。

借:销售费用——运费　　　　　　　　　　　　　　　　　　220
　　贷:银行存款　　　　　　　　　　　　　　　　　　　　　　220

(3) 开出现金支票,提取现金 2 000 元。

借:库存现金　　　　　　　　　　　　　　　　　　　　　2 000
　　贷:银行存款　　　　　　　　　　　　　　　　　　　　　2 000

(4) 购进商品 3 000 元,增值税税率为 13%,税款计 390 元,商品已验收入库,当即开出转账支票付讫。

借:在途物资　　　　　　　　　　　　　　　　　　　　　3 000
　　应交税费——应交增值税(进项税额)　　　　　　　　　390
　　贷:银行存款　　　　　　　　　　　　　　　　　　　　　3 390

上述各项业务在银行存款日记账中的记录见表 2-2。

表 2-2　　　　　　　　　　　　银行存款日记账　　　　　　　　第×页

201×年		凭证号码	摘　要	结算凭证		对方科目	收入	支出	结　余
月	日			种类	号数				
4	1		承前页						20 000
	1	(略)	存入销货款	现金支票	(略)	库存现金	5 000		25 000
	1		支付商品搬运费	转账支票		销售费用		220	24 780
	1		提现金准备发工资	现金支票		库存现金		2 000	22 780
	1		支付进货款	转账支票		在途物资		3 000	
						应交税费		390	19 390
			······						

四、银行存款的核对

商业企业的银行存款,由于收支比较频繁,企业与银行对往来款项的入账时间又不尽相同,因此,双方账面记录可能会出现不相一致的情况。为了加强银行存款的管理和监督,及时发现差错和防止舞弊,企业应根据银行提供的对账单经常核对账目(一般每个月至少核对一次)。

企业同银行对账,应将企业的"银行存款日记账"与银行送来的"对账单"的记录相核对,逐笔核对结算凭证的种类、编号和收付款项的余额。如果发现双方对同一账项的记录有差错,若属于企业方面的差错,应立即改正;若属于银行方面的差错,应通知银行予以更正。在账目核对中,对于未达账项应进行调节,以检查存款余额是否正确。

这里的所谓"未达账项",是指企业和银行之间,由于收、付款结算凭证的传递和双方入账时间的不同,一方已入了账而另一方却因不能及时收到有关的结算凭证,暂时还不能入账的款项。企业的未达账项有以下四种情况:

第一,银行已经收款记账,而企业尚未收款入账的款项。例如,企业委托银行代收的款项,银行已经办妥收款手续并且入了账,但是,因收款通知尚未到达企业而使企业没有入账。

第二,银行已经付款记账,而企业尚未付款入账的款项。例如,企业应付给银行的借款利息,银行已经办妥付款手续并且入了账,但是,因付款通知尚未到达企业而使企业没有入账。

第三,企业已经收款记账,而银行尚未收款记账的款项。例如,企业已将收到的购货单位开出的转账支票送存银行并且入了账,但是,因银行尚未办妥转账收款手续而没有入账。

第四,企业已经付款记账,而银行尚未付款记账的款项。例如,企业开出的转账支票已经入账,但是,因收款单位尚未到银行办理转账手续或银行尚未办妥转账付款手续而没有入账。

由于以上四种未达账项的存在,企业与银行双方的账面余额出现差异。为了检查双方账目是否相符,应根据逐笔核对的结果,对未达账项进行调节。调节的方法有多种,通常采用的是余额调节法和差额调节法。分别介绍如下。

(一)余额调节法

余额调节法是在双方账面余额的基础上,各自加上对方已收账而自己未收账的款项,减去对方已付账而自己未付账的款项,然后计算双方余额是否平衡的一种调节方法。其调节公式如下:

$$\begin{matrix} 企业银行 \\ 存款日记 \\ 账\ 余\ 额 \end{matrix} + \begin{matrix} 银行已收 \\ 而企业未 \\ 收的款项 \end{matrix} - \begin{matrix} 银行已付 \\ 而企业未 \\ 付的款项 \end{matrix} = \begin{matrix} 银行对 \\ 账 \\ 余\ 额 \end{matrix} + \begin{matrix} 企业已收 \\ 而银行未 \\ 收的款项 \end{matrix} - \begin{matrix} 企业已付 \\ 而银行未 \\ 付的款项 \end{matrix}$$

【例 2-5】 某商场收到银行对账单(见表 2-3)与银行存款日记账(见表 2-4)相核对,发现未达账项如下:

(1) 银行已收账,而企业未收账款项为 3 500 元。

(2) 银行已付账,而企业未付账款项为 9 600 元。

(3) 企业已收账,而银行未收账款项为 2 795 元。

表 2-3
中国工商银行××分理处对账单

户名:某商场

201×年		凭证号码	结算凭证号数	摘要	收入	付出	存或欠	余额
月	日							
1	2			承前页			存	56 000.00
	3	10			15 400.00			71 400.00
	4	12	转支 1598			8 240.00		63 160.00
	4	13	现支 3211			400.00		62 760.00
	4	18			16 500.00			79 260.00
	5	20	转支 1599			12 500.00		66 760.00
	5	22			13 400.00			80 160.00
	6	26	现支 3212			500.00		79 660.00
	8	28			3 500.00			83 160.00
	10	32	委托收款 1346			9 600.00		73 560.00

表 2-4
银行存款日记账

201×年		凭证号码	结算凭证号数	对方科目	摘要	收入	支出	结余
月	日							
1	2				承前页			56 000.00
	3	15		主营业务收入	存入货款	15 400.00		71 400.00
	4	19	转支 1598	库存商品	付进货款		8 240.00	63 160.00
	4	22	现支 3211	库存现金	提取现金		400.00	62 760.00
	4	23		主营业务收入	存入销货款	16 500.00		79 260.00
	5	26	转支 1599	库存商品	付进货款		12 500.00	66 760.00
	5	29		主营业务收入	存入销货款	13 400.00		80 160.00
	6	32	转支 3126	其他应收款	收外单位欠款	2 795.00		82 955.00
	6	36	现支 3212	库存现金	提取现金		500.00	82 455.00
	10	38	转支 1600	库存商品	付进货款		9 250.00	73 205.00

(4) 企业已付账,而银行未付账款项为 9 250 元。

要求编制银行存款余额调节表(见表 2-5)。

表 2-5

银行存款余额调节表

201×年 1 月 10 日

项　　目	金　额	项　　目	金　额
银行存款日记账余额	73 205.00	银行对账单余额	73 560.00
加:银行已收账,企业未收账款项	3 500.00	加:企业已收账,银行未收账款项	2 795.00
减:银行已付账,企业未付账款项	9 600.00	减:企业已付账,银行未付账款项	9 250.00
调整后余额	67 105.00	调整后余额	67 105.00

上述调节方法是将双方账面余额补充各自的未达账项,因此,余额调节法又称补记式余额调节法。

（二）差额调节法

差额调节法是计算企业和银行双方的账面差额与双方未达账项收付相抵的结果是否一致的一种调节方法。其调节公式如下:

$$\begin{array}{l}\text{银行对账} \\ \text{单余额}\end{array} - \begin{array}{l}\text{企业银行存款} \\ \text{日记账余额}\end{array} = \left(\begin{array}{l}\text{银行已收而企} \\ \text{业未收款项}\end{array} - \begin{array}{l}\text{银行已付而企} \\ \text{业未付款项}\end{array}\right) -$$

$$\left(\begin{array}{l}\text{企业已收而银} \\ \text{行未收款项}\end{array} - \begin{array}{l}\text{企业已付而银} \\ \text{行未付款项}\end{array}\right)$$

仍以［例 2-5］资料计算,双方账面差额为 355 元,而双方未达账项收付相抵的结果亦为 355 元,两者是一致的。

经过以上调整之后,双方余额相等,或者双方账面差额同双方未达账项收付相抵的结果一致,即可证明企业与银行双方的账面记录是完全相符的。对未达账项作出调整,其目的是为了检查账簿记录是否正确。对于银行已经入账而企业尚未入账的未达账项,一定要在结算凭证到达后,再据以进行账务处理。

在核对账目过程中,企业如果发现有长期悬置的未达账项,应主动与银行等有关部门认真核对查明原因,作出妥善处理。

第四节　结算方式与核算

商业企业在经营过程中,由于商品交易和劳务供应,经常发生与其他企业单位或个人之间的结算业务。商品购销结算方法可以分为现金结算和转账结算两种方式。

现金结算方式是指直接用现金收付有关款项的结算方式;转账结算方式是指通过银行,将结算款项从付款单位的存款账户转入收款单位存款账户的结算方式。

银行办理转账结算的基本原则是：恪守信用，履约付款；谁的钱进谁的账，由谁支配；银行不垫款。采用转账结算方式，有利于加强银行对企业货币资金的监督，促使购销双方认真履行合同，加强结算纪律，及时结算货款，加速资金周转，促进商品流通；有利于银行集中各单位暂时闲置的资金，有计划地进行信贷，充分发挥资金的作用；有利于减少大量的现金流通，节省了清点、运送和保管现金的人力和物力，从而保证货币资金的安全和防止非法活动的发生。

企业在办理各种款项的转账结算时，必须严格遵守《银行结算办法》规定的结算制度，遵守结算纪律。目前商业企业可以选择使用的结算票据主要是银行汇票、商业汇票、银行本票和支票等，可以选择使用的结算方式主要是汇兑、托收承付、委托收款、信用证、信用卡等。企业采用的支付结算方式不同，其处理手续及会计核算也有所不同。下面分别说明各种结算方式的处理程序及其核算。

一、支票结算方式

支票是由付款单位签发通知银行支付款项的一种书面证明。支票分为现金支票和转账支票两种。

使用现金支票可以从银行支取现金，也可以转账；转账支票只能通过银行划拨转账，不能支取现金。支票一律记名，即填明收款人。转账支票在中国人民银行总行批准的地区可以背书转让，应由收款人在支票背面签章将支票款项转让给另一个收款人，即被背书人。票据的背书转让，可以使一张票据在多个企业或单位中发挥多次支付的作用。可见票据的背书转让，既增强了票据的流通性，又简化了结算手续。

支票由银行统一印制，由企业财会部门签发并加盖企业预留银行的印鉴。付款期为 10 天。从签发支票的次日算起，如到期日遇有节假日则顺延。

支票结算方式，具有手续简便，收付款项及时等优点。但是，在支票传递过程中，当银行未收到支票时亦可能会出现各种漏洞，因此，在签发和使用支票时，必须加强管理。

付款单位开出支票时，应根据支票存根和有关的原始凭证（收款人开给的收据或发票等）进行账务处理，在核对无误后作会计分录如下：

  借：有关账户   ×××
    贷：银行存款   ×××

收款单位收到外单位开来的支票，应填写银行印发的"进账单"，随同支票一起送存开户银行，然后以签章后的进账单的通知联及其他有关凭证，作为收款依据进行账务处理，作会计分录如下：

  借：银行存款   ×××
    贷：有关账户   ×××

支票结算方式是同城结算中应用比较广泛的一种结算方式,凡同城各单位之间的商品交易,劳务供应和其他款项的结算都可以采用。

二、银行本票结算方式

银行本票结算方式是指申请人将款项交存银行,由银行签发银行本票给申请人,申请人凭票办理转账结算或支取现金的结算方式。

银行本票分为不定额和定额两种。不定额的银行本票无起点。定额银行本票面额则分别为1 000元、5 000元、10 000元和50 000元。同城的商品交易、劳务供应以及其他款项的结算,均可以使用银行本票。

采用银行本票结算方式时,企业应向银行填写"银行本票申请书",详细填明收款单位名称后交存银行。如果需要支取现金,应填明"现金"字样;银行受理银行本票申请书,在收妥款项后,据以签发银行本票并加盖印章。对于支取现金的本票,银行应划去"转账"字样,不定额本票用压数机压印金额后,将银行本票交给申请企业。企业取得银行本票以后,即可向填明的收款单位办理结算。具有"现金"字样的银行本票,可以向银行支取现金。银行本票的特点如下:

(1) 银行本票一律记名,可以背书转让。

(2) 银行本票的付款期限为1个月(新结算办法改为2个月),在付款期内银行见票即付,不能挂失。超过付款期限的银行本票,不能再向银行转账或支取现金,但可以由申请的单位到签发本票的银行办理退款手续。

(3) 遗失的不定额银行本票,在付款期满后1个月,确认未被冒领后可以办理退款手续。

付款单位向银行申请取得银行本票时,作会计分录如下:

借:其他货币资金——银行本票存款　　　　　　　　　×××
　　贷:银行存款　　　　　　　　　　　　　　　　　　　×××

收款单位在收到银行本票后,应填写进账单,连同银行本票一并送交开户银行转账收款,作会计分录如下:

借:银行存款　　　　　　　　　　　　　　　　　　　×××
　　贷:应收账款等　　　　　　　　　　　　　　　　　×××

银行本票结算方式的优点在于:银行本票由银行签发,保证兑付,而且见票即付,信誉高,便于购货企业及时购买材料物资,也有利于销售企业迅速收回货款。银行本票的不足之处在于:它不能向银行挂失。这样,使用本票的人要特别注意保管,防止丢失。同时,企业在收到银行本票后,应及时交存银行,切实保证银行本票的安全和正确使用。

三、银行汇票结算方式

银行汇票是汇款人将款项交存当地银行,由银行签发银行汇票,给汇款人持往异地办理转账结算或支取现金的票据。单位、个体经济户和个人需要支付各种款项,均可使用银行汇票。

银行汇票结算方式有如下特点:

(1) 银行汇票一律记名。

(2) 银行汇票的付款期为1个月(不分大月、小月,统一按照次月的对应日计算,到期日遇到节假日则顺延)。逾期的汇票,兑付银行不予受理。

(3) 汇款人申请办理银行汇票,应向签发银行填写"汇票申请书",详细填明兑付地点、收款单位名称、用途和金额等项内容。

(4) 签发银行受理银行汇票委托书时,收妥款项后再据以签发银行汇票。对需要支取现金的,在汇票"汇款金额"栏先填写"现金"字样,然后填写汇款金额,并加盖所规定的印章。同时用压数机压印汇款金额,将汇票和解讫通知交给汇款人。汇款人持银行汇票可以向填明的收款单位办理结算。

(5) 收款单位在收到银行汇票以后,必须进行审查。确认审查无误可根据实际需要,在汇款金额以内办理款项结算。在此同时,将实际结算金额和多余金额准确、清晰地填入银行汇票和解讫通知的有关栏内,汇票上的多余金额则由签发银行退回汇款企业。

(6) 银行汇票和解讫通知必须由收款人或被背书人同时提交兑付银行,两者缺一不可。收款人在汇票背面加盖预留银行印章后,连同解讫通知、进账单送交开户银行,即可办理转账。分次支取的,应以收款人的姓名开立临时存款户办理支付。临时存款户只付不收,付完清户,并且不计算利息。支取现金的,银行汇票上必须有签发银行按规定填明的"现金"字样才能办理。未填明"现金"字样而实际上又需要支取现金的,由兑付银行按照现金管理规定审查支付。需要转汇的,在办理兑付后可委托兑付银行办理信(电)汇结算,亦可以重新签发银行汇票。但是,转汇的收款人和用途,必须是原收款人和用途,兑付银行必须在信(电)汇凭证或银行汇票上加盖"转汇"戳记。已转汇的银行汇票,必须全额兑付。

(7) 汇款人因银行汇票超过付款期或其他原因要求退款时,可持银行汇票和解讫通知到签发银行办理。

(8) 持票人必须妥善保管银行汇票,严防遗失。如果不慎遗失了填明"现金"字样的银行汇票,持票人应当立即向兑付银行或签发银行请求挂失。如果在银行受理挂失之前,或对方银行在收到挂失通知之前已被冒领,银行概不负责。如果遗失了填明收款单位或者个体经济户名称的汇票,银行不予挂失,但是可以通知收款单位或者个体经济户、兑付银行、签发银行,请其协助防范。

遗失的银行汇票在其付款期满1个月后,确认未被冒领,可以办理退款手续。

付款单位向银行申请办理银行汇票时,要将款项交存当地银行,再由银行签发汇票。必须指出,这部分资金已经成为具有某种用途的资金,属于其他货币资金。

作会计分录如下：

借：其他货币资金——银行汇票存款 ×××
　贷：银行存款 ×××

收款单位在收到付款单位送来的银行汇票时，应填写进账单，将银行汇票和进账单一并送交开户银行。作会计分录如下：

借：银行存款 ×××
　贷：应收账款等 ×××

采用银行汇票结算方式，便于单位和个人的应急用款和及时采购，使用灵活，持票人既可以将汇票转让给收款单位，也可以通过银行办理分次支付或转汇。银行汇票兑现性强，持票人可以到兑现银行提取现金，避免长途携带现金。而凭票购货，余额自动退回，又可以保证钱货两清，防止不合理的预付款项的发生。

四、商业汇票结算方式

商业汇票是由收款人、付款人或承兑申请人签发，由承兑人承兑，并于到期日向收款人或被背书人支付票款的一种票据。按其承兑人的不同，商业汇票可分为商业承兑汇票和银行承兑汇票。

商业汇票结算方式适用于企业先发货、后收款，或者是双方约定近期付款的商品交易，同城和异地均可使用。

（一）商业承兑汇票

商业承兑汇票是指由收款人签发，经付款人承兑或由付款人签发并承兑的汇票。

商业承兑汇票可分别由双方约定签发。若由收款人签发的商业承兑汇票，应由付款人承兑；若由付款人签发的商业承兑汇票，应由本人承兑。付款人须在商业承兑汇票正面签署"承兑"字样并加盖预留银行印章后，将商业承兑汇票交给收款人。付款人应于商业承兑汇票到期前将票款足额交存其开户银行，银行于到期日凭票将款项从付款人账户划转给收款人或贴现银行。付款人对其所承兑的汇票负有到期无条件支付票款的责任。如果汇票到期时，付款人银行存款账户上不足支付票款，银行将不承担付款责任而只负责将汇票退给收款人，由收付双方自行处理。同时，银行对付款人按照签发空头支票的有关罚款规定，处以罚金。

1. 付款单位的账务处理

（1）购货单位购货时签发商业承兑汇票交销货单位，作会计分录如下：

借：在途物资 ×××
　应交税费——应交增值税（进项税额） ×××
　贷：应付票据——商业承兑汇票 ×××

（2）汇票到期支付票款时，购货企业收到开户银行的付款通知，作会计分录如下：

借：应付票据——商业承兑汇票 ×××
  贷：银行存款 ×××

2. 收款单位的账务处理

（1）销货企业收到购货企业交来已承兑的商业承兑汇票，作会计分录如下：

借：应收票据——商业承兑汇票 ×××
  贷：应交税费——应交增值税（销项税额） ×××
   主营业务收入 ×××

（2）销货企业把将要到期的汇票交存开户银行办理收款手续以后，接到银行收款通知时，作会计分录如下：

借：银行存款 ×××
  贷：应收票据——商业承兑汇票 ×××

（二）银行承兑汇票

银行承兑汇票是指由收款人或承兑申请人签发，并由承兑申请人向开户银行申请，经银行审查同意承兑的票据。

使用银行承兑汇票进行结算时，由承兑申请人持银行承兑汇票和购销合同向其开户银行申请承兑。银行按照有关政策规定对申请进行审查，符合承兑条件的，银行即可与承兑申请人签订承兑契约，并在汇票上签章，用压数机压印汇票金额后，将银行承兑汇票和解讫通知交给承兑申请人转交收款人。承兑银行将按票面金额的5‰的比例向承兑申请人收取手续费。承兑手续费不足10元的，则按10元收取。

收款人或被背书人应在银行承兑汇票到期时，将银行承兑汇票、解讫通知，连同进账单送交开户银行办理转账。

汇票到期前，承兑申请人应将票款足额交存其开户银行。如果汇票到期日承兑申请人未能足额交存票款时，承兑银行应向收款人或贴现银行无条件履行支付责任，同时根据承兑契约对承兑申请人执行扣款，并对未扣回的承兑金额每天按5‰计收罚息。

1. 付款单位的账务处理

（1）购货企业签发银行承兑汇票，并经开户银行承兑，交纳承兑手续费后作会计分录如下：

借：财务费用——手续费 ×××
  贷：银行存款 ×××

（2）购货企业将银行承兑汇票交给销货企业时，作会计分录如下：

借：在途物资　　　　　　　　　　　　　　　　　×××
　　应交税费——应交增值税（进项税额）　　　　×××
　　贷：应付票据——银行承兑汇票　　　　　　　×××

（3）汇票到期，购货企业支付票款，收到开户银行付款通知时，作会计分录如下：

借：应付票据——银行承兑汇票　　　　　　　　　×××
　　贷：银行存款　　　　　　　　　　　　　　　×××

2. 收款单位的账务处理

（1）销货单位收到购货企业的银行承兑汇票时，作会计分录如下：

借：应收票据——银行承兑汇票　　　　　　　　　×××
　　贷：应交税费——应交增值税（销项税额）　　×××
　　　　主营业务收入　　　　　　　　　　　　　×××

（2）汇票到期，销货企业将银行承兑汇票连同进账单送交开户银行办理转账收款时，作会计分录如下：

借：银行存款　　　　　　　　　　　　　　　　　×××
　　贷：应收票据——银行承兑汇票　　　　　　　×××

如果销货企业将银行承兑汇票背书转让给其他企业，用来购买商品时，作会计分录如下：

借：在途物资　　　　　　　　　　　　　　　　　×××
　　应交税费——应交增值税（进项税额）　　　　×××
　　贷：应收票据——银行承兑汇票　　　　　　　×××

（三）商业汇票贴现

销货企业收到承兑的商业汇票后，如果在汇票到期以前，企业急需资金，可以持未到期的汇票向其开户银行申请贴现。所谓贴现，就是持有汇票的收款人将未到期的商业汇票交给银行，银行将票面金额扣除贴现日至汇票到期前一日的利息以后的款项支付给持票人。实收贴现金额的计算公式如下：

$$贴现利息 = 汇票到期值 \times 年贴现利率 \times \frac{实际贴现天数}{360 \ 天}$$

$$实收贴现金额 = 汇票到期值 - 贴现利息$$

【例 2-6】　某商业企业因资金周转需要，持一张 6 个月到期、面值为 100 000 元的不带息银行承兑汇票向银行贴现。该汇票的出票日为 201×年 7 月 1 日，到期日为 201×年 12 月 31 日，企业于 201×年 9 月 1 日向银行贴现，银行的贴现年利率为 6%。

解：　贴现息 $= 100\,000 \times 6\% \times \dfrac{120}{360} = 2\,000$（元）

贴现净额 $= 100\,000 - 2\,000 = 98\,000$（元）

企业收到款项时，作会计分录如下：

借：银行存款　　　　　　　　　　　　　　　　　　98 000
　　财务费用——利息支出　　　　　　　　　　　　 2 000
　　贷：应收票据　　　　　　　　　　　　　　　　　　　　100 000

12 月 31 日，该汇票到期，因承兑人银行账户资金不足而不能支付，银行退回应收票据并寄来支款通知，企业作会计分录如下：

借：应收账款　　　　　　　　　　　　　　　　　　100 000
　　贷：银行存款　　　　　　　　　　　　　　　　　　　　100 000

如上所述，已贴现的汇票到期，因承兑人的银行存款账户资金不足而不能支付，银行退回应收票据。而申请贴现企业的银行存款账户余额也不足支付，银行作逾期贷款处理。企业作会计分录如下：

借：应收账款　　　　　　　　　　　　　　　　　　100 000
　　贷：短期借款　　　　　　　　　　　　　　　　　　　　100 000

采用商业汇票结算方式，可以使企业之间债权、债务关系表现为外在的票据形式，使商业信用票据化，加强约束力，有利于维护和发展社会主义市场经济。对于购货企业来说，由于可以延期付款，便可在资金暂时不足的情况下及时购进商品，使商品流转活动顺利进行。对于销售企业来说，可以疏通商品渠道，扩大销售，加速资金周转。汇票经过承兑，信用较高，可以按期收回货款，防止拖欠。在需要资金时，还可以向银行申请贴现，融通资金。

但是，银行承兑汇票和商业承兑汇票，对于逾期不能如数收回票款的处理是有差别的。对于商业承兑汇票，到期不能兑现货款时，银行则将汇票退回销货单位作为应收账款处理。对于银行承兑汇票，如果购货企业到期不能足额交付票款，承兑银行则根据承兑协议，按逾期借款处理，并计收一定的罚息。因此，采用商业汇票结算方式，销货企业应根据购货企业的资金和信用情况，有选择地使用商业承兑汇票或银行承兑汇票。

五、汇兑结算方式

汇兑结算方式是付款单位委托银行将款项汇往外地收款单位或个人的一种结算方式。

采用这种结算方式，付款单位汇出款项时，应填写银行印制的汇款凭证，列明收款单位名称,汇款金额及汇款的用途等项目,送达开户银行。委托银行将款项汇往收款单位的开户银行,收款单位的开户银行将汇款收进收款单位存款户后,转送汇款凭证一联通知收款单位收款。

汇兑结算方式适用于异地之间各种款项的结算。汇兑分为信汇和电汇两种,由汇款人根据对汇款快慢的要求选择使用。这种结算方式划拨款项简便,比较灵活,适用面广,可用于各种资金调拨,清理旧欠,结算货款等。信汇款项可以转账,也可以支取现金,而且没有金额起点的限制,用于各行各业之间的资金往来十分方便。

付款企业委托开户银行汇出款项时,应根据取回汇款凭证的回单联进行账务处理,作会计分录如下:

借:有关账户 ×××
　　贷:银行存款 ×××

如果付款单位向外地进行临时性或零星采购,由企业开设采购专户,将款项汇往采购地点。企业汇出款项时,在信汇凭证上加盖"采购资金"字样。汇入银行对汇入的采购款项,以汇款单位的名义开立采购专户。采购资金存款不计利息,除采购员差旅费可以支取少量现金外,一律转账。这种采购专户只付不收,付完结束账户。付款单位根据汇出款项的凭证,作会计分录如下:

借:其他货币资金——外埠存款——××银行 ×××
　　贷:银行存款 ×××

六、托收承付结算方式

托收承付结算方式的结算过程包括托收和承付两个阶段。

托收是指销货单位(收款单位)委托开户银行收取结算款项的行为。在托收阶段,销货单位根据经济合同发货,取得发运证件后,填制托收承付结算凭证。托收承付结算凭证一式数联,连同发票、托运单和代垫运费等单据,一并送交开户银行办理托收手续。

承付是指购货单位(付款单位)在承付期内,向银行承认付款的行为。在承付阶段,购货单位开户银行将托收承付结算凭证及所附单、证,送交购货单位通知承付货款。购货单位根据经济合同核对单、证或验货后,在规定的承付期内,向银行承认付款,银行则据以划转款项。划转托收款项的方式分为邮寄划回(简称邮划)和电报划回(简称电划)两种,由销货单位根据不同情况选择使用。

购货单位承付货款有验单承付和验货承付两种方式。验单承付是指购货单位根据银行转来的托收承付结算凭证及其他单证,与经济合同核对无误后,承付货款。验货承付是指购货单位在收到商品,检验无误后,才承付货款。

无论采用验单承付或验货承付,购货单位都必须在承付期内承付,验单承付期为 3 天，从购货单位开户银行发出通知的次日算起。在承付期内，如未向银行表示拒绝付款，银行即作为默认承付，于期满的次日由购货单位的账户将款项转出。验货承付期为 3 天，即从银行向购货单位发出承付通知的次日起 3 天内，购货单位如果既没有将提货通知送交银行，又未将货物尚未到达的情况告知银行，银行即视作已经验货同意付款，并于 3 天期满的次日办理划款，这样可以防止购货单位故意拖延付款。

在承付期满时，如果购货单位资金不足，不足支付部分作为延期付款处理，并支付赔偿金。延期支付金额连同赔偿金由银行按照规定的扣款顺序划转给销货单位。如果购货单位经过验单或验货，发现销货单位托收款项计算有错误，或者商品品种、质量、规格、数量与合同规定不符时，购货单位在承付期内有权全部或部分拒付货款。拒付货款需要填写"拒付理由书"交银行办理，但拒付后的商品必须妥善代管，不能短少或损坏。

购货单位开户银行，按照销货单位指定的邮划或电划方式，将托收款项划转到销货单位开户银行。销货单位开户银行收到划转来的托收款项，记入销货单位账户，并通知销货单位。其账务处理如下：

销货单位在办妥委托银行托收手续后，根据银行盖章退回的"托收承付结算凭证"的回单联，作会计分录如下：

借：应收账款　　　　　　　　　　　　　　　　　×××
　　贷：主营业务收入　　　　　　　　　　　　　×××
　　　　应交税费——应交增值税（销项税额）　　×××

收到银行转来收账通知单后，根据托收结算凭证的回单联及有关单据，进行账务处理，作会计分录如下：

借：银行存款　　　　　　　　　　　　　　　　　×××
　　贷：应收账款　　　　　　　　　　　　　　　×××

购货单位承认付款后，根据托收结算凭证和所附的发票账单和运单等单据，作会计分录如下：

借：在途物资　　　　　　　　　　　　　　　　　×××
　　应交税费——应交增值税（进项税额）　　　　×××
　　销售费用——运费　　　　　　　　　　　　　×××
　　贷：银行存款　　　　　　　　　　　　　　　×××

托收承付结算方式适用于订有合同的商品交易和劳务供应的款项结算。采用这种结算方式，可以促使销货单位按照合同规定发货，购货单位按合同规定付款，从而维护购销双方的正当权益。在我国，这种结算方式曾一度被取消，后又重新恢复使用。事实证明，在目前情况下这种结算方式仍然发挥着一定的作用。

七、委托收款结算方式

委托收款结算方式是收款人委托银行向付款人收取款项的一种结算方式。

委托收款结算包括托收和付款两个阶段。在托收阶段，收款单位委托开户银行收款时，应填制银行印制的"委托收款凭证"，提供必要的收款依据。收款分邮寄或电报划回两种，企业应根据需要选择使用。企业的开户银行受理委托收款以后，将委托收款凭证寄交付款单位开户银行。由付款单位开户银行审核，并通知付款单位。在付款阶段，付款单位在接到银行付款通知和有关附件后，应在规定的付款期(3天)内付款。如果付款期内未向银行提出异议，银行视作为同意付款，并在付款期满的次日将款项主动转账付给收款企业。

付款单位在审查有关单证以后，如果对收款企业委托收取的款项决定全部或部分拒绝支付的，应在付款期内填写拒付理由书，连同有关证明单据送交开户银行。银行收到拒付理由书连同有关凭证寄给收款企业的开户银行转交收款企业，银行不负责审查拒付理由书。需要部分拒绝付款的，银行办理部分转账划款。

付款单位在付款期满日营业终了前，如果没有足够存款支付全部款项的，在银行次日上午开始营业时，将有关单证在2天内退回开户银行。银行再将有关结算凭证连同单证或应付款项证明退回收款单位开户银行转交收款单位。付款单位如果逾期不退回单证，开户银行应按规定处以罚金，并暂停付款单位委托银行向外办理结算业务，直到退回单证时止。

委托收款结算方式的结算程序和账务处理，同托收承付结算方式基本相同。但是，委托收款结算方式比托收承付结算灵活，适用面广，只要收款单位提供收款依据，银行即可代为收款，它不受单位性质、结算种类，以及是否具有经济合同之类的条件限制。银行亦不承担分期付款和审查拒付的义务。因此，采用这种结算方式，要具有可靠的信用基础，防止企业单位不讲信用，随意拒付和借口拖欠货款。

八、信用卡结算方式

信用卡是商业银行向单位和个人发行的、凭以向特约单位购物消费或支付现金的卡片。按信誉等级分为金卡和普通卡。按使用对象分为单位卡和个人卡。

申请办理信用卡需按规定填制申请表，提供担保连同有关资料送交发卡银行，并交存一定数额的备用金后，银行为申办人开立使用卡户，并发给使用卡片。担保方式可采用保证、抵押。

信用卡具有方便、安全和先消费后付款的特点，适用于单位和个人的商品交易和劳务供应结算。

信用卡结算方式的具体核算如下。

（1）企业从基本账户转存信用卡备用金时，作会计分录如下：

借：其他货币资金——信用卡存款户 　　　　　　　　　×××
　　贷：银行存款 　　　　　　　　　　　　　　　　　　×××

（2）支付开户手续费时，作会计分录如下：

借：财务费用——手续费 　　　　　　　　　　　　　　×××
　　贷：银行存款 　　　　　　　　　　　　　　　　　　×××

（3）持信用卡购物支付货款或费用时，根据签购单回单或付款凭证，作会计分录如下：

借：在途物资/管理费用
　　贷：其他货币资金——信用卡存款户

【例2-7】　××百货商厦在交通银行开立信用卡账户，存入备用金50 000元，发生手续费50元，以转账支票支付，根据转账支票存根联，作会计分录如下：

借：其他货币资金——信用卡存款户 　　　　　　　　50 000
　　财务费用——手续费 　　　　　　　　　　　　　　　　50
　　贷：银行存款——基本存款户 　　　　　　　　　　50 050

【例2-8】　××百货商厦购入商品20 000元，货款以信用卡存款支付，根据发票及签购单回单，作会计分录如下：

借：在途物资 　　　　　　　　　　　　　　　　　　20 000
　　贷：其他货币资金——信用卡存款户 　　　　　　　20 000

【例2-9】　××百货商厦销售商品30 000元，采用信用卡结算，手续费为3‰，根据销货发票，签购单存根及计汇单、进账单回单，作会计分录如下：

借：银行存款 　　　　　　　　　　　　　　　　　　29 910
　　财务费用 　　　　　　　　　　　　　　　　　　　　90
　　贷：主营业务收入 　　　　　　　　　　　　　　　30 000

九、信用证结算方式

信用证是国际贸易间采用的结算方式，是开证银行依照申请人的申请开出的，凭符合信用证条款的单据支付的付款承诺，并明确规定信用证可否撤销、可否转让的跟单信用证。

信用证属于银行信用。采用信用证结算，对购销双方都有利，销货方能安全收回货款，购货方见单付款避免预付货款的风险。

信用证的主要特点有：一是开证银行负第一性付款责任，即主债务人；二是信用证是一项独立文件，不受购销合同约束，银行只凭单据付款；三是信用证的业务只处理单据，一切以单据为准，对货物的真伪好坏、途中损失、是否到达目的地一概不负责任。

第五节　外币的核算

商业企业在业务经营过程中，会涉及各种各样的对外业务，所以，必然会涉及外汇的收付。本节主要介绍外汇知识及外币收支业务的会计处理事项。

一、记账本位币

记账本位币是指会计核算中所采用的基本货币单位。会计核算的一个基本特征是以货币作为主要计量单位，在经济业务涉及多种货币的情况下，就要确定一种货币来核算经济业务，这种核算使用的统一货币，就称为记账本位币。我国《企业会计准则》规定，会计核算以人民币为记账本位币。业务收支以外币为主的企业，也可以选定某种外币作为记账本位币，但在编制会计报表时应当折算为人民币反映。境外企业向国内有关部门呈报的会计报表，也应当折算为人民币反映。

二、外币与外汇

外币是指外国的货币。外汇是指以外国货币表示的，用于国际结算的支付手段，即在国际债权、债务结算中，作为支付手段的外国货币的汇票、支票和以外国货币表示的债权凭证等。其主要内容有：

（1）国外货币，包括纸币、铸币。

（2）外币有价证券，包括政府债券、国库券、公司债券、股票、息票等。

（3）外汇支付凭证，包括票据、银行存款凭证、邮政储蓄凭证等。

（4）其他外汇资金。

根据我国外汇管理的有关规定，外币在国内不能流通和使用，商业企业的外币收支业务是指企业以记账本位币以外的货币进行的款项收付、往来结算等业务。

三、汇率

汇率是指以一国货币兑换成另一国货币的比率或比价。

汇率的表示方法有直接标价法和间接标价法两种。

（一）直接标价法

直接标价法是指用一定单位的外国货币，折算成本国货币来表示的标价方式。例如：

$$100\ 美元 = 680\ 元人民币$$
$$100\ 港元 = 85\ 元人民币$$

（二）间接标价法

间接标价法是指以本国货币为标准，用一定单位的本国货币，折算成外国货币来表示的标价方式。例如：

$$100 元人民币＝14.70 美元$$
$$100 元人民币＝117.65 港元$$

这两种标价方法并无本质差别，只是计算方式不同而已。在国际经济交往中，大多采用直接标价法，我国目前也采用直接标价法。

（三）汇率的分类

汇率按牌价分类有：

（1）买入价：银行买进外汇的价格。

（2）卖出价：银行卖出外汇的价格。

（3）中间价：买入价与卖出价的平均价格，即等于买入价加卖出价之和除以2。

（4）现钞价：银行买入外币（现钞）的价格。

四、外汇管理的内容

（一）实行外汇收入结汇制

外汇收入结汇制是指中国境内所有企、事业单位、机关和社会团体的各类项目的外汇收入，除了部分有规定的外汇收入项目外，必须按银行挂牌汇率，全部结售给外汇指定银行。实行结汇制，取消外汇收入的留成、上缴和额度管理制度。部分不必向银行结售，允许在外汇指定银行开立外汇账户的外汇收入项目主要是指：国家批准专项用于偿还境内外外汇债务，并经外汇局审核的外汇；捐赠协议规定用于境外支付的捐赠外汇；境外借款、发行外币债券、股票取得的外汇；境外法人或自然人作为投资汇入的外汇；外商投资企业的外汇等。

（二）外汇支付实行售汇制

外汇支付实行售汇制是指境内企、事业单位、机关和社会团体在规定范围内的对外支付用汇，可以持国家认可的有效凭证，到外汇指定银行用人民币办理兑付。取消经常性项目正常对外支付用汇的计划审批制度，允许人民币在经常项目的兑换。

（三）实行人民币汇率并轨

人民币汇率并轨后，实行以市场供求为基础的、单一的、有管理的浮动制。我国外汇交易的主体主要是外汇指定银行。实行银行结汇制、售汇制以后，建立和规范全国统一的银行间外汇交易市场就成为我国外汇管理制度中一项重要的内容。

银行间外汇交易市场的主要职能是为各外汇指定银行相互调剂外汇余缺和清算服务。银行之间的外汇市场，由中国人民银行通过国家外汇管理局进行监督管理。中国人民银行根据前1日银行间外汇交易市场形成的价格,每日公布人民币对美元交易的中间价,并参照国际外汇市场的变化,同时公布人民币对其他主要货币的汇率。各外汇指定银行以此为依据,在中国人民银行规定的浮动汇率的幅度内,自行挂牌,对客户买卖外汇。

(四)加强外债偿还的管理

为了确保国家的对外信誉,必须加强外债偿还的管理。国家对外债偿还继续实行"谁借谁还"的原则。债务人应加强对借用外债项目的管理,提高项目的经济效益和创汇能力。同时,国家鼓励和支持各地区、有关部门和外债较多的企业按债务余额的一定比例建立偿债基金,在外汇指定银行开立现汇账户,专户存储,用于支付外债本息。企业建立外汇偿债基金的来源主要有:出口创汇收入;按外债一定比例到外汇指定银行兑换外汇;现汇账户划转等。

五、外币业务的核算

商业企业的外币业务是指用外币进行结算的经济业务,这种业务在商业企业非常普遍。从企业业务经营过程及资金周转来看,外币业务主要包括:外币债权的结算;外币债务的结算,以及由此而引起的汇兑损益等业务。

(一)外币业务核算的要求

企业的外币业务核算有多种处理办法,如逐笔折算法、月终折算法、原币记账法和月终余额调整法。目前,商业企业的外币业务核算主要采用月终余额调整法。核算的要求如下:

(1)企业发生外币业务时,应将有关外币金额折合为记账本位币金额。折合汇率采用外币业务发生时的国家外汇牌价(原则上为中间价),或者当月1日的国家外汇牌价。

(2)月份终了,企业应将外币债权、债务等各种外币账户的余额,按照月末国家外汇牌价折合为记账本位币余额。按照月末国家外汇牌价折合的记账本位币余额与账面记账本位币金额之间的差额,作为汇兑损益。汇兑损益是指由外汇的兑换而产生的损失和收益。

(3)设置"财务费用——汇兑损益"账户。"财务费用——汇兑损益"账户属损益类账户,核算因外汇兑换而发生的损失(减汇兑收益)。其借方主要登记由于外汇债权、债务而产生的汇兑损失;贷方主要登记汇兑收益;借贷方的差额即为汇兑损益(收益大于损失用"—"号表示)。

(4)按规定可在外汇指定银行开立"银行存款"外币现汇账户的企业和涉及外币业务的"应收账款""应付账款""短期借款""长期借款"等账户都应该设立外币明细账,以便于明细反映。

(二)外币业务核算举例

【例2-10】 某企业201×年11月3日有关外币账户的期初余额如下:

应收账款——A 公司,借方余额 4 000 美元,汇率为 6.70 元,计26 800元人民币。

应付账款——B 公司,贷方余额 2 000 美元,汇率为 6.70 元,计13 400元人民币。

201×年11 月,该企业发生两笔外币业务:

5 日,向某国 B 公司购入商品,货款 5 500 美元,款项暂欠,当日汇率为 6.80元。以人民币银行存款支付进口商品的增值税税率为 13％,计4 862元。

12 日,收回某国 A 公司的部分还款 1 500 美元,当日汇率为 6.90 元。

要求用月终余额调整法核算该企业的外币业务,11 月末的汇率为6.80 元。

1. 该商业企业账务处理

(1) 借:在途物资 37 400
   应交税费——应交增值税(进项税额) 4 862
  贷:应付账款——B 公司(US＄5 500×6.80) 37 400
   银行存款 4 862

(2) 借:银行存款 10 350
  贷:应收账款——A 公司(US＄1 500×6.90) 10 350

2. 月终两个外币账户的明细资料

(1)"应收账款——A 公司"账户借方余额美元数额为:

$$4 000-1 500=2 500(美元)$$

折合成相应的人民币数额为:

$$26 800-10 350=16 450(元)$$

根据月末汇率应调整为:

$$2 500×6.80=17 000(元)$$

汇兑收益为:

$$17 000-16 450=550(元)$$

月终作调整会计分录如下:

借:应收账款——A 公司 550
 贷:财务费用——汇兑损益 550

(2)"应付账款——B 公司"账户贷方余额美元数额为:

$$2 000+5 500=7 500(美元)$$

折合成相应的人民币数额为:

$$13\,400+37\,400=50\,800(元)$$

根据月末汇率应调整为：

$$7\,500\times6.80=51\,000(元)$$

汇兑损失为：

$$51\,000-50\,800=200(元)$$

月终作调整会计分录如下：

借：财务费用——汇兑损益   200
  贷：应付账款——B公司   200

3. 外币账户的期末余额

201×年11月30日，"应收账款——A公司"账户借方余额2500美元，汇率为6.80元，计17000元人民币；"应付账款——B公司"账户贷方余额7500美元，汇率为6.80元，计51000元人民币。

思 考 题

1. 什么是货币资金？它包括哪些内容？

2. 现金管理包括哪些内容？应怎样对现金进行核算？

3. 备用金应如何核算？

4. 如何加强对银行存款的管理？银行存款应如何核算？

5. 企业为何要与银行对账？什么是未达账项？未达账项主要有哪些情况？

6. 转账结算的方式有哪几种？

7. 何谓支票？签发支票应注意哪些事项？

8. 何谓银行本票？它与支票有哪些区别？

9. 何谓银行汇票？何谓商业汇票？两者有何区别？

10. 何谓托收承付结算方式？何谓委托收款结算方式？两者有何区别？

11. 何谓信用卡？使用信用卡结算应遵守哪些规定？

12. 何谓外币、外汇、汇率？外币结算有哪些规定？如何对外币进行核算？

习 题

1. 目的 练习货币资金的核算。

资料 某企业201×年4月30日银行存款日记账余额为300 000元；现金日记账余额为3 000元。该企业5月上旬发生下列银行存款和库存现金的收付业务：

(1) 1日，投资者投入现金25 000元，存入银行（银收801号）。

(2) 1日，以银行存款10 000元归还短期借款（银付801号）。

（3）2 日，以银行存款 20 000 元偿付应付账款（银付 802 号）。

（4）2 日，以现金 1 000 元存入银行（现付 801 号）。

（5）3 日，用现金暂付职工差旅费 800 元（现付 802 号）。

（6）3 日，从银行提取现金 2 000 元备用（银付 803 号）。

（7）4 日，收到应收账款 50 000 元，存入银行（银收 802 号）。

（8）5 日，以银行存款 45 200 元（含增值税税率 13% 的增值税额），支付购货款（银付 804 号）。

（9）5 日，以银行存款 10 000 元支付购入商品运费（银付 805 号）。

（10）6 日，从银行提取现金 18 000 元，准备发放工资（银付 806 号）。

（11）6 日，用现金 18 000 元发放职工工资（现付 803 号）。

（12）7 日，以银行存款支付本月电费 1 800 元（银付 807 号）。

（13）8 日，销售商品一批，货款 11 300 元（含增值税税率为 13% 的增值税额），存入银行（银收 803 号）。

（14）9 日，用银行存款支付销售费用 410 元（银付 808 号）。

（15）10 日，用银行存款上交销售税金 3 500 元（银付 809 号）。

要求

（1）根据上列经济业务，编制会计分录。

（2）登记银行存款日记账和现金日记账，并结出 10 日止的累计余额。

2. 目的　练习转账结算业务。

资料　某企业 201X 年 9 月 1～5 日发生部分结算业务如下：

（1）前欠北京运输公司运费 1 850 元，采用信汇方式由银行存款户支付。

（2）向本市红星厂购进商品 12 000 元，增值税税率为 13%，已验收入库，开支票一张，在银行存款户中支付。

（3）销售给江西某县百货公司商品 20 000 元，增值税税率为 13%，商品已发运，并向银行办妥委托收款手续。

（4）以委托收款结算方式向杭州交电公司收取代垫运费 567.50 元。

（5）向杭州百货公司购进商品一批，计 34 000 元，增值税税率为 13%，言明 2 个月后支付货款，以承兑的商业汇票支付。今日所购商品到货，已验收入库。

（6）前支付给南京食品公司已承兑的商业汇票今日到期付款，计 67 000 元。

（7）支付银行承兑汇票，承兑时的手续费 100 元。

（8）售给天津商品一批计 92 000 元，增值税税率为 13%，采用商业汇票结算方式，今已收到天津付款单位承兑的商业汇票，并据以办妥商品发运手续。

（9）向银行办理已经承兑的商业汇票贴现手续，票面金额为 50 000 元，支付贴现利息 450 元。

（10）向广州购进商品一批计 95 100 元，增值税税率为 13%，采用汇兑结算方式,款已由银行汇出,商品未到。

(11) 销售给本市家电商店百货一批,计价 32 000 元,增值税税率为 13%,采用商业承兑汇票结算方式。付款日期为下月 30 日。汇票收到,予以转账。

(12) 今因急需,将票面 36 160 元的商业承兑汇票提前 40 天向银行贴现,银行利率为月息 6‰,款已收到,存入银行。

(13) 售给广州商厦商品一批,计价 21 000 元,增值税税率为 13%,另以转账支票支付代垫运费 400 元,货已发运,货款及运费一并向银行办妥托收结算手续。

(14) 向银行申请面值 20 000 元本票一笔,本票已收到,支付前欠毛巾九厂货款。

(15) 向银行申请银行汇票一笔,金额为 50 000 元,收到汇票后,交采购员王某带往天津采购商品。

(16) 收到银行转来广州商厦承付货款及运费 24 970 元收账通知单,当即入账。

(17) 委托银行汇款给北京医药公司 10 000 元,函购药品一批,款已汇出,商品未到。

(18) 售给市内百货公司商品一批,计价 38 500 元,增值税税率为 13%,货已发出,收到转账支票一张,当即存入银行。

要求 编制记账凭证(以会计分录代替)。

3. 目的 练习银行存款对账方法。

资料 某企业 201×年 4 月 30 日银行存款账面余额为 535 000 元,开户银行对账单余额为 508 000 元。经查对,该企业发现有以下几笔未达账项:

(1) 4 月 29 日,委托银行收款 50 000 元,银行已收入企业银行存款户,收款通知尚未送达。

(2) 4 月 29 日,企业开出现金支票一笔,计 1 600 元,企业已减少银行存款,银行尚未记账。

(3) 4 月 30 日,银行为企业支付电费 1 000 元,银行已入账,减少企业存款,企业尚未记账。

(4) 4 月 30 日,企业收到外单位转账支票一张,计 64 000 元,企业已记账,银行尚未入账。

要求

(1) 根据上述未达账项,编制银行存款余额调节表,确立企业月末实际可用的银行存款余额。

(2) 假定银行对账单所列企业存款无误,未达账项也由双方查明无误,在编制余额调节表时所发现的错误数额是多少?企业银行存款的账面余额应是多少?

第 三 章

商品流通核算概述

【内容提示】 本章主要阐述商品流通的含义,商品购销的确认和计量以及商品核算的方法。通过学习,学生应了解商品流通的概念,商品购销范围和商品交接货方式,明确商品购销的确认和计量;掌握商品流通过程中几种不同商品核算方法的内容及其适用范围。

第一节　商品流通的含义和商品购销范围

一、商品流通的含义

商品流通是指商品通过买卖方式,从生产领域转移到消费领域的转移过程。商品流通具有两个基本特征:一是商品实物的转移;二是通过货币结算的买卖行为。只有商品实物的转移而无货币交换或只有货币收付而无实物转移都不属于商品流通。

商品流通过程通常要通过批发和零售两个环节。商品在批发环节的流通活动,称为批发商品流通;商品在零售环节的流通活动,称为零售商品流通。批发商品流通是整个商品流通的起点和中间环节,零售商品流通是商品流通过程的最终环节。

商品流通核算是反映和控制商品购、销、调、存的业务活动及其成果的核算方法。它必须适应不同商品购销活动的需要,因为商品购销活动是通过"货币—商品—货币"的形式循环周转进行的,从价值运动角度看,商品流通过程同时也是资金运动过程,它们是同一商品流通过程的两个方面,商品流通决定商品核算,同时,商品核算对商品流通起促进作用,两者紧密结合。

二、商品购销范围

为了使会计核算正确反映商品流通的过程,必须首先明确商品购销的范围。

(一)商品购进的范围

商品购进是指商业企业为了销售或加工后销售,通过货币结算而购进商品的交易行为。商品购进必须同时具备两个条件:一是购进商品的目的是销售,即"为卖而买"。如果购进的商品是为企业自用而不是出售就不属商品购进范围;二是通过货币结算取得商品所有权。不通过支付货款而收入的商品(如样品、委托加工商品收回、接受捐赠等)均不属于购进范围。因此,商品购进的范围是:向国内各种所有制的生产企业和其他商品流通企业购进的商品以及从国外进口的商品。

(二)商品销售的范围

商品销售是指商业企业出售本企业所经营的商品,并通过结算收取货款或取得收款权利的交易行为。为此,商品销售也必须同时具备两个条件:一是销售的是本企业所经营的商品,如果销售的商品不属于本企业的经营范围(如包装用品、材料物资等),就不属于商品销售的范围;二是通过货币结算转移商品所有权。如果发出商品不通过货款结算(如商品移库、赠送样品、拨出委托加工等)也不属于商品销售的范围。因此,商品销售的范围是:售给国内生产单位或其他商品流通企业等用于生产和消费的商品,售给集体、个人生活消费的商品,以及供应出口的商品。

(三)商品购销交接货方式

商品购进和销售的交接货方式,应由购销双方协商,根据商品的特点和运输条件确定。通常采用的商品交接方式一般有提货制、送货制和发货制三种。

(1)送货制是指供货单位将商品送到购货单位的仓库或指定地点的交接方式。送货过程中所发生的费用和商品损耗一般由供货单位负担。

(2)提货制是指购货单位到供货单位的仓库或指定地点提货的交接方式。提货过程中所发生的费用和商品损耗一般由购货单位负担。

(3)发货制是指供货单位按照合同规定的发货日期、商品品种、规格、数量等条件,将商品委托运输部门运到购货单位所在地的车站、码头的交接方式。发货过程中,一般规定商品交接以前所发生的费用和商品损耗由供货单位负担,商品交接以后所发生的费用和商品损耗由购货单位负担。

此外,基层供销社收购农副产品、回收废旧材料物资时还普遍采用门市收购制。

第二节 商品购销的入账时间和入账价格

一、商品购销的入账时间

商品购进和销售入账时间的确定,应以商品购销行为的实现,即以商品的所有权转移作为依据。商业企业通过货币结算取得商品所有权或支配权的时间就是商品购进的入账时间;反之,失去商品所有权或支配权的时间,就是商品销售的入账时间。在实际工作中,由于货款结算和商品交接方式的不同,商品所有权和支配权的转移情况比较复杂,因此,商品购进和销售的具体入账时间,应根据不同的商品交接货方式和结算方式,作相应的处理。

（一）商品购进的入账时间

商品购进的入账时间一般以支付货款的时间作为依据,在货款先付,商品后到的情况下,以支付货款的时间作为商品购进入账时间;在商品先到,货款后付的情况下,收到商品后,暂不入账,等付款时作为商品购进入账时间。根据商品交接货方式和货款结算方式的不同,商业企业的商品购进入账时间有以下几种情况:

（1）从本地购进商品,采用现金、支票、本票或商业汇票等结算方式的,在支付货款并取得供货单位的发货证明,即可作为商品购进入账;假如商品先到并验收入库,而货款尚未支付,月末暂作购进商品入账,次月初再用红字冲回。

（2）从外地购进商品,采用托收承付或委托收款结算方式的,在结算凭证先到,并承付货款时,作为商品购进入账;在商品先到,并符合购销合同规定的,验收入库后,暂不作为商品购进入账,待承付货款时,再作购进入账。如月终尚未付款,则作为购进入账,下月初再以红字冲回。

（3）在商品购进业务中,采取预付货款方式的,则不能以预付货款的时间作为商品购进的入账时间,因为预付货款不能形成买卖双方的商品交易行为。

（4）进口商品以支付货款为购进入账时间。

（二）商品销售的入账时间

商品销售的入账时间,一般以发出商品,收入货款或取得收取货款的权利的时间作为依据。在商品已经发出,收到货款或者虽未收到货款,但已办妥结算手续或取得购货方的收货证明即可作为销售入账。根据商品交接货方式和货款结算方式的不同,商业企业商品销售的入账时间有以下几种情况:

（1）采用现金、支票、本票、汇票等结算方式的,在收到现金、支票、本票、汇票时,作为商品销售入账。

（2）采用异地托收承付结算方式的,以办妥委托银行收款手续时,作为商品销售入账。

（3）采用汇兑结算方式的,以发出商品并取得运输部门的商品发运证明时,作为商品销售入账。

（4）采用送货制销售方式的,以发出商品并取得购货单位的收货凭证或收到货款时,作为商品销售入账。

（5）采用递延方式分期收款销售方式的,在发出商品后,按应收合同或协议价款以长期应付款作为商品销售入账。

（6）采用预收货款销售方式的,在实际发出商品时,作为商品销售入账。

（7）采用商品出口销售的,以收到运输部门有关单据并向银行办理交单时间作为入账时间。

二、商品购销的入账价格

（一）商品购进的入账价格

商业企业购进的商品,不论是用于国内销售或供应出口,均按取得商品时所支付的价税款扣除按规定计算的进项增值税金的数额,作为商品购进入账价格,具体有以下几种情况:

（1）从生产单位购进,按生产单位的出厂价(销售价)作为商品购进的入账价格。

（2）收购免税农副产品,按购入农业产品的买价扣除按规定计算的进项增值税额后的数额作为商品购进的入账价格。

（3）委托外贸部门代理进口商品,按实际支付外贸部门的全部价税款扣除按规定计算的进项税额作为商品购进的入账价格。

（4）进口的商品,按进口商品国外进价(到岸价)加上关税、消费税后作为商品购进入账价格。如按离岸价计算,则按离岸价加到岸前的运费、保险费计算。

（5）委托加工商品,按加工过程中实际成本作为加工成品入账价格。包括原材料、加工费和加工税金。

（6）从国内其他企业或系统内各企业购入的商品,以实际支付的批发价或调拨价作为商品购进的入账价格。

（二）商品销售的入账价格

商业企业商品销售的入账价格,应是出售商品的价格,按不同销售对象可分为以下几种:

（1）批发价是指商业批发企业直接供应给单位和个人的批量商品,按批发价作为销售的入账价格。

（2）零售价是指零售企业直接供应给消费者数量零星商品,按零售价扣除增值税作为销售的入账价格。

（3）协商价是指商业企业采用浮动价、批量作价,按实际开票价作为销售的入账价格。

（4）批零兼营企业应视供应对象数量多少分别采用批发价或零售价。

第三节　商品流通的核算方法

按照商品具有使用价值和价值两种属性的理论,商品核算应该既要反映商品的使用价值,又要反映商品的价值。反映商品的使用价值,要对商品分类进行实物数量核算,反映各种商品数量进、销、存增减变化情况;反映商品的价值,要以货币为计量单位,反映商品进、销、存金额的增减变化情况。商品的数量核算和金额核算是互相联系的。在会计核算中,金额核算特别重要,但数量核算也不容忽视,两者必须紧密结合。在实际工作中,商品价值有进价金额和售价金额两种标准。因此,商品流通核算方法一般有以下几种。

一、数量进价金额核算法

这是以实物数量和进价金额两种计量单位,反映商品进、销、存情况的一种方法。其主要内容包括:

(1)"库存商品"的总分类账和明细分类账统一按进价记账。总分类账反映库存商品进价总值;明细分类账反映各种商品的实物数量和进价金额。

(2)"库存商品"明细账按商品的编号、品名、规格、等级分户,按商品收、付、存分栏记载数量和金额,数量要求永续盘存。

(3)根据企业经营管理需要,在"库存商品"总分类账和明细分类账之间,可设置"库存商品"类目账,按商品大类分户,记载商品进、销、存金额。

(4)在业务部门和仓库设置商品账,分户方法与"库存商品"明细账相同,记载商品收、付、存数量,不记金额。

(5)根据商品的不同特点,采用不同方法定期计算和结转已销商品的进价成本。

数量进价金额核算法的优点是能全面反映各种商品进、销、存的数量和金额,便于从数量和金额两个方面进行控制。但由于每笔进、销货业务都要填制凭证,按商品品种逐笔登记明细分类账,核算工作量较大,手续较繁,一般适用于规模较大、经营金额较大、批量较大而交易笔数不多的大中型批发企业。

二、数量售价金额核算法

这是以实物数量和售价金额两种计量单位,反映商品进、销、存情况的一种核算方法。其主要内容基本与数量进价金额核算法相同,都是按商品品种设明细账,实行数量和金额双重控制。其不同的有两点:

(1)"库存商品"总分类账、类目账和明细账均按售价记账。

(2)设置"商品进销差价"账户,记载售价金额和进价金额之间的差额,定期分摊已销商品进销差价,计算已销商品进价成本和结存商品的进价金额。

由于采用售价记账,逢商品售价变动,就要盘点库存商品,调整商品金额和差价,核算工作量较大,因此,数量售价金额核算法一般适用于经营金额较小、批量较少的小型经营批发的企业,以及经营零售的企业的库存商品和贵重商品的核算。

三、售价金额核算法

这是在实物负责基础上,以售价记账,控制库存商品进、销、存情况的一种核算方法,其主要内容包括:

(1)建立实物负责制。根据岗位责任制的要求,按商品经营的品种和地点,划分为若干柜组,确定实物负责人,对其经营的商品承担全部责任。

(2)售价记账,金额控制。库存商品的进、销、存一律按销售价格入账,只记金额,不记数量,库存商品总分类账反映售价总金额,明细分类账按实物负责人分设,反映各实物负责人所经营的商品的售价金额,在总账控制下,随时反映各实物负责人的经济责任。

（3）设置"商品进销差价"账户。由于"库存商品"账户按售价反映,而商品购进支付的货款是按进价计算的;因此,设置"商品进销差价"账户,以反映商品进价与售价之间的差价,正确计算销售商品的进价成本。

（4）加强物价管理。商品按售价核算后,如遇售价变动,就会直接影响库存商品的总额,因此,必须加强物价管理,明码标价。

（5）健全商品盘点制度。"库存商品"明细分类账按售价记账,没有数量控制,只有通过盘点才能确定实际数量,因此,必须加强商品盘点,才能检查库存商品账实是否相等及其实物负责人的工作质量和经济责任。

采用售价金额核算方法,可以简化核算手续,减少工作量,是零售企业商品核算的主要方法。其不足之处是由于只记金额,不记数量,库存商品账不能提供数量指标以控制商品进、销、存情况,一旦发生差错,难以查明原因。

四、进价金额核算法

这是以进价金额控制库存商品进、销、存的一种核算方法。其主要内容包括:

（1）库存商品总分类账和明细分类账一律以进价入账,只记金额,不记数量。

（2）库存商品明细账按商品大类或柜组设置,对需要掌握数量的商品,可设置备查簿。

（3）平时销货账务处理,只核算销售收入,不核算销售成本。月末采取"以存计销"的方法,通过实地盘点库存商品,倒挤商品销售成本。其计算公式如下:

$$\frac{\text{本期商品}}{\text{销售成本}} = \frac{\text{期初库存}}{\text{商 品}} + \frac{\text{本期进货}}{\text{总 额}} - \frac{\text{期末库存商}}{\text{品进价金额}}$$

采用进价金额核算方法,可以简化核算手续,节约人力、物力,但手续不够严密,平时不能掌握库存情况,且对商品损耗或差错事故不能控制,一般适用于鲜活商品的核算。

思 考 题

1. 什么是商品流通?其有什么特征?

2. 什么是商品购进、商品销售?其范围包括哪些方面?

3. 商品购销货的交接方式有哪几种?如何对其选用?

4. 商品购进和销售的入账时间应以什么为前提?

5. 商品购销的入账价格有哪几种?

6. 商品流转核算方法有哪几种?其主要内容是什么?其适用范围如何?

第 四 章

批发商品流通

【内容提示】 本章主要阐述商品流通过程中批发环节上的商品核算。通过学习,学生应了解批发商品购、销、存各个阶段的业务程序和单据流转,以及进价数量金额核算方法的内容;明确批发商品不同进货渠道和不同销售对象的核算方法及账户设置;掌握日用工业品、农副产品、进出口商品购销业务及委托代购代销、受托代购代销、委托加工等不同购销形式的核算方法和账务处理知识。

第一节 批发商品购进的核算

批发商品流通是整个流通过程的起点和中间环节,具有商品进销量大、经营品种复杂,商品储存量多、保管地点分散,商品购销对象面广,购销方式多样等特点,为此在核算上要求有严密的手续制度,从价值上、数量上全面反映商品流通全过程,填制和接受能反映商品品名、数量、金额等内容的各种凭证,以控制和反映商品购销活动。

批发商品流通过程包括商品购进、销售和储存三个环节。商品购进是商品流通的起点,为商品销售、储存提供物质基础。

批发商品购进的渠道有向工农业生产部门购进,向其他商品流通企业购进、接收进口等。购进的方式有本地购进,异地购进,预付货款购进,分期、延期付款购进等。由于批发商品购进的渠道、方式、交接货手续的不同,其业务程序和核算方法也有所不同。

一、批发商品购进的业务程序

(一)本地商品购进

本地商品购进是由商业企业向当地的生产企业或批发企业进货。一般采用"送货制"和"提货制"的交接货方式接收商品。货款一般采用支票、本票、商业汇票结算和委托收款结算方式。进货时,由业务部门根据供货单位的"专用发票"核对所列商品的品名、规格、数量、单价、金额是否与合同规定相符。经核对无误后如由于专用发票联次不足,可填制一式多联"收货单"。存根联由业务部门留存;收货联由仓库凭以验收商品和登记商品保管账;结算联由财会部门凭以结算货款;记账联经仓库收货加盖"收货"章后转财会部门凭以记账。

(二)异地商品购进

异地商品购进是由商业企业向外地生产企业或批发企业进货,一般采用"发货制"交接货方式接收商品,货款结算大多采用"托收承付""委托收款""商业汇票""银行汇票""汇兑"等结算方式。以采用托收承付结算方式而言,其一般业务程序是:商业企业财会部门接到开户银行转来供货单位托收凭证、专用发票和代垫运费单据时,先送业务部门与合同核对,经核对无误后退还财会部门凭以办理承付货款手续,同时由业务部门填制"收货单",留存一联外,其余交储运部门提货。商品到达后,仓库根据"收货单"及供货单位的发货单(随货同行联)办理商品验收入库手续后,留一联据以登记商品保管账,其余连同专用发票送财会部门编制记账凭证入账。

"收货单"的一般格式见表4-1。

表4-1

收　货　单

销货单位:　　　　　开单日期:　　　　年　　月　　日　　　　　　　　　　存放仓库:

货号	规格、品名	单位	数量	单价	金　　额	税率%	进项税额
合计							

价税合计(大写)　　佰　拾　万　仟　佰　拾　元　角　分　　　　　¥_____

包装类别		件数		每件内装		合同字号	

备注:		发票号码		验收日期	

(有关人员签章)

二、批发商品购进的核算内容

(一)主要账户设置

(1)"在途物资"账户。该账户属资产类账户,用来核算商品购入、货款已付尚未验收入库的在途商品采购成本。企业从国内采购或国外进口的各种商品,凡是通过本企业结算货款而商品尚未到达的,都在该账户进行核算。其借方登记购入商品付款数;贷方登记转入"库存商品"账户的商品采购成本;期末借方余额表示企业在途商品的实际采购成本。该账户应按供货单位、商品类别等设置明细账(采用平行式明细账页)。企业经营进、出口商品的,可根据需要分别按进口商品采购和出口商品采购进行明细核算。

(2)"库存商品"账户。该账户属资产类账户,用来核算全部自有的库存各种商品的实际成本,包括存放在仓库、门市部和寄存在外库的商品,委托其他单位代管、代销的商品,陈列展览的商品等。其借方登记由"在途物资"账户转来购入商品和商品到达验收入库的采购成本及盘盈之数;贷方登记商品销售实际成本及盘亏之数;期末余额表示库存商品的实际成本。该账户可按商品类别、品名、规格、等级、存放地点等设置明细账。

(二)商品采购成本的确定

(1)国内购进用于国内销售和出口的商品,以进货时所支付的价税款扣除按规定计算的进项增值税款后的数额作为采购成本,购进商品所发生的进货费用作为当期损益列入期间费用。

(2)企业进口的商品,其采购成本包括进口商品的国外进价、应分摊的外汇价差、关税和佣金。如以离岸价格成交的,其离岸后应由企业负担的运费、保险费等,亦应计入采购成本。

(3)企业委托其他单位代理进口的商品,其采购成本为实际支付给代理单位的全部价税款,扣除按规定计算的进项税额后的数额。

(4)企业购进免税农业产品,其采购成本为支付的收购价款扣除按规定计算的进项税款后的数额。

(5)年应税销售额在 80 万元以下的小规模纳税企业购进的商品,无论是否取得增值税专用发票,其支付的增值税额均不计入进项税额,不得从销项税中抵扣而计入商品的采购成本。

(三)本地购进的核算

本地商品购进,由于企业与供货单位在同一城市,商品验收与货款结算一般在同一天办理。

【例 4-1】 某企业向本市新海内衣厂购进 42 支男棉毛衫1 000 包(1 包 10件),每包单价为 86 元,计 86 000 元;增值税进项税税率为 13%,计11 180元。价税合计97 180元,商品全部到达,并验收入库。货款以转账支票支付。财会部门根据仓库交来的"收货单"、供货单位的"增值税专用发票"和转账支票存根作会计分录如下:

借:在途物资——新海厂	86 000
应交税费——应交增值税(进项税额)	11 180
贷:银行存款	97 180

同时,作会计分录如下:

  借:库存商品——42 支男棉毛衫   86 000
    贷:在途物资——新海厂   86 000

如果是小规模纳税企业,所支付的不可抵扣的增值税进项税额计入所购商品的成本,作会计分录如下:

  借:在途物资——新海厂   97 180
    贷:银行存款   97 180

  借:库存商品   97 180
    贷:在途物资   97 180

如果商品验收入库和支付货款不是同时进行的,有以下两种情况:

(1) 支付货款,商品未到,作会计分录如下:

  借:在途物资——新海厂   86 000
    应交税费——应交增值税(进项税额)   11 180
    贷:银行存款   97 180

商品到达后,验收入库,再作会计分录如下:

  借:库存商品——42 支男棉毛衫   86 000
    贷:在途物资——新海厂   86 000

(2) 商品验收入库,货款采用商业汇票结算方式,则作会计分录如下:

  借:在途物资——新海厂   86 000
    应交税费——应交增值税(进项税额)   11 180
    贷:应付票据——商业汇票   97 180

同时,作会计分录如下:

  借:库存商品——42 支男棉毛衫   86 000
    贷:在途物资——新海厂   86 000

商业汇票到期付款,作会计分录如下:

  借:应付票据   97 180
    贷:银行存款   97 180

(四)异地购进的核算

异地商品购进,由于企业与供货单位不在同一城市,商品由供货单位委托运输部门发运,而托收凭证由银行通过邮寄传递,因此,商品与托收结算凭证到达企业的时间可能会出现三种情况:一是托收凭证先到,商品后到;二是商品先到,托收凭证后到;三是托收凭证和商品同时到达。这三种情况的会计核算方法有所不同。

同时,按"发货制"要求,购进商品的运费由供货单位垫付,并随同货款一并向企业托收。

1. 托收凭证先到,商品后到

这是指托收承付结算凭证已到而商品尚在运输途中的情况。财会部门应根据银行转来的托收凭证和"专用发票",经业务部门与合同核对无误后承付货款。

【例4-2】 某企业向天津百货批发公司购入香皂 20 000 块,单价为 2.20 元,进项税税率为 13%,价税共计 49 720 元,供货单位代垫运费 1 000 元,货款结算采用"异地托收承付"结算方式。

(1) 接到银行转来天津百货批发公司的托收凭证、"发货单"结算联和代垫运费清单,经审核无误,作会计分录如下:

```
借:在途物资——天津百货                          44 000
    应交税费——应交增值税(进项税额)              5 720
    销售费用——进货运费                          1 000
  贷:银行存款                                   50 720
```

(2) 商品运到,经仓库点验入库,根据仓库送来的"收货单"和供货单位的"增值税专用发票",审核无误后,作会计分录如下:

```
借:库存商品——香皂                              44 000
  贷:在途物资——天津百货                         44 000
```

2. 商品先到,托收凭证后到

这是指商品已到而托收凭证未到,尚不能承付货款的情况。在会计核算上,按制度规定,这种情况暂不作账务处理;月末再按暂估进价入账。

【例4-3】 沿用[例4-2]资料,商品先到,托收凭证后到,作会计分录如下:

```
借:库存商品——香皂                              44 000
  贷:应付账款——天津百货                         44 000
```

(1) 下月初对月末尚未付款的商品用红字冲回。

```
借:库存商品——香皂                              44 000
  贷:应付账款——天津百货                         44 000
```

(2) 接到银行转来托收凭证、增值税专用发票和代垫运费清单,经审核无误,承付货款作会计分录如下:

```
借:在途物资——天津百货                          44 000
    应交税费——应交增值税(进项税额)              5 720
    销售费用——进货运费                          1 000
  贷:银行存款                                   50 720
```

同时,根据仓库"收货单"和供货单位的"专用发票",经审核无误后,作会计分录如下:

　　借:库存商品——香皂　　　　　　　　　　　　　　　　44 000
　　　贷:在途物资——天津百货　　　　　　　　　　　　　　　　　44 000

3. 托收凭证与商品同日到达

所谓托收凭证与商品同日到达,是指承付货款和商品点验入库手续可以在同一天内办完,不存在商品在途和不能承付货款的情况,可以按本地商品购进核算方法作库存商品处理。财会部门在接到银行转来的托收凭证、增值税专用发票、代垫运费清单和仓库送来的"收货单",经审核无误后承付货款。

【例4-4】 沿用[例4-2]资料,托收凭证与商品同日到达,作会计分录如下:

　　借:库存商品——香皂　　　　　　　　　　　　　　　　44 000
　　　销售费用——进货运费　　　　　　　　　　　　　　　 1 000
　　　应交税费——应交增值税(进项税额)　　　　　　　　　 5 720
　　　贷:银行存款　　　　　　　　　　　　　　　　　　　　 50 720

(五)农业产品收购的核算

农业产品收购是指商业企业向农村集体经济组织和个人收购农业产品的一种商品交易,是商品流转的主要组成部分。农业产品品种繁多,包括油、粮、棉、麻、烟、糖、果、药材、禽、蛋、畜等。农副产品生产分散,品种繁多,规格复杂,且受自然条件制约,季节性较强,容易变质,在收购工作中必须根据季节变化,合理组织网点,迎季收购,做好验收、整理和保管工作。

1. 农业产品收购一般程序

收购农业产品时,在做好验质、定级、计价、点数、过秤和入库验收等一系列工作后,由收购人员根据收购的大宗农业产品和零星农业产品,分别填制一式多联"农业产品收购凭证"和"农业产品收购计数单",每日或定期按品名汇总编制"农业产品收购汇总表"办理付款,并报送财会部门。

2. 农副产品收购的核算

(1)农副产品直接收购的核算。农副产品直接收购是指商业企业设置收购站,以自筹资金直接向生产者收购农副产品的业务活动。其核算方法有报账付款、计划拨款、交货补款等,一般采用报账付款方法较多。

报账付款是由拨款单位对收购量较为稳定的收购站核拨一定数量的备用金,收购站按期编制"农副产品收付存报告表"送拨款单位财会部门报账,经审核后,补充备用金。

收购站领用的备用金,应实行钱货分管,收购企业应加强对备用金的管理,建立定期的对账报账制度,保证账账相符,防止拖欠挪用。

【例4-5】 某企业经核定拨付所属的甲收购站备用金100 000元。财会部门根据收购站领款收据及领导批示,开给现金支票,作会计分录如下:

借:其他应收款——甲收购站 100 000
　　贷:银行存款 100 000

购进农业产品,按买价依照9%的扣除率计算进项税额。

【例4-6】 201×年4月,某收购站报来"农业产品收购汇总表",收购A农业产品,计价78 000元,以银行存款补足备用金,作会计分录如下:

借:库存商品——A农产品[78 000×(1-9%)] 70 980
　　应交税费——应交增值税(进项税额)(78 000×9%) 7 020
　　贷:银行存款 78 000

(2)预购农业产品的核算。企业收购农业产品,除了直接收购农业产品外,还可以对某些农业产品进行预购,由收购企业通过预付定金的办法,与农业生产者签订合同,规定预购的品种、数量、质量和交售时间,待收获后进行结算,多退少补。

预购定金的款项来源由收购企业按照政策规定,直接向银行办理预购定金借款。预购定金借款是专用借款,只能用作发放预购定金,不能挪作他用。

反映预购定金的账户是"预付账款"账户,属资产类账户,用来核算企业按购货合同规定预付给供应单位的货款。其借方登记支付预付款数;贷方登记收购商品时应付的价款;借方余额表示尚未结算的预付款项。

【例4-7】 某企业与某生产单位签订C农产品预购合同,预付定金6 000元,秋后交售时扣回。其会计分录如下:

支付预购定金时:

借:预付账款——××生产单位 6 000
　　贷:银行存款 6 000

收到交售C农产品计价11 000元,按合同规定扣回预购定金6 000元,补付价款5 000元:

借:库存商品——C农产品 10 010
　　应交税费——应交增值税(进项税额) 990
　　贷:预付账款 6 000
　　　　银行存款 5 000

如果交售价款小于预购定金数,假设只有5 500元,则其多付的货款应予退回,其会计分录如下:

借:库存商品——C农产品 5 005
　　应交税费——应交增值税(进项税额) 495
　　银行存款 500
　　贷:预付账款 6 000

（六）国外购进商品的核算

商业企业为扩大花色品种，满足市场需要，通过编制计划，签订进口合同，从国外购进适销对路的商品。在接到对方发运通知后，做好接运准备及办理投保手续，收到银行转来国外寄来（或直接寄来）全套单据后，应与进口合同进行核对，经审核无误后办理货款结算手续。

【例 4-8】 201×年 4 月，某企业自营进口商品一批，到岸价为 90 000 美元，关税税率为 20％，海关完税凭证注明增值税税率为 13％。当日汇率为 6.70 元。

（1）按照国外发票原币金额支付折合人民币计算为 603 000 元，另以人民币计算应交关税为 120 600 元，增值税额为 94 068 元［603 000×（1＋20％）×13％］，支付价款时，作会计分录如下：

借：在途物资——进口商品采购	723 600
应交税费——应交增值税（进项税额）	94 068
贷：银行存款	817 668

如果该批进口商品属于应交纳消费税的商品，则应将消费税计入该项商品的成本，用人民币支付，作会计分录如下：

借：在途物资—— 进口商品采购	
贷：银行存款	

如果进口商品是按离岸价成交，则用外汇支付的运费、保险费应折合人民币，按实际支出计入进口商品采购成本。

（2）以银行存款支付检验费 500 元，银行手续费 200 元，作会计分录如下：

借：销售费用—— 检验费	500
财务费用—— 银行手续费	200
贷：银行存款	700

（3）结转进口商品采购成本，作会计分录如下：

借：库存商品——进口商品	723 600
贷：在途物资—— 进口商品采购	723 600

（七）购进商品溢余和短缺的核算

商品购进后，企业应严格验收数量和质量。在验收时如发现实收数多于或少于应收数量，即为购进商品溢余和短缺。

购进商品发生溢余和短缺的原因很多，有的是由于商品本身性能和自然条件的变化而造成的商品升溢或损耗；有的是由于供货单位的工作差错，多发或少发；也有的是运输单位的失职而造成的丢失、损坏等事故。

购进商品发生溢余和短缺情况，应由验收部门会同运输单位作出详细记录和鉴定证明,并填制"商品溢余(短缺)报告单"报有关部门作为清查和处理的依据。

购进商品发生溢余和短缺,在未查明原因以前,先按商品实收数入库,并根据"商品溢余(短缺)报告单"将溢余或短缺商品先以"待处理财产损溢"账户处理。

"待处理财产损溢"账户属资产类账户,用来核算企业在清查财产过程中查明的各项财产的盘盈、盘亏和毁损的价值。"待处理财产损溢"账户的借方登记商品材料等短缺发生数和溢余转销数;贷方登记商品材料等溢余发生数和短缺转销数;借方余额表示尚未处理的商品材料等短缺数额;贷方余额表示尚未处理的商品材料等溢余数额。企业的财产余缺,应查明原因,在期末结账前处理完毕,处理后无余额。该账户可按盘盈、盘亏、毁损的财产种类和项目进行明细核算。

1. 购进商品发生溢余的核算

【例 4-9】 某企业从外地购进白砂糖 2 000 千克,每千克 3 元,计价款 6 000元,增值税税率为 13%,计 780 元,另供货方垫付装卸费 90 元,采用托收承付结算方式结算货款。

(1)收到银行转来托收凭证,经审核无误,承付货款及装卸费,作会计分录如下:

借:在途物资——××单位　　　　　　　　　　　　　　　　6 000
　　应交税费——应交增值税(进项税额)　　　　　　　　　　780
　　销售费用——进货运杂费　　　　　　　　　　　　　　　90
　　贷:银行存款　　　　　　　　　　　　　　　　　　　　　6 870

(2)商品运到,经点验实收数量为 2 050 千克,溢余 50 千克,计价 150 元,原因待查,作会计分录如下:

借:库存商品——砂糖　　　　　　　　　　　　　　　　　6 150
　　贷:在途物资——××单位　　　　　　　　　　　　　　6 000
　　　　待处理财产损溢——砂糖　　　　　　　　　　　　　150

(3)经查明原因,上项白砂糖溢余,其中 20 千克属自然升溢,30 千克属供货单位多发,经与对方联系,同意补作购进,货款已汇出。按规定,运输途中商品自然升溢,应作为本单位收益,作经营费用处理。如属供货单位多发,应与对方联系,同意作为本企业购进的,根据供货方补来的专用发票补付货款及进项税额;如果不同意本企业购进,则转为代管商品。按白砂糖溢余原因,作会计分录如下:

借:待处理财产损溢——砂糖　　　　　　　　　　　　　150.00
　　应交税费——应交增值税(进项税额)　　　　　　　　15.30
　　贷:销售费用　　　　　　　　　　　　　　　　　　　60.00
　　　　银行存款　　　　　　　　　　　　　　　　　　　105.30

2. 购进商品发生短缺的核算

【例 4-10】 沿用[例 4-9],该企业点验商品,实收数量为 1 950 千克,短缺 50

千克,原因待查。

(1) 收到银行转来托收凭证,经审核无误,承付货款及装卸费,作会计分录如下:

借:在途物资——××单位　　　　　　　　　　　　　　　　　6 000
　　应交税费——应交增值税(进项税额)　　　　　　　　　　 780
　　销售费用—— 进货运杂费　　　　　　　　　　　　　　　　 90
　　贷:银行存款　　　　　　　　　　　　　　　　　　　　　　6 870

(2) 商品运到,经点验实收数量为 1 950 千克,短缺 50 千克,计价 150 元,原因待查,作会计分录如下:

借:库存商品——砂糖　　　　　　　　　　　　　　　　　　 5 850
　　待处理财产损溢——砂糖　　　　　　　　　　　　　　　　 150
　　贷:在途物资——××单位　　　　　　　　　　　　　　　　6 000

(3) 经查明原因,上项白砂糖短缺,其中 20 千克系运输途中自然损耗;15 千克为供货方少发。经与对方联系,同意补发商品(商品已运到);另 15 千克属运输单位责任事故,经联系,同意赔偿损失。按规定,运输途中商品自然损耗,作经营费用处理;供货单位少发商品,经与对方联系,要求补发商品或退还货款;事故损失属于运输部门责任,应由运输单位赔偿;如属责任人事故,应由责任人负责赔偿,转入“其他应收款”账户;属于本企业责任,应由企业作“管理费用”处理。按白砂糖短缺原因,作会计分录如下:

借:销售费用—— 自然损耗　　　　　　　　　　　　　　　70.20
　　库存商品—— 砂糖　　　　　　　　　　　　　　　　　45.00
　　其他应收款——运输单位　　　　　　　　　　　　　　 52.65
　　贷:待处理财产损溢—— 砂糖　　　　　　　　　　　　　150.00
　　　　应交税费——应交增值税(进项税额)　　　　　　　　17.85

短缺商品属于本企业作为费用或损失处理的或由其他单位或责任人赔偿的,其价值应包括增值税在内,同时要转出抵扣的进项税额。

(八)拒付货款和拒收商品的核算

商业企业从异地购进商品,采用发货制和托收承付结算方式。在承付货款和商品验收过程中,如发现发票和商品与合同规定的品种、规格、数量、质量不符,可以按合同规定,有权拒付全部或部分货款;拒收全部或部分商品。拒付货款和拒收商品一般有以下两种情况,应分别进行处理。

1. 货款未付的处理

企业接到银行转来的托收凭证和发票联、结算联等单据,经与合同核对,如发现商品的品种、规格、数量不符,可向银行提出“拒绝承付理由书”,拒付全部或部分货款,在会计核算上不作处理。当拒付货款的商品到达时,作为拒收商品,代供货单位暂行保管,与库存商品分别存放,不能动用。在会计核算上,未付货款的拒收商品,作代管商品处理记录备查。

如果托收凭证未到,商品先到,验收时发现商品的品种、规格、数量、质量与合同不符,应予拒收。待收到银行转来托收凭证时,再填制"拒绝付款理由书",通过银行予以拒付。在会计核算上,也均不作处理。

【例 4-11】 某企业向外地购进 6 尺床单 1 000 条,单价为 26 元,计货款26 000 元,增值税税率为 13%,计 3 380 元,价税合计 29 380 元,另供货单位代垫运费 200 元。

(1)商品先到,发现其中有 4 尺床单 100 条,单价为 16 元,与合同规格不符,拒绝收货,暂作代管,其余 900 条,均已验收入库,待收到银行转来托收凭证,办理部分拒付手续,作会计分录如下:

借:在途物资——××单位	23 400
应交税费——应交增值税(进项税额)	3 042
销售费用——进货运费	182
贷:银行存款	26 624

注:"销售费用"已扣进项税额 18 元。

同时:

借:库存商品——6 尺床单	23 400
贷:在途物资——××单位	23 400

(2)接供货单位函告 100 条 4 尺床单系错发,要求企业购进。企业同意寄去扣税证明单办理更正手续。今接供货单位寄来红字专用发票及 4 尺床单发票联据以转账。单价为 14 元,增值税税率照旧,共计价税 1 582 元,代管 100 条 4 尺床单点验入库,并汇出货款,作会计分录如下:

借:在途物资——××单位	1 400
应交税费——应交增值税(进项税额)	182
贷:银行存款	1 582

同时:

借:库存商品——4 尺床单	1 400
贷:物资采购——××单位	1 400

同时,注销代管商品记录。

2. 货款已承付的处理

企业接到银行转来托收凭证和发票联、结算联等单据,经与合同核对无误,已全数承付货款,并已入账。待商品到达后,在验收时发现商品与合同规定的品种、规格、数量、质量不符,可以向供货单位提出拒收全部或部分商品。在会计核算上,应将拒收商品的金额和运杂费,从"在途物资"账户和"销售费用"账户转入"应收账款"账户,同时将拒收商品作代管处理。

【例 4-12】 某企业向外地购入羊毛毯 200 条,每条进价为 230 元,增值税税率为 13%,共计价税 51 980 元。

(1) 接银行转来托收凭证及发票联、结算联等单据,经与合同核对无误,承付全部货款,作会计分录如下:

借:在途物资——××单位	46 000
应交税费——应交增值税(进项税额)	5 980
贷:银行存款	51 980

(2) 商品运到后,验收发现其中 50 条质量不符合合同规定要求,作拒收商品处理,并相应扣减增值税额 1 495 元,经与供货单位联系,同意退回拒收商品,其余 150 条验收入库。根据供货单位红字发票,作会计分录如下:

借:库存商品——羊毛毯	34 500
应收账款——××单位	12 995
贷:在途物资——××单位	46 000
应交税费——应交增值税(进项税)	1 495

(3) 商品已发运,货款亦已收到,作会计分录如下:

借:银行存款	13 455
贷:应收账款——××单位	13 455

(九)进货退出的核算

企业购进的商品,在已承付货款并验收入库以后,发现商品的规格、品种、质量与合同不符,在征得供货单位的同意后,可以作为进货退出处理。办理退货时,应取得当地税务部门开具的进货退出证明单,送交销货方凭以开具红字专用发票作为扣减进项税额的凭证,并由业务部门填制"进货退出发货单"或红字"收货单"作附件通知储运部门将商品发运给供货单位。财会部门应根据上述凭证转销"库存商品"账户借方数额。

【例 4-13】 某企业向外地购入男衬衫 500 件,单价为 10 元,计货款 5 000 元,增值税税率 13%,计 650 元,价税合计 5 650 元。货款已承付,商品按整箱验收入库,事后拆箱时发现该批商品中有女衬衫 100 件,与合同规定不符,经与供货单位联系,同意退货处理。

(1) 业务部门转来红字专用发票及"进货退出发货单",作会计分录如下:

借：应收账款——××单位   1 130

 贷：库存商品——女衬衫   1 000

  应交税费——应交增值税（进项税额） 130

（2）收到供货单位退回货款时，作会计分录如下：

借：银行存款   1 130

 贷：应收账款——××单位   1 130

（十）进货退、补价的核算

企业购进商品，有时因供货单位的计价错误或按暂作价计算等原因，商品的进价与实际进价发生差异。退价或补价时，应由供货单位填制增值税专用发票及附件"销货更正单"据以办理退、补价手续。

1. 进货退价

进货退价是指应计的进价低于已结算的进价，应由供货单位退还给进货单位的差价款。在会计核算上，当收到退价通知时，应区别以下两种情况：

（1）商品尚未售出或虽已售出但尚未结转商品销售成本。根据供货单位的红字增值税专用发票及"销货更正单"，作会计分录如下：

借：银行存款   ×××

 贷：库存商品——××商品（采购成本） ×××

  应交税费——应交增值税（进项税额） ×××

（2）商品已售出，并已结转商品销售成本，根据供货单位的红字增值税专用发票及"销货更正单"，作会计分录如下：

借：银行存款   ×××

 贷：主营业务成本   ×××

  应交税费——应交增值税（进项税额） ×××

进货折扣与折让的会计处理与进货退价同。

2. 进货补价

进货补价是指应计的进价高于已结算的进价，应由进货企业补付货款差额。在会计核算上，也有两种不同的账务处理：

（1）商品尚未售出，或已售出但尚未结转商品销售成本，根据供货单位增值税专用发票及"销货更正单"补付货款时，作会计分录如下：

借：库存商品——××商品   ×××

 应交税费——应交增值税（进项税额） ×××

 贷：银行存款   ×××

（2）商品已售出，并已结转商品销售成本，根据供货单位的增值税专用发票及

"销货更正单"补付货款时,作会计分录如下:

  借:主营业务成本   ×××
    应交税费——应交增值税(进项税额)   ×××
    贷:银行存款   ×××
  借:库存现金(或银行存款)   ×××
    贷:其他业务收入   ×××

（十一）代购商品的核算

代购商品有委托代购商品和受托代购商品,其核算有所不同。

1. 委托代购商品的核算

委托代购商品是商业企业委托其他单位代购商品。目前商业企业的委托代购商品业务,主要是委托收购农副产品。农副产品收购企业为了便利农民交售,除了自营收购以外,在一些未设收购机构的地区,可以委托当地商业企业或其他企业代购。委托代购时,双方应签订代购合同,规定代购农副产品的品种、规格、费用负担、手续费标准、交接货方式,以及结算办法等。

委托代购农副产品的核算有三种处理方法。

（1）代购费用实报实销。代购费用实报实销是指委托收购农副产品的收购费用(包括运杂费、保管费、包装费等),先由受托单位代垫,再向委托单位按实报销,并另行收取代购手续费的处理办法。委托单位对这部分代购费用不计入商品进价,以"销售费用"账户列支。

【例4-14】 某企业委托A单位代购兔毛1000千克,收购单价为5元,增值税税率为13%,受托方代垫包装费200元。代购手续费按收购金额3%计算。商品验收入库,价款及费用以银行存款支付。根据有关凭证,作会计分录如下:

  借:库存商品——兔毛   5 000
    应交税费——应交增值税(进项税额)   650
    销售费用——包装费   200
      ——手续费   150
    贷:银行存款   6 000

（2）代购费用定额包干。代购费用定额包干是指委托代购农副产品的代购费用按代购金额核定一个比例,由委托代销单位包干,另加手续费,委托单位将这部分包干费用计入商品进价的处理办法。

【例4-15】 若设[例4-14]代购费用定额为5%,作会计分录如下:

  借:库存商品——兔毛   5 250
    应交税费——应交增值税(进项税额)   650
    销售费用——手续费   150
    贷:银行存款   6 000

（3）作价交接。作价交接是指代购双方按代购合同商定的"交接价"办理结算手续的处理办法。"交接价"包括农副产品收购价、收购费用，以及代购手续费等项。委托单位按"交接价"作为商品进价。

【例 4-16】 设［例 4-14］中，双方议定代购兔毛的交接价为每千克 5.30 元，共计 5 300 元，增值税税率为 9％，以银行存款支付，作会计分录如下：

```
借：库存商品——兔毛                            5 300
    应交税费——应交增值税（进项税额）            477
    贷：银行存款                                      5 777
```

2. 受托代购商品的核算

受托代购商品是指企业代其他单位收购商品。目前商业企业的受托代购业务主要有代购农副产品、代购进口商品等业务。受托代购商品的核算一般以不垫资金，收取手续费为主要形式。

【例 4-17】 某企业接受外地甲单位代购商品一批，双方签订代购合同，手续费为代购金额的 3％。预收代购资金 30 000 元，作会计分录如下：

（1）收到甲单位的代购资金 30 000 元，存入银行。

```
借：银行存款                                  30 000
    贷：应付账款——甲单位                            30 000
```

（2）支付代购商品货款（包括增值税）28 500 元。

```
借：应付账款——甲单位                          28 500
    贷：银行存款                                    28 500
```

（3）收取手续费 855 元（28 500×3％）。

```
借：应付账款——甲单位                            855
    贷：其他业务收入                                  855
```

（4）假设按收入的 5％计算应交增值税 42.75 元（855×5％）。

```
借：其他业务成本                               42.75
    贷：应交税费——应交增值税（进项税额）            42.75
```

（5）退还多余款。

```
借：应付账款——甲单位                            645
    贷：银行存款                                      645
```

如属受托单位垫付资金，则以"应收账款"账户列账。

第二节　批发商品销售的核算

批发商品销售是指商业企业通过货币结算将本单位经营的商品销售给批发企

业、零售企业和生产企业。其商品销售方式有库存商品销售、直运商品销售、分期收款销售和预收货款销售等。由于批发商品销售的对象和方式不同,核算方法也不尽相同。

一、批发商品销售的业务程序

批发商品销售业务主要包括发出商品和结算货款两个环节。批发商品销售业务涉及供货单位内部的业务、储运、物价、财会等部门,各部门之间相互配合,共同完成。

批发商品销售的业务程序与商品交接货和结算方式有着密切的联系。

本地商品销售一般采用"提货制"或"送货制",货款结算大多采用支票、委托收款结算方式。采用"提货制"交接货方式,一般由购货单位派采购员到供货单位去选购商品,由供货单位的业务部门填制统一规定的"增值税专用发票",如联次不够,可增开补充联或另开发货单作附件。除留下存根联备查外,其余各联交购货单位采购员办理结算货款和提货手续。供货单位财会部门在收到货款后,在"发票联"上加盖收款戳记,留下"记账联",其余联次退还给购货单位采购员到指定的仓库提货。采用"送货制"交接货方式,一般由供货单位业务部门根据购销合同或要货单,填制"增值税专用发票",留下存根联备查,其余各联交储运部门向仓库提货送往购货单位,将"发票联""抵扣联"交购货单位凭以验收商品、结算货款。一般情况是货到后收取货款,也有先办理货款结算后送货的。不论是哪一种方式,供货单位必须收到购货单位货款或收货证明后才能作销售入账。送货费用一般由供货单位负担。

异地商品销售,一般采用"发货制"交接货方式。其业务程序一般由供货单位的业务部门填制"增值税专用发票",留下存根联备查,其余各联交储运部门向仓库提货,并办理商品发运手续。商品发运时,储运部门将发票联和税款抵扣联连同商品发运证明、垫付运杂费清单,一并送交财会部门。财会部门审核无误后留下记账联,其余凭证据以向开户银行办理托收货款手续。财会部门根据托收凭证回单联和记账联进行账务处理。

二、批发商品销售的核算内容

(一)账户设置

(1)"主营业务收入"账户。该账户是损益类账户,用来核算企业在销售商品、提供劳务等日常活动中所产生的主营业务的收入。其贷方登记销售商品或提供劳务实现的收入发生数;借方登记销售退回或销售折让数;贷方余额表示主营业务收入累计数,期末应转入"本年利润"账户的贷方,结转后应无余额。

(2)"主营业务成本"账户。该账户是损益类账户,用来核算企业因销售商品、提供劳务等主营业务收入时应结转的实际成本。其借方登记销售各种商品、提供各种劳务等的成本数;贷方登记销售退回的成本数;借方余额表示销售各种商品、提供劳务等主营业务成本的累计数,期末应转入"本年利润"账户的借方,结转后应无余额。

"主营业务收入"账户和"主营业务成本"账户可按种类进行明细核算。

（二）本地商品销售

批发商品本地销售，数量较多，品种规格复杂，每天要填制大量专用发票，为简化手续，每天营业终了，业务部门根据当天开出的专用发票"记账联"，按品种、规格汇总销售数量和金额，填制"销货日报表"送交财会部门；收款部门根据增值税专用发票"存根联"填制"收款日报表"，连同当天收到的支票、现金、送存银行的"进账单"，一并送交财会部门。财会部门将"销货日报表"与"收款日报表"核对后进行账务处理。

【例4-18】 201×年5月11日，某企业本地批发商品销售收入45 000元，增值税销项税税率为13％，计5 850元，共计50 850元，销货款送存银行。财会部门根据业务部门报来"销货日报表"和收款处报来的"收款日报表"核对无误后，作会计分录如下：

借：银行存款 50 850
　贷：主营业务收入 45 000
　　　应交税费——应交增值税（销项税额） 5 850

假如采用委托收款或商业承兑汇票进行结算，即为送货制。在商品已发出，货款尚未收回或取得商业汇票时，财会部门可作会计分录如下：

借：应收账款/应收票据 50 850
　贷：主营业务收入 45 000
　　　应交税费——应交增值税（销项税额） 5 850

收到货款或汇票到期承兑时：

借：银行存款 50 850
　贷：应收账款/应收票据 50 850

如果是小规模纳税企业，适用的增值税税率为3％。本日销售收入的含税价应为46 350元[45 000×(1+3％)]。作会计分录如下：

借：银行存款 46 350
　贷：主营业务收入 45 000
　　　应交税费——应交增值税（销项税额） 1 350

批发商品销售的核算，除反映商品销售收入外，还应反映商品销售成本。批发商品销售成本的计算和结转，一般有逐日结转和定期结转两种方法。如果采用逐日结转的方法，则在反映商品销售收入以后，同时反映商品销售成本，以计算商品销售毛利。设[例4-18]中，商品销售成本为41 230元，同时作会计分录如下：

借：主营业务成本 41 230
　贷：库存商品——×× 41 230

（三）异地商品销售

批发商品异地销售，一般采用发货制和托收承付、委托收款结算方式，办妥结算手续后，先以"应收账款"账户进行处理，待接银行通知收款后，才冲销应收款项。

为购货单位代垫的运费，也应通过"应收账款"账户进行处理，一并向对方收取。如果垫付的费用，当天即可办妥委托银行托收手续，也可以不通过"应收账款"账户，直接通过"银行存款"账户核算。

【例4-19】　201×年5月13日，某企业售于外地某批发企业人造革包1 000个，单价24元，增值税税率为13%，代垫运费360元，以银行存款支付。

（1）业务部门填制"增值税专用发票"，通知运输部门向仓库提货并办理发运手续。另以转账支票垫付运费360元。作会计分录如下：

借：应收账款——垫付运费　　　　　　　　　　　　　　　　　360
　　贷：银行存款　　　　　　　　　　　　　　　　　　　　　　　360

（2）商品发运后，根据承运单位的"发运证明""增值税专用发票"及代垫运费清单等凭证，填制托收凭证，向开户银行办理托收手续，根据"托收凭证"回单联，作会计分录如下：

借：应收账款——××批发单位　　　　　　　　　　　　　　27 480
　　贷：主营业务收入　　　　　　　　　　　　　　　　　　　24 000
　　　　应收账款——垫付运费　　　　　　　　　　　　　　　　360
　　　　应交税费——应交增值税（销项税额）　　　　　　　　　3 120

（四）直运商品销售

直运商品销售是指企业将商品直接由供货单位调运给购货单位，不经过企业仓库的商品销售。企业采用直运商品销售方式，可以减少商品出入库手续，有利于加速商品流转，节约商品流通费用。批发商品的直运销售一般有以下两种方式：

一是由商业企业派采购员驻供货单位办理商品发运，代垫运费及委托所在地银行向购货单位托收货款等事项。在供货单位当地办理托收承付结算，必须征得银行同意。采用这种方式，在商品发运以后，由驻供货单位采购员寄回托收凭证回单联和专用发票记账联及附件直运商品收发货单，作商品销售入账；接到供货单位通过银行转来的托收凭证、专用发票，作商品购进入账。由于商业企业采购员寄来的向购货单位托收的凭证与供货单位通过银行转来的托收凭证在时间上不一致，因此，在核算上产生三种情况：一是先支付进货款，后办理托收销货款；二是先办理托收销售款，后支付进货款；三是支付进货款和收取销货款在同一天进行。

二是批发企业委托供货单位代办商品发运，垫付运费和代向购货单位结算货款。采用这种方式，商业企业除填制专用发票外，另填制"直运商品收发货单"作附件送交供货单位，供货单位在代企业办妥商品发运和托收货款手续后，将托收凭证回单联、代垫运费清单、发运证明及发票等一并通过银行向企业办理货款结算，企业据以承付货款和办理托收销货入账手续。

直运商品销售的核算具有四个特点：一是商品的购进和销售业务同时发生；二是随时结转成本；三是不通过"库存商品"账户，直接以"在途物资"账户核算；四是发运商品的运费由批发企业与购货单位共同负担。

【例4-20】 某企业向供货单位购进折伞1 000把，进货单价为21元，进项税额为2 730元，直运给购货单位，批发单价为25元，销项税额为3 250元，代垫运费400元。按合同规定，该企业负担120元，购货单位负担280元。由驻供货单位采购员自办商品发运和货款结算手续。

1. 先承付进货款，后托收销货款

(1) 根据银行转来供货单位的托收凭证、增值税专用发票及代垫运费等单据，承付货款及运费，作会计分录如下：

借：在途物资——供货单位	21 000.00
应交税费——应交增值税（进项税额）	2 740.80
销售费用——进货运费（120×9%）	109.20
应收账款——购货单位	280.00
贷：银行存款	24 130.00

(2) 收到驻供货单位采购员向购货单位托收货款和运费的"托收凭证"回单联时，办理托收销货款入账手续，作会计分录如下：

借：应收账款——购货单位	28 530
贷：主营业务收入	25 000
应交税费——应交增值税（销项税额）	3 250
应收账款——购货单位	280

同时，结转商品销售成本：

借：主营业务成本	21 000
贷：在途物资——供货单位	21 000

(3) 收到银行转来向购货单位托收货款及运费的收款通知单时，作会计分录如下：

借：银行存款	28 530
贷：应收账款——购货单位	28 530

2. 先托收销货款，后承付进货款

(1) 根据供货单位采购员向购货单位托收货款及运费的托收凭证回单联时，办理托收销货款入账手续，作会计分录如下：

借：应收账款——购货单位　　　　　　　　　　　　　　28 530

　　贷：主营业务收入　　　　　　　　　　　　　　　　　25 000

　　　　应交税费——应交增值税(销项税额)　　　　　　　3 250

　　　　应付账款——供货单位　　　　　　　　　　　　　280

同时结转商品销售成本：

借：主营业务成本　　　　　　　　　　　　　　　　　　21 000

　　贷：在途物资——供货单位　　　　　　　　　　　　　21 000

(2) 根据银行转来供货单位的托收货款凭证、增值税专用发票、发货单及代垫运费清单等单据时，承付货款及运费，作会计分录如下：

借：应付账款——供货单位代垫运费　　　　　　　　　　280.00

　　在途物资——供货单位　　　　　　　　　　　　　　21 000.00

　　应交税费——应交增值税(进项税额)　　　　　　　　2 740.80

　　销售费用——进货运费　　　　　　　　　　　　　　109.20

　　贷：银行存款　　　　　　　　　　　　　　　　　　24 130.00

(3) 收到银行转来向购货单位托收货款及运费的收款通知单时，作会计分录如下：

借：银行存款　　　　　　　　　　　　　　　　　　　　28 530

　　贷：应收账款——购货单位　　　　　　　　　　　　　28 530

3. 托收销货款与承付进货款在同一天内办妥

(1) 根据托收凭证回单联及有关凭证办理托收货款手续，作会计分录如下：

借：应收账款——购货单位　　　　　　　　　　　　　　28 530

　　贷：主营业务收入　　　　　　　　　　　　　　　　　25 000

　　　　应交税费——应交增值税(销项税额)　　　　　　　3 250

　　　　应收账款——购货单位　　　　　　　　　　　　　280

(2) 同时根据银行转来供货单位的托收凭证及有关单据，承付货款及运费，作会计分录如下：

借：主营业务成本　　　　　　　　　　　　　　　　　　21 000.00

　　应交税费——应交增值税(进项税额)　　　　　　　　2 740.80

　　销售费用——进货运费　　　　　　　　　　　　　　109.20

　　应收账款——购货单位　　　　　　　　　　　　　　280.00

　　贷：银行存款　　　　　　　　　　　　　　　　　　24 130.00

(3) 收到银行转来向购货单位托收货款及运费通知单时，其会计分录同前。

(五) 农副产品销售的核算

农副产品的销售方式有送货制、提货制两种。货款结算一般采用银行汇票、汇兑结算方式,由于农副产品规格繁杂,一般以送货制较多,现将采用送货制的业务程序与核算方法简述如下。

1. 送货制的一般业务程序

某些农副产品由于规格、等级比较复杂,需要由收货方验收后定级定价,这种将商品送到购货单位的仓库或指定地点,并按实收数量和等级结算货款的送货制方式,是农副产品调拨的主要方式。

采用送货制调拨销售农副产品,一般要经过送货、验收和结算货款三个环节。

送货是指销售单位根据合同规定,派人将农副产品送到购货单位指定的交接地点。送货人从仓库提取商品准备调运时,应重新过秤点收,填制"农副产品验收单"作为交接、结算的依据。

验收是指购货单位根据合同规定和"农副产品验收单"验收商品。验收时要验质,过秤,按验收等级和实收数量,填写"验收数"栏,签收后将验收凭证退送货人带回,留下收货凭证、结算凭证凭以登账和结算。

结算货款是由销售单位根据验收凭证的验收等级、实收数量按规定价格计算货款,开具增值税专用发票办理结算手续。

2. 送货制的核算

采用送货制销售农副产品的核算,包括运出在途商品和商品销售两个环节的核算。售出单位根据合同规定发出商品后,在拨入单位验收前,仍负有保护商品完整和按合同交货的责任。为了反映该项发出商品的情况,一般应按其进价成本从"库存商品"有关明细账户转入"运出在途商品"明细账户核算。

商品运到调入单位,经验收后,如果发运等级、数量和验收等级、数量相一致,应按合同规定的调拨价格进行结算作销售入账,并按原发出商品的进价成本结转商品成本。现举例说明其核算方法。

【例 4-21】 某企业所属收购站将收购的一批一级菠萝,进货单价为 5 元,计 9 000 千克,销售给县罐头厂,成本价为 45 000 元。县罐头厂验收后,验收等级、数量和发运等级、数量相符,按销售价格计算,共计60 000 元(含税)。该收购企业如数收到货款,存入银行结算户。

发运农副产品时,根据"农副产品验收单"的记账凭证联,作会计分录如下:

借:库存商品——运出在途——县罐头厂　　　　　　　　　　　45 000
　　贷:库存商品——某收购站　　　　　　　　　　　　　　　　　45 000

收到货款时,根据"农副产品验收单"的验收凭证联和增值税专用发票所列销售金额 51 282 元、增值税销项税额 8 718 元,作会计分录如下:

借:银行存款　　　　　　　　　　　　　　　　　　　　　　　60 000
　　贷:主营业务收入——农副产品销售　　　　　　　　　　　　51 282
　　　　应交税费——应交增值税(销项税额)　　　　　　　　　　8 718

同时,按原发出商品进价成本结转商品成本。

借:主营业务成本 45 000
　　贷:库存商品——运出在途——县罐头厂 45 000

（六）出口商品销售

我国出口商品增值税,原实行零税率,不计算商品销售收入应交纳的增值税,并实行退税的办法。企业向海关办理报关出口手续后,凭出口报关等有关凭证,向税务机关申报该项出口货物的进项税额的退税。通过退税,将企业购进商品时所付出的进项税额再退还给企业。目前实行的退税率,已由财政部规定,从全额退税改为调低退税率,现分别举例说明会计核算办法如下。

1. 全额退税

【例4-22】 某企业出口商品一批,以到岸价成交,计US＄20 000,按6.70元人民币兑换1美元计算。该批商品购进时,支付货款为人民币100 000元,进项税额为13 000元,实行全额退税,作会计分录如下:

（1）购进出口商品时:

借:库存商品 100 000
　　应交税费——应交增值税（进项税额） 13 000
　　贷:银行存款 113 000

（2）出口发出商品时:

借:应收账款——×××　 134 000
　　贷:主营业务收入——出口 134 000

（3）结转成本:

借:主营业务成本——出口 100 000
　　贷:库存商品 100 000

（4）申办出口退税:

借:应收账款——出口退税 13 000
　　贷:应交税费——应交增值税（出口退税） 13 000

（5）收到退税款:

借:银行存款 13 000
　　贷:应收账款——出口退税 13 000

2. 按退税率退税

【例4-23】 假设[例4-22]中退税率为9%,作会计分录如下:
分录（1）至分录（3）同[例4-22]。

（4）申报出口退税：

退税率改为 9％，应收出口退税为 9 000 元（100 000×9％）：

 借：应收账款——出口退税   9 000

  贷：应交税费——应交增值税（出口退税）   9 000

（5）差额结转成本：

进项税额与出口退税的差额为 4 000 元（13 000－9 000）转入销售成本。

 借：主营业务成本   4 000

  贷：应交税费——应交增值税（出口退税）   4 000

（6）收到退税款：

 借：银行存款   9 000

  贷：应收账款——出口退税   9 000

出口销售业务的核算也和货款结算方式有密切联系，不同的结算方式，账务处理也不同。

目前，在国际贸易中，一般采用汇付（信汇、电汇、票汇）、托收（光票托收、跟票托收）和信用证三种结算方式。下面按不同结算方式，举例说明账务处理。

3. 汇付结算方式的销售

采用汇付结算方式的销售，一般先收到货款，后发出商品。

【例4-24】 某企业接中国银行通知，外商 A 公司以信汇方式汇来货款 113 000 美元，按当天挂牌汇率 6.70 元结汇，作会计分录如下：

（1）收到货款时：

 借：银行存款   757 100

  贷：预收账款——A公司   757 100

（2）发出产品时：

 借：预收账款——A公司   757 100

  贷：主营业务收入——出口   757 100

（3）结转商品销售成本 680 000 元：

 借：主营业务成本   680 000

  贷：库存商品   680 000

4. 托收结算方式销售

采用托收结算方式的销售，企业在发出商品时签发跟单汇票，委托中国银行代收货款，中国银行通过国外客户所在地银行向客户收款交单，将货款汇回中国银行通知企业收款。

【例 4-25】 某企业销给外商 B 公司商品一批,计价 US＄50 000(到岸价),并支付运费、保险费计 US＄5 000。商品已发出,按当日挂牌汇率 6.70 元计算,作会计分录如下:

（1）发出商品时:

借:应收账款——B 公司		335 000
贷:主营业务收入——出口		335 000

（2）支付运费、保险费 33 500 元时:

借:主营业务收入——出口		33 500
贷:银行存款		33 500

（3）结转商品销售成本折合人民币 320 000 元时:

借:主营业务成本		320 000
贷:库存商品		320 000

（4）收到货款时:

借:银行存款		335 000
贷:应收账款——B 公司		335 000

5. 信用证结算方式销售

采用信用证结算方式的销售,在收到国外客户所在地银行开出的信用证,办理商品发出,支付运费、保险费。

【例 4-26】 某企业销给国外 C 公司商品一批,计货款 US＄90 000(到岸价),收到 C 公司所在地银行开出的信用证,审核无误后办理发货手续并支付运费、保险费计 US＄5 000。交单收款后(由该银行扣除利息后付款)确认销售收入为 US＄90 000,利息为 US＄1 000。按挂牌汇率 6.70 元结汇,作会计分录如下:

（1）收到货款时:

借:银行存款——美元户		603 000
财务费用——利息支出		6 700
贷:主营业务收入——出口		609 700

（2）结转已销商品销售成本 565 000 元:

借:主营业务成本		565 000
贷:库存商品		565 000

（3）以人民币支付运费和保险费:

借:主营业务收入——出口		33 500
贷:银行存款		33 500

（七）分期及递延收款销售

分期及递延收款销售是指企业按照合同规定，将商品提前发给购货单位，分期或以递延方式收回货款的一种销售方式。

1. 分期收款销售

分期收款销售的核算，按照收到货款作销售的原则，在商品发出后，不体现销售，先通过"发出商品"账户进行核算，俟货款收回以后再作销售入账。如有为购货单位垫付运费，仍以"应收账款"处理，在收回第一次货款时一并收回。

【例 4-27】 某企业供应给某市百货公司保暖杯 10 000 个，供应单价为 6.00元，商品进价成本为 5.40 元，销项税税率为 13％，合同订明货款分 3 个月付清。

（1）发出商品时，财会部门根据盖有"分期收款销售"戳记的发货单，按各种商品账面进货单价计算商品进价总额，转入"发出商品"账户处理。作会计分录如下：

借：发出商品——某市百货公司 54 000
　　贷：库存商品——保暖杯 54 000

（2）商品发运后，垫付运费 1 000 元，以转账支票支付。作会计分录如下：

借：应收账款——某市百货公司 1 000
　　贷：银行存款 1 000

（3）按合同规定，第一个月应收回 1/3 货款计 20 000 元，同时计算应交销项增值税，并收回垫付运费 1 000 元。作会计分录如下：

借：应收账款——某市百货公司 23 600
　　贷：主营业务收入 20 000
　　　　应交税费——应交增值税（销项税额） 2 600
　　　　应收账款——某市百货公司 1 000

同时，按本月应收回货款占全部货款的比例结转商品销售成本。作会计分录如下：

借：主营业务成本 18 000
　　贷：发出商品——某市百货公司 18 000

如分期收款销售采用商业汇票结算方式，应以发出商品并收到商业汇票的时间作销售入账，不通过"发出商品"账户核算，以"应收票据"账户处理。

2. 递延收款销售

采用递延方式收款是具有融资性质的商品销售或提供劳务，满足收入确认条件的，可按应收合同或协议价款，转入"长期应收款"账户核算。"长期应收款"账户是资产类账户，用来核算企业因融资租赁产生的应收款项。该账户借方登记发生数，贷方登记收回数，期末借方余额表示企业尚未收回的长期应收款项。该账户可按债务人进行明细核算。

【例 4-28】 某企业供应外地某公司商品一批,双方协议销售价为 67 800 元(含税)延期 1 年付款,年息按 6%计算,作会计分录如下(商品进价成本为 54 000 元):

(1)借:长期应收款——某公司　　　　　　　　　　　72 600
　　　贷:主营业务收入　　　　　　　　　　　　　　　　　60 000
　　　　　应交税费——应交增值税(销售税额)　　　　　 7 800
　　　　　财务费用　　　　　　　　　　　　　　　　　　　 4 800

(2)借:主营业务成本　　　　　　　　　　　　　　　54 000
　　　贷:库存商品　　　　　　　　　　　　　　　　　　　54 000

(八)销货退回

批发商品售出后,由于品种、规格、质量不符合购销合同规定,购货单位要求退货,经企业同意,可以办理退货手续。退货时,由企业的业务部门根据税务机关"证明单"填制红字"增值税专用发票"分送有关部门据以办理收货、退款和记账手续。在会计处理上,本月发生的销货退回,不论是否属于本年度还是以前年度销售的,均应冲减本月的商品销售收入和销项税额。如已结转商品销售成本,同时还要冲销商品销售成本。

【例 4-29】 某企业售给某零售商店 90 厘米圆领男汗衫 100 件,批发单价4.50元(不包括销项税额),进价 3.80 元,因质量不好,同意全部退回(销项税税率为 13%)。

(1)财会部门根据红字"增值税专用发票"支付货款时,作会计分录如下:

借:主营业务收入　　　　　　　　　　　　　　　　　450.00
　　应交税费——应交增值税(销项税额)　　　　　　　 58.50
　　贷:银行存款　　　　　　　　　　　　　　　　　　　508.50

同时,用红字冲销库存商品明细账中的销售数量。

(2)如该批商品已结转商品销售成本,作会计分录如下:

借:主营业务收入　　　　　　　　　　　　　　　　　450.00
　　应交税费——应交增值税(销项税额)　　　　　　　 58.50
　　贷:银行存款　　　　　　　　　　　　　　　　　　　508.50

借:库存商品　　　　　　　　　　　　　　　　　　　 380
　　贷:主营业务成本　　　　　　　　　　　　　　　　　　380

(九)销货退、补价

批发商品销售,由于计价错误或因销售价未定,先按暂作价计算等原因,造成多计或少计货款,发生实际售价与原结算售价的差异,需要办理退价和补价手续。

销售商品退价是指实际售价低于原结算的售价,其差额应由企业退还给购货单位。销售商品补价是指实际售价高于原结算售价,其差额应由购货单位补付给企业。

发生退补价时,应由商业企业的业务部门填制红蓝字"增值税专用发票",同时填制"销货更正单"作附件,财会部门据以办理收款或付款手续。因为退、补价是销售金额的调整,不涉及商品数量,只需增加或减少"主营业务收入"账户和销项税的数额,不调整"库存商品"账户和"主营业务成本"账户的数额。

【例 4-30】 某企业售给零售商店力士香皂 1 000 盒(每盒 10 块),批发单价 14.50 元,发票误写 15.40 元,多收 900 元。财会部门根据红字增值税专用发票和"销货更正单"将多收的货款汇还给购货单位,销项税税率为 13%。作会计分录如下:

```
借:主营业务收入                                        900
   应交税费——应交增值税(销项税款)                    117
   贷:银行存款                                                1 017
```

【例 4-31】 某商店力士香皂每盒售价 15.40 元,误写为 14.50 元,少收货款 900 元。财会部门根据补开"增值税专用发票"和"销货更正单"向购货单位补收货款,作会计分录如下:

```
借:应收账款——某零售店                                1 017
   贷:主营业务收入                                           900
      应交税费——应交增值税(销项税额)                     117
```

俟收到补价款后,再冲销"应收账款"。作会计分录如下:

```
借:银行存款                                           1 017
   贷:应收账款——某零售店                                    1 017
```

(十)购货单位拒收商品和拒付货款

商业企业的异地商品销售,采用"发货制"和托收承付结算方式,在商品运出,办妥托收货款手续,并已作商品销售入账以后,由于质量、品种、规格、数量不符合合同规定,或因计价、发货差错等原因,致使购货单位提出拒收商品和拒付货款时,应及时会同业务部门与购货单位联系,协商解决。待查明原因后,分别不同情况进行处理。

1. 拒收全部商品,拒付全部货款

【例 4-32】 某企业售给外地某单位儿童望远镜 500 只,每只批发价 10.00 元,增值税销项税税率为 13%,代垫运费 100 元,商品已发运,并办妥委托银行收款手续。

(1)以现金支付运费。作会计分录如下:

```
借:应收账款——购货单位运费                            100
   贷:库存现金                                                100
```

（2）财会部门根据"托收凭证"回单联和专用发票作销售入账，作会计分录如下：

借：应收账款——购货单位　　　　　　　　　　　　5 750
　　贷：主营业务收入　　　　　　　　　　　　　　　　5 000
　　　　应交税费——应交增值税（销项税额）　　　　　650
　　　　应收账款——购货单位运费　　　　　　　　　　100

接银行转来购货单位"拒绝承付理由书"拒付全部货款及运费，经查明原因，系企业错发商品造成。与购货单位协商，要求就地销售。对方同意，当即承付货款。收到货款后作会计分录如下：

借：银行存款　　　　　　　　　　　　　　　　　　5 750
　　贷：应收账款——购货单位　　　　　　　　　　　　5 750

如果购货单位无法就地处理，企业同意将商品退回，作退货处理。收到商品后冲销原销货收入及销售数量，代垫运费转作企业费用，作会计分录如下：

借：主营业务收入　　　　　　　　　　　　　　　　5 000
　　销售费用——运杂费　　　　　　　　　　　　　　100
　　应交税费——应交增值税（销项税额）　　　　　　650
　　贷：应收账款——购货单位　　　　　　　　　　　　5 750

同时用红字冲销商品明细账上销售数量。如已结转商品销售成本，还要冲转"主营业务成本"作增加"库存商品"处理。

2. 拒收部分商品和拒付部分货款

（1）接［例4-30］，收到银行转来收账通知单和部分拒绝承付理由书，承付货款5 185元，拒付货款565元，原因待查，作会计分录如下：

借：银行存款　　　　　　　　　　　　　　　　　　5 185
　　贷：应收账款——购货单位　　　　　　　　　　　　5 185

（2）经查明原因，购货单位拒付货款565元，原发货单上价格计算错误，多开500元，税额多计65元，同意拒付，并开具红字增值税专用发票冲减"商品销售收入"，作会计分录如下：

借：主营业务收入　　　　　　　　　　　　　　　　500
　　应交税费——应交增值税（销项税额）　　　　　　65
　　贷：应收账款——购货单位　　　　　　　　　　　　565

如拒付货款原因系企业少发商品，应补发商品，购货单位收到商品后补来货款时，作会计分录如下：

借：银行存款　　　　　　　　　　　　　　　　　　565
　　贷：应收账款——购货单位　　　　　　　　　　　　565

(十一)现金折扣与销货折让

现金折扣是企业为了推销商品及早收回货款而给予购货单位的理财费用。企业采用赊销方式销售商品时,为了鼓励购货单位在一定期限内(信用期限)尽快付款,往往规定一个短于信用期限的折扣期限,如果购货单位能在期限内付款,就可能得到一定的现金折扣,即从应支付的货款总额中扣除一定比例的金额。

在会计核算上,按制度规定,以净额法记账,商品销售收入按扣除现金折扣数的净额记账,现金折扣在实际发生时直接从当期实现的销售收入中抵减,计入当期财务费用。

【例 4-33】 某企业销售商品一批,货款计 10 000 元,销项税税率为 13%。付款条件是:应在 30 天内付清全部货款。如果能在 10 天内支付全部货款,则可得 2%现金折扣,超过 30 天付款,视同违约或拖欠。

(1)发出商品时,作会计分录如下:

借:应收账款——购货单位		11 300
贷:主营业务收入		10 000
应交税费——应交增值税(销项税额)		1 300

(2)购货单位在 10 天内支付全部货款时,给予约定的现金折扣,并根据红字增值税专用发票扣减销项税款,作会计分录如下:

借:银行存款		11 074
财务费用——销售折扣		200
应交税费——应交增值税(销项税额)		26
贷:应收账款——购货单位		11 300

(3)如果购货单位在折扣期后支付全部货款,则作会计分录如下:

借:银行存款		11 300
贷:应收账款		11 300

销货折让是指在商品购销活动中,企业由于商品的品种、质量不符合同或协议规定,或品种、质量有问题时,为了避免购货单位拒付货款、退货或索赔而给予一定的货款折让,其会计核算为在销售收入实际发生时直接抵减折让数。

如[例 4-33],销货款原为 11 300 元,现折让 10%,发出商品时,作会计分录如下:

借:应收账款		10 170
贷:主营业务收入		9 000
应交税费——应交增值税(销项税额)		1 170

(十二)代销商品的核算

代销商品有委托代销和受托代销,其核算方法不同。

1. 委托代销商品的核算

商业企业除自行销售商品外，还可委托其他单位代为销售。代销前，企业与受托单位签订委托代销合同，订明代销商品的品种、规格、数量、售价以及代销手续费、结算时间、结算方式、保管商品责任等方面的内容。

企业发出代销商品，只是商品存放地点的转移，不转移商品所有权，未满足收入确认条件不作销售处理，可单独设"委托代销商品"账户进行核算。"委托代销商品"账户是资产类账户，用来核算企业委托其他单位代销商品的实际成本。它的借方登记发交受托单位代销商品的实际成本；贷方登记转销代销商品的实际成本；借方余额表示尚未销出的委托代销商品的实际成本。

委托代销商品的销售处理要以受托单位的代销清单及货款为依据，其销货款的结算和手续费的支付的会计处理如下：

【例4-34】　某批发企业委托甲单位代销微型收录机100台，每台进价200元，代销价250元，手续费按代销金额5%计算，在销货款中扣除增值税税率为13%。

（1）发出代销商品，根据有关凭证，作会计分录如下：

借：委托代销商品 20 000
　　贷：库存商品——微型收录机 20 000

（2）收到甲单位送来代销商品清单及全部销货款及税额时，作会计分录如下：

借：银行存款 25 000.00
　　贷：主营业务收入 22 123.89
　　　　应交税费——应交增值税（销项税额） 2 876.11

（3）支付甲单位代销手续费。

借：销售费用——代销手续费 1 250
　　贷：银行存款 1 250

（4）同时结转代销商品成本。

借：主营业务成本 20 000
　　贷：委托代销商品 20 000

2. 受托代销商品的核算

商业企业为了扩大经营，可以接受其他单位委托代销商品，受托时，双方应签订合同，明确有关代销事项。

受托代销商品的核算是通过"受托代销商品"和"受托代销商品款"两个账户进行核算的。

"受托代销商品"账户属于资产类账户，用来核算企业接受其他单位委托代销的商品。它的借方登记代销商品的收入数；贷方登记代销商品的销出数；借方余额表示代销商品的实存数。

"受托代销商品款"账户属于负债类账户,用来核算企业接受代销商品的价款。它的贷方登记代销商品收入的价款;借方登记代销商品售出的进价款;贷方余额表示尚未售出的代销商品的价款。

【例 4-35】 某企业接受乙单位委托代销电子计算器 200 只,每只接收价为 100 元,销售价为 120 元,增值税税率为 13%,采用进价金额核算,假设手续费为 5%。

(1) 收到代销商品,财会部门根据盖有"受托代销商品"戳记的"收货单",作会计分录如下:

借:受托代销商品——电子计算器	20 000
贷:受托代销商品款——乙单位	20 000

(2) 代销商品售出后,开出代销清单,作会计分录如下:

借:银行存款	24 000.00
贷:受托代销商品款——乙单位	21 238.94
应交税费——应交增值税(销项税额)	2 761.06

同时冲减"受托代销商品款"账户与"受托代销商品"账户。

借:受托代销商品款——乙单位	20 000
贷:受托代销商品——电子计算器	20 000

(3) 收到委托单位开出的增值税专用发票,作会计分录如下:

借:应交税费——应交增值税(进项税额)	2 761.06
贷:受托代销商品款——乙单位	2 761.06

(4) 计算代销手续费时,作会计分录如下:

借:受托代销商品款——乙单位	1 200
贷:其他业务收入	1 200

(5) 付还受托单位代销商品款,作会计分录如下:

借:受托代销商品款——乙单位	22 800
贷:银行存款	22 800

(6) 按代销收入 5% 计算应交增值税。

借:其他业务成本	60
贷:应交税费——应交增值税	60

第三节　批发商品储存的核算

商品储存是商品离开生产领域尚未进入消费领域之前,在流通领域所形成的停留,是保证商品销售的基础。批发商品储存量大,占用资金多,商品储存核算任务较为繁重,应本着简化和节约的原则,及时正确反映各种商品增减变动情况,掌握商品储存数据,准确计算和结转商品销售成本,以满足企业内部各个部门对商品储存核算资料的需要。

批发商品储存核算的账户有"库存商品""在途物资"等。其中以"库存商品"账户的数额最大,占用资金最多。因此,组织好库存商品的核算,是批发商品流转核算中的一个重要方面。

对库存商品的核算是通过"库存商品"账户进行的,这是个资产类账户。核算企业存放内仓和寄存外仓的全部库存商品,包括委托代销、分期收款发出商品等。库存商品的账户体系包括:总分类账(一级账)、类目账(二级账)、明细分类账(三级账)三个层次,层层衔接,逐级控制。库存商品总分类核算已在本章第一节、第二节中详述,这里不再重复。

一、库存商品明细分类核算

批发商品明细分类核算,一般采取数量进价金额核算和永续盘存制。永续盘存制又称账面盘存制,是指通过账簿随时反映库存商品进、销、存情况的一种方法。采用永续盘存制,可以随时提供库存各种商品增减变化情况,反映库存数量。如发现账存数与实存数不符,可以随时查明原因,及时纠正。绝大多数商业批发企业皆以永续盘存制作为商品核算的基础。

（一）库存商品明细账的设置

按照既要满足业务、财会和仓库部门所需要的资料,又要保护商品安全和简化核算手续的要求,批发商品库存明细账有三种设置方法:

（1）三账分设,即业务部门、会计部门和仓库部门各设一套库存商品明细账。业务部门设商品调拨账,登记商品数量,掌握库存商品的"可调库存",凭以办理商品的购进、销售、调拨的开单工作;会计部门设商品明细账,登记进价金额和数量,核算"会计库存",凭以掌握考核商品资金运用和周转情况,计算商品销售成本,控制业务和仓库部门的商品账;仓库部门设商品保管账,登记商品数量,掌握商品"保管库存",凭以保管商品,办理发货,安排仓位。另外,在堆放商品处,设置商品堆垛挂卡,以随时掌握各堆商品的存量。三账分设体系比较完整,但商品明细账的登记工作重复,而且因商品增加、减少的凭证在企业内部流转时间不一,口径各异,核对账目较为困难。

（2）两账合一,即业务部门、会计部门合设一套库存商品明细账。有些企业的业务部门和会计部门在同一场所办公,可将业务部门的商品调拨账与会计部门的商品明细账合并为一套账,放在业务部门。仓库部门则单独设置商品保管账,商品堆放处仍设数量卡。

(3) 三账合一,即业务部门、会计部门、仓库部门合设一套账。这样设置商品明细账的方法适用于"前店后仓"的企业,业务、财务、仓库三个部门同在一个场所合并办公,共同使用一本账。

(二) 库存商品明细账的分户

库存商品明细账一般有三种分户方法。

1. 按商品的编号、品名、规格和等级分户

这种分户方法能使每一种商品的进、销、存情况集中、全面地反映在一个账户中。但不便于按批次计算和结转商品销售进价成本。其格式见表4-2。其登记方法如下:

表4-2 库存商品明细账

类别: 货号: 品名: 规格: 等级: 单位:

年		凭证号码	摘要	增加（借方）			减少（贷方）				结存（余额）			存放仓库				
月	日			数量		单价	金额	数量		单价	金额	数量	单价	金额	甲库	乙库	丙库	丁库	戊库
				购进	其他			销售	其他										

(1)"增加"栏。"购进数量"栏登记验收入库的商品数量,"其他数量"栏登记非购进而收入的商品数量,如加工成品收回、商品溢余等。购进商品的单价和金额分别记入"单价"栏和"金额"栏。

(2)"减少"栏。"销售数量"栏登记销售商品的数量,"其他数量"栏登记非销售而减少的商品数量,如商品短缺、加工商品发出等。"销售数量"栏是否要同时登记单价和金额,要根据计算和结转商品销售成本的方法而定。销售商品退回或购货方拒收商品,要在"销售数量"栏中用红字注销,"其他数量"栏同时登记单价和金额。

(3)"结存"栏。根据"增加"栏和"减少"栏登记的数量,随时计算出结存数量,记入"结存数量"栏。

(4)"存放仓库"栏。"存放仓库"栏按商品进、销货凭证的数量,随时计算和登入该存放仓库的数量栏。

2. 按商品的编号、品名、规格、等级结合进货单价分户

这种分户方法便于计算和结转商品销售成本,但账页使用的数量较多。

3. 按商品的编号、品名、规格、等级结合进货批次分户

这种分户方法适用于整批进、整批出的商品。

（三）商品类目账的设置

商品品种较多的大型企业，为加强对大类商品的控制，便于商品明细账的核对工作，可设置商品类目账。商品类目账一般根据进、销货凭证按商品大类进行汇总登记。其格式为三栏式，一般只登记金额，不登记数量。如商品类别计量单位相同，也可增设数量栏，同时登记数量。库存商品类目账的格式见表4-3。

表4-3　　　　　　　　　　　　　库存商品类目账

类别：

年		凭证号码	摘　　要	增加（借方）	减少（贷方）	结存（余额）
月	日					

二、委托加工商品的核算

委托加工是指企业与外单位双方签订委托加工合同，由外单位代为加工，支付加工费用的一种加工方式。

商业企业为了增加花色品种，扩大货源，发扬经营特色，适应市场需要，采取定点定牌形式将库存商品委托其他单位加工，改变其形态或者将不适销的库存商品，按消费需要进行加工改制，增加商品价值。

（一）委托加工商品一般业务程序

加工商品业务包括发料、支付加工费用、计算税金及附加以及变价出售下脚料等业务。发料时，应由业务部门根据加工合同规定（自行加工根据需要），填制一式数联"加工商品发料单"送交各有关部门，财会部门根据"加工发料单"进行转账。

（二）委托加工业务核算的内容

加工业务的核算是通过"委托加工物资"账户进行的，该账户属资产类，用来核算企业委托单位加工的各种商品材料的实际成本，包括发出商品材料的进货原价、加工费用、加工税金及附加等。它的借方登记发出商品、材料加工费用和应交纳的税金及附加的发生数；贷方登记加工商品收回数；期末借方余额表示企业委托外单位加工但尚未完工的加工商品。

该账户可按加工合同、委托加工单位以及加工商品的品种等进行明细核算。

【例4-36】　某企业将库存粗毛呢600米委托其他单位加工女大衣300件。库存粗毛呢每米进价为20元。

（1）发出粗毛呢600米，财会部门根据加工商品发料单转账，作会计分录如下：

借：委托加工物资——女大衣　　　　　　　　　　　　　　　24 000

贷：库存商品——粗毛呢　　　　　　　　　　　　　　　　　　24 000

(2) 以银行存款支付加工费用,按每件 40 元计算,共计 12 000 元,增值税税率为 13%,按增值税专用发票作会计分录如下:

借:委托加工物资——女大衣　　　　　　　　　　　　　　　　　12 000
　　应交税费——应交增值税(进项税额)　　　　　　　　　　　　 1 560
　　　贷:银行存款　　　　　　　　　　　　　　　　　　　　　　　　　 13 560

(3) 收回加工商品时,应由业务部门填制"加工商品收货单"一式数联,交有关部门。收货部门凭以验收入库,财会部门据以计算加工商品的总成本及单位成本转账,作会计分录如下:

$$女大衣总成本 = 24\ 000 + 12\ 000 = 36\ 000(元)$$

$$女大衣单位成本 = \frac{36\ 000}{300} = 120(元)$$

借:库存商品——女大衣　　　　　　　　　　　　　　　　　　　36 000
　　贷:委托加工物资——女大衣　　　　　　　　　　　　　　　　　　 36 000

三、商品盘点和溢缺的核算

(一)库存商品溢缺的核算

商品盘点是对库存商品的数量和质量进行清点和检查。批发商品在储存过程中,由于自然条件的影响、人为的过失和其他原因,往往会发生数量上的溢缺,造成商品的实存数量与账存数量不符。为了保证账货相符,及时发现业务经营和商品管理中的问题,总结经验,改进工作,因此,必须加强商品盘点工作。

批发商品盘点,可以分为定期盘点和不定期的临时盘点。在进行盘点前,要做好准备工作,包括确定参加盘点人员、核对账目、整理商品、检查度量衡器等。盘点结束后,应填制"商品盘点表"(见表 4-4),以反映清查盘点的结果。如有盘盈、盘亏情况,还要填制"商品溢余(短缺)报告单",按规定审批程序报请处理。在盘点中,如发现商品残损变质及其他有问题商品时,应查明数量、变质程度和发生原因及责任,单独列表说明。其格式参考表 4-4。

表 4-4

商 品 盘 点 表

201×年 6 月 30 日

编号	品名	规格	单位	单价	实存数量	账存数量	溢　余		短　缺		备注
							数量	金额	数量	金额	
1001	龙井绿茶		千克	80	124.0	125			1.0	80	
1002	茉莉花茶		千克	100	261.0	260	1	100			
1003	祁门红茶		千克	98	184.5	185			0.5	49	

库存商品盘点溢缺的账务处理与商品购进发生溢缺的账务处理基本相同,在

未查明原因前,应先通过"待处理财产损溢"账户调整"库存商品"账户的账面记录,查明原因后再分别不同情况从"待处理财产损溢"账户转入有关账户。

【例 4-37】 某公司茶叶仓库二季末库存商品盘点结果见表 4-4。

根据商品溢缺报告单作会计分录如下:

(1)调整库存商品账面结存数。

借:待处理财产损溢——茶叶类　　　　　　　　　　　　129
　　贷:库存商品——茶叶类　　　　　　　　　　　　　　　　　129

借:库存商品——茶叶类　　　　　　　　　　　　　　100
　　贷:待处理财产损溢——茶叶类　　　　　　　　　　　　　　100

(2)查明原因经批准后分别不同情况转账。

龙井绿茶短缺 1 千克系收发货差错,祁门红茶短缺 0.5 千克系自然损耗,茉莉花茶溢余 1 千克为自然升溢。

借:管理费用——存货盘亏　　　　　　　　　　　　129
　　贷:待处理财产损溢——茶叶类　　　　　　　　　　　　　129

借:待处理财产损溢——茶叶类　　　　　　　　　　100
　　贷:管理费用——存货盘盈　　　　　　　　　　　　　　　100

(二)农副产品盘点和溢缺的核算

农副产品在储存过程中,数量和质量都容易发生变化,为了加强对库存农副产品的核算和管理,必须根据农副产品的性能、特点,建立定期和不定期的盘点制度。按月或按季进行清查盘点,也可以在储存量较少时进行盘点。盘点中发现的升溢和损耗,应由实物负责人填制"农副产品溢耗报告表",查明原因,分清责任,报请领导及时处理。

一般农副产品盘点中发现数量长短和等级差异的账务处理,与批发商品的溢缺处理程序和核算方法基本相同,这里不再重复叙述。关于库存活畜禽在储存期间的数量、质量变化的核算,不同于一般农副产品的处理,要加以专门说明。

活畜禽的储存过程中,需要拨付饲料进行饲养,而且在整个储存期间可能长膘增重,也可能减膘减重。因此,在会计处理上要区别不同情况。

库存活畜禽有两种:一种是收购后待调过程中短期饲养的活畜禽,称为周转性库存活畜禽;另一种是为了育肥,需要饲养较长时间的活畜禽,称为育肥性库存活畜禽。两者性质不同,会计处理也不同。

1. 周转性库存活畜禽的核算

企业收购活畜禽,从收购到调拨销售,需要有一段短时间的周转性储存。在这段时间里发生的饲养费用,在"销售费用——保管费"账户列支。对于在这段时间里所发生的长膘增重和减膘减重,都只调整重量和单价,不调整原购进总金额。

【例4-38】 某企业库存生猪20头,毛重2 200千克,原收购单价每千克4.40元,共计9 680元。在待运过程中,共耗用饲料300元。

(1) 根据"饲料领用单",作会计分录如下:

  借:销售费用——保管费   300
    贷:原材料——饲料   300

(2) 月末盘点,库存生猪仍为20头,但实际毛重为2 300千克。根据盘点结果调整账面记录,作会计分录如下:

  借:库存商品——生猪(2 300千克)   9 680
    贷:库存商品——生猪(2 200千克)   9 680

2. 育肥性库存活畜禽的核算

为了满足市场需要或准备节日供应,企业对库存活畜禽需要较长时间的饲养育肥,这段时间内发生的饲养费用,应作为增加活畜禽的成本。如果虽经喂养,但没有增重反而减重,其饲养费用也仍然计入成本,同时调整账面重量及单价。

【例4-39】 某企业库存菜牛40头,毛重10 300千克,原收购单价为4.20元,共计43 260元。育肥期间领用饲料500元,期末盘点,40头菜牛毛重10 700千克,增重400千克。

(1) 根据"饲料领用单"和"盘点表"作会计分录如下:

  借:库存商品——菜牛   500
    贷:原材料——饲料   500

(2) 如果盘点结果,是减重400千克,则根据"饲料领用单"和"盘点表",作会计分录如下:

  借:库存商品——菜牛   43 760
    贷:库存商品——菜牛   43 260
      原材料——饲料   500

四、库存商品挑选整理的核算

商业企业经营的有些鲜活商品,干果、茶叶等农副产品的规格比较复杂,等级较多,它们往往在同一个品种中有不同的等级、规格。因此,对购进的统货,还要进行挑选整理、分等分级、清除杂质,分别包装保管。

(一) 商品挑选整理的原则

商品挑选整理与商品加工不同,它只是发生等级、数量变化,并不改变其形态和性质,也不增加商品价值。为此,对挑选整理的核算,应掌握以下几点:

(1) 对商品进行挑选整理时,作为企业内部移库处理。

（2）对商品挑选整理过程中发生的费用，以"销售费用——整理费"账户列支，不增加商品成本。

（3）挑选整理后，商品因清除杂质、水分而发生的数量、规格、等级的变化，应相应调整商品的数量和单价，不改变总金额。

（4）因挑选整理而发生的溢余和损耗，可不作处理，但如属事故损失，应按财产损失处理。

（二）商品挑选整理的核算方法

（1）商品挑选整理的核算仍在"库存商品"账户设挑选整理专户进行。

【例4-40】 某企业从仓库发出苹果1 000千克，进价为每千克2元，交专人进行挑选整理。财会部门根据"商品内部移仓单"转账，作会计分录如下：

借：库存商品——挑选整理——苹果 　　　　　　　　　　　　　2 000
　　贷：库存商品——苹果 　　　　　　　　　　　　　　　　　　　　2 000

（2）在商品挑选过程中，发生的人员工资、工具、物料消耗等各项费用，均以"销售费用"列支。

【例4-41】 以现金支付挑选整理苹果临时工工资50元。作会计分录如下：

借：销售费用——挑选整理费 　　　　　　　　　　　　　　　　50
　　贷：库存现金 　　　　　　　　　　　　　　　　　　　　　　　　50

（3）商品挑选整理完毕，按新的等级和数量、单价进行转账，由"挑选整理"专户转入原商品明细账户。

商品挑选整理后，会出现两种结果。一种是由一种等级变为另一种等级；另一种是由一种等级变为几种等级，举例说明如下：

第一种，由一种等级变为另一种等级。

挑选整理后，新等级的进货单价计算公式如下：

$$新等级商品的进货单价 = \frac{挑选整理前的商品进货总额}{挑选整理后的商品实际数量}$$

【例4-42】 承[例4-40]，发出苹果1 000千克，挑选整理前商品进货总额为2 000元，经过挑选，清除杂质20千克，挑出一级品980千克。财会部门根据"商品挑选整理单"（见表4-5），作会计分录如下：

借：库存商品——苹果（980千克） 　　　　　　　　　　　　　2 000
　　贷：库存商品——挑选整理——苹果（1 000千克） 　　　　　　　2 000

按上列公式计算：

$$新等级商品进货单价 = \frac{2\ 000}{980} \approx 2.04（元）$$

表 4-5 商品挑选整理单 No

挑选整理部门： 年 月 日

商品货号	品名	单位	挑选整理前				挑选整理后				备注
			等级	数量	单价	金额	等级	数量	单价	金额	
	苹果	千克	统货	1 000	2	2 000	一级	980	2.04	2 000	

(有关人员签章)

第二种,由一种等级变为几种等级。

新的几种等级商品的单价按购进价或售价(含税)比例分摊。其计算公式如下:

$$每种新等级商品的销售总值=每种新等级商品销售单价×每种新等级商品销售数量$$

$$每种新等级商品应分摊的进货总值=每种新等级商品售价总值×\frac{挑选整理前的商品进货总值}{全部新等级商品的售价总值}$$

$$每种新等级商品的进货单价=\frac{每种新等级商品应分摊的进价总值}{每种新等级商品数量}$$

【例 4-43】 承[例 4-40],苹果 1 000 千克经过挑选整理后,选出一级 200 千克,每千克售价为 7.20 元;二级 400 千克,每千克售价为 2.40 元;三级 380 千克,每千克售价为1.20元,清除杂质和损耗 20 千克。按上列公式计算如下:

按售价计算的每种等级苹果的金额:

一级苹果的售价总额=7.20×200=1 440(元)

二级苹果的售价总额=2.40×400=960(元)

三级苹果的售价总额=1.20×380=456(元)

苹果售价总金额为 2 856 元。

每种等级苹果应分摊的进价:

一级苹果进价总值$=1 440×\frac{2 000}{2 856}=1 008.40(元)$

二级苹果进价总值$=960×\frac{2 000}{2 856}=672.27(元)$

三级苹果进价总值$=456×\frac{2 000}{2 856}=319.33(元)$

每种等级苹果的购进单价:

一级苹果购进单价=1 008.40÷200=5.04(元)

二级苹果购进单价=672.27÷400=1.68(元)

三级苹果购进单价=319.33÷380=0.84(元)

根据以上计算,财务部门按"商品挑选整理单"转账,作会计分录如下:

借:库存商品 —— 苹果一级(200 千克)　　　　　　　　　1 008.40

　　　　　　 —— 苹果二级(400 千克)　　　　　　　　　672.27

　　　　　　 —— 苹果三级(380 千克)　　　　　　　　　319.33

　　贷:库存商品 —— 挑选整理(1 000 千克)　　　　　　　2 000.00

五、库存商品非正常损失的核算

商品在储存过程中,如果发生水灾、火灾等非正常损失,其核算方法与一般库存商品溢缺有所不同。商品购进时所发生的增值税进项税额不能从增值税销项税额中扣除,应按规定予以转出。将非正常损失的商品实际成本和进项税额一并转入"待处理财产损溢"账户。

【例 4-44】 某百货商厦仓库发生火灾,烧毁服装一批,账面价值为 20 000 元,增值税进项税额为 2 600 元,事后由保险公司赔偿 14 000 元,作会计分录如下:

(1) 转出库存商品及进项税额。

借:待处理财产损溢 —— 服装　　　　　　　　　　　　　22 600

　　贷:库存商品 —— 服装　　　　　　　　　　　　　　　20 000

　　　　应交税费 —— 应交增值税(进项税额转出)　　　　　2 600

(2) 保险公司赔偿减少非正常损失数额。

借:其他应收款 —— 保险公司　　　　　　　　　　　　　14 000

　　营业外支出 —— 非常损失　　　　　　　　　　　　　 8 600

　　贷:待处理财产损溢 —— 服装　　　　　　　　　　　　22 600

六、商品可变现净值低于成本的核算

由于市场供求变化、商品保管不善及其他原因,企业购进的商品往往会发生陈旧过时,遭受毁损,或销售价格低于成本等情况,使商品可变现净值低于成本。

可变现净值是指企业在正常生产经营中,以估计售价减去成本及销售所必需的估计费用后的价值。根据会计核算的谨慎性原则,当期末存货可变现净值低于成本时则按存货可变现净值计价。

会计制度规定,对这部分低于成本的金额,期末可以计提存货跌价准备。存货跌价准备应按单项商品计提,对数量繁多,单价较低的商品也可按类别计提。

计提存货跌价准备是通过"存货跌价准备"账户进行的,该账户是资产类账户,是"库存商品""原材料"等"存货"账户的抵减账户,用来核算企业提取的存货跌价准备。它的贷方登记期末发生的存货可变现净值低于成本的数额;借方登记已计提跌价准备的存货价值恢复增加数额;贷方余额表示已提取的存货跌价准备的数额。

不同商品的计提存货跌价准备的核算方法也有所不同:

（1）完全失去商品价值的存货，期末应将存货账面价值全部转入当期损益，包括：已霉烂变质的存货；已过期且无转让价值的存货；其他足以证明无使用价值和转让价值的存货。

对于这些完全丧失使用价值和转让价值的存货，应在期末进行账务处理。借记"资产减值损失"账户，贷记"存货跌价准备"账户。

（2）部分减值的存货期末应将其可变现净值低于成本的差额转入当期损益。包括：① 市价持续下跌，并且在可预见的未来无回升的希望；② 企业因商品更新换代，库存商品已不适应消费需要，市场价格低于账面成本；③ 因企业所提供的商品或劳务过时，或消费者偏好改变使市场供应发生变化，导致市场价格逐渐下跌；④ 其他足以证明该商品实质上已发生减值情况。

对于这部分失去部分使用价值和转让价值的存货，在期末计算出存货可变现净值低于成本的差额，借记"资产减值损失"账户，贷记"存货跌价准备"账户。如果已计提跌价准备的存货的价值又得到恢复，应按恢复增加的数额，借记"存货跌价准备"账户，贷记"资产减值损失"账户。

【例4-45】 某企业201×年1月末估计存货中发生可变现净值低于成本的有：日立空调机10台，成本单价为4 000元，可变现净值为3 600元，计减值4 000元；大金空调机20台，成本单价为3 800元，可变现净值为3 500元，计减值6 000元，共计减值10 000元，予以转账，作会计分录如下：

借：资产减值损失　　　　　　　　　　　　　　　　　　　　10 000
　　贷：存货跌价准备　　　　　　　　　　　　　　　　　　　　10 000

【例4-46】 承[例4-45]，201×年2月10日，该企业出售日立空调机10台，每台售价为3 800元，计货款38 000元，销项税额为4 940元，价款收到，存入银行，作会计分录如下：

收入销售款时：

借：银行存款　　　　　　　　　　　　　　　　　　　　　　42 940
　　贷：主营业务收入　　　　　　　　　　　　　　　　　　　　38 000
　　　　应交税费——应交增值税（销项税额）　　　　　　　　　 4 940

结转商品销售成本时：

借：主营业务成本　　　　　　　　　　　　　　　　　　　　40 000
　　贷：库存商品　　　　　　　　　　　　　　　　　　　　　40 000

【例4-47】 如果期末未发生其他存货跌价情况，在已提存货跌价准备中恢复原有价值增加2 000元，期末应予恢复按增加金额转账，作会计分录如下：

借：存货跌价准备　　　　　　　　　　　　　　　　　　　　 2 000
　　贷：资产减值损失　　　　　　　　　　　　　　　　　　　　 2 000

七、商品销售成本的计算

商品销售成本是指已销商品的进价成本，即购进价格。由于批发商品的进货渠道、进货批量、进货时间和付款条件的不同，同种规格的商品，前后进货的单价也可能不同。除了能分清批次的商品可以按原进价直接确定商品销售成本外，一般情况下，出售的商品都要采用一定的方法来确定一个适当的进货单价，以计算商品销售成本和确定库存价值，据以核算商品销售损益，以反映经营成果。

商品销售成本的计算程序，有顺算和倒算两种方法。顺算法先计算商品销售成本，再据以计算期末结存金额；倒算法先计算期末结存金额，再据以计算商品销售成本。

顺算法的计算公式：

$$本期商品销售成本＝本期商品销售数量×进货单价$$
$$期末结存商品金额＝期末结存数量×进货单价$$

倒算法的计算公式：

$$期末结存商品金额＝期末结存数量×进货单价$$
$$本期商品销售成本＝期初结存金额＋本期增加金额－$$
$$本期非销售减少金额－期末结存金额$$

按照以上计算方法和商品的不同特点，商品销售成本的计算方法有以下几种。

（一）先进先出法

先进先出法是假定按最早购入的商品进价作为出售或发出商品成本的一种方法，即先购入先销售。因此，每次发出的商品都假定是库存最久的存货，期末库存则是最近购入的商品。这种方法一般适用于先入库必须先发出的商品，如易变质的鲜活商品。

【例 4-48】 某企业 A 商品的明细分类账如表 4-6 所示。

表 4-6 库存商品明细账

类别： 货号： 品名：A 商品 规格： 计量单位：包 金额单位:元

201×年		凭证号码	摘要	增加				减少				结存			存放地点	
月	日			数量	其他	单价	金额	数量	其他	单价	金额	数量	单价	金额	甲库	乙库
7	1		上月结存									400	2.00	800		
	4		购进	300		2.20						700				
	7		购进	200		2.40						900				
	13		销售					350				550				
	19		购进	400		2.60						950				
	21		购进	200		2.80						1 150				
	26		销售					500				650				
	30		销售					450				200				

根据 A 商品明细账资料,7 月份的商品销售成本计算如下:

月内销售数量为 1 300 包,按先进先出法计算如下:

$$(400×2.00)+(300×2.20)+(200×2.40)+(400×2.60)=2 980(元)$$

期末库存商品金额=200×2.80=560(元)

【例 4-49】 某企业 201×年 7 月 B 商品明细分类账如表 4-7 所示。

表 4-7   **库存商品明细账**

类别: 货号: 品名:B 商品   规格: 计量单位:盒   金额单位:元

201×年		凭证号码	摘 要	增 加				减 少				结 存		
月	日			购进数量	其他数量	单价	金额	销售数量	其他数量	单价	金额	数量	单价	金额
7	1		上月结存									1 200	27.00	32 400
	3		购进	500		28.00	14 000					1 700		
	5		销售					400				1 300		
	10		购进	1 500		27.50	41 250					2 800		
	20		销售					200				2 600		
	22		购进	400		28.20	11 280					3 000		
	25		销售					1 000				2 000		
	28		委托代销						400	28.00	11 200	1 600		
	30		购进	100		28.00	2 800					1 700		
			本期商品销售成本									43 600		
7	31		本期合计	2 500			69 330	1 600	400		54 800	1 700	27.60	46 930

根据表 4-7 中 B 商品明细分类账资料,月内销售数量为 1 600 盒,按先进先出法计算:

商品销售成本=(400×27)+(200×27)+(600×27)+(400×28)=43 600(元)

单位成本=43 600÷1 600=27.25(元)

期末库存商品金额=32 400+69 330-54 800=46 930(元)

采用先进先出法计算商品销售成本,可以逐笔结转,不需计算商品单价,但工作量较大,如购进批次多,而单价又各异,则计算工作较为复杂,一般适用于经营品种简单的企业。

(二)加权平均法

加权平均法是以每种商品库存数量和金额计算出加权平均单价,再以平均单价乘以销售数量和期末库存金额的一种方法。其计算公式如下:

$$加权平均单价 = \frac{期初库存金额 + 本期购入金额}{期初库存数量 + 本期购入数量}$$

本期商品销售成本＝本期销售数量×加权平均单价

期末库存金额＝期末库存数量×加权平均单价

【例 4-50】 根据表 4-6 中资料,用加权平均法计算商品销售成本。

$$加权平均单价 = \frac{800 + 660 + 480 + 1\,040 + 560}{400 + 300 + 200 + 400 + 200} = \frac{3\,540}{1\,500} = 2.36(元)$$

本期商品销售成本＝1 300×2.36＝3 068(元)

期末库存商品金额＝200×2.36＝472(元)

【例 4-51】 根据表 4-7 中 B 商品明细分类账资料,用加权平均法计算:

$$\begin{matrix}加权平均\\单价\end{matrix} = \frac{32\,400 + (14\,000 + 41\,250 + 11\,280 + 2\,800) - 11\,200}{1\,200 + (500 + 1\,500 + 400 + 100) - 400} = 27.43(元)$$

期末库存商品金额＝1 700×27.43＝46 631(元)

商品销售成本＝32 400＋69 330－11 200－46 631＝43 899(元)

采用加权平均法计算的商品销售成本比较均衡,计算结果亦较准确,但工作量较大,一般适用于经营品种较少,前后进价相差幅度较大的商品。

(三) 个别计价法

个别计价法是以每一批商品的实际进价作为计算销售成本的一种方法。其计算公式如下:

$$\begin{matrix}每批商品\\销售成本\end{matrix} = \begin{matrix}每批商品\\销售数量\end{matrix} × \begin{matrix}该批商品实\\际进货单价\end{matrix}$$

【例 4-52】 某公司 201×年 7 月 C 商品明细分类账如表 4-8 所示。

表 4-8 　　　　　　　　　　**库存商品明细账**

类别:　　货号:　　品名:C 商品　　规格:　　　　计量单位:台　　　　　　金额单位:元

201×年		凭证号码	摘要	增加				减少				结存		
月	日			批次	数量	单价	金额	批次	数量	单价	金额	数量	单价	金额
7	1		上月结存									240	335	80 400
	3	1	销售					01	100	400	40 000	140		
	6	2	购进	02	300	340	102 000					440		
	9	3	销售					02	150	400	60 000	290		
	12	4	销售					01 02	100 80	400	72 000	110		
	15	5	购进	03	400	345	138 000					510		

（续表）

201×年		凭证号码	摘　要	增　加				减　少				结　存		
月	日			批次	数量	单价	金额	批次	数量	单价	金额	数量	单价	金额
7	17	6	销售					03	140	400	56 000	370		
	20	7	销售					01	40	400	80 000	170		
								03	160					
	23	8	购进	04	300	338	101 400					470		
	26	9	销售					04	120	400	48 000	350		
	30	10	销售					02	70	400	52 000	220		
								04	60					
7	31		合　计		1 000		341 400		1 020		408 000	220	338	74 360

根据表 4-8 中 C 商品明细分类账资料，月内销售数量为 1 020 台，按个别计价法计算，其商品销售成本列表如表 4-9 所示。

表 4-9　　　　　　　　　　商品销售成本计算表　　　　　　单位：元

销售日期 （1）	销售批次 （2）	销售数量 （3）	成本单价 （4）	商品销售成本 （5）=（3）×（4）
7 月 3 日	01	100	335	33 500
7 月 9 日	02	150	340	51 000
7 月 12 日	01	100	335	33 500
	02	80	340	27 200
7 月 17 日	03	140	345	48 300
7 月 20 日	01	40	335	13 400
	03	160	345	55 200
7 月 26 日	04	120	338	40 560
7 月 30 日	02	70	340	23 800
	04	60	338	20 280
合　　计		1 020	—	346 740

期末库存商品金额=220×338=74 360（元）

注：期末库存商品数量 220 台为最后 04 批进货。

采用个别计价法，会计部门应按进货批次设置商品明细账；业务部门应在发货单上注明进货批次；仓库部门应按进货批次分别堆放商品。

这种方法便于逐笔结转商品销售成本，计算比较正确，但工作量较大，适用于直运商品和进货批次少、销售能分清进货批次的商品。

以上三种商品销售成本的方法各有特点,企业应结合业务情况选择采用。但一经选定,在一个年度内不能随意更换,以保持年度商品销售成本计算口径一致。

八、商品销售成本的结转

商品销售成本的结转,有随销售随结转和定期结转两种做法。随销售随结转即在商品销售的同时结转成本,定期结转一般在月终一次结转成本。

商品销售成本结转的方式有分散结转和集中结转两种。

分散结转方式是按照库存商品明细账户逐一计算商品销售成本,逐笔登记结转的方式。这种方式计算工作量较大,但能提供每个品种的商品销售成本详细资料。

集中结转方式是按照库存商品明细账户的期末结存数量乘以进货单价,计算出期末结存金额,然后按大类汇总,在商品类目账上倒算出商品销售成本,并进行集中结转,不再逐笔计算和结转每个品种的商品销售成本的方式。这种方式工作简化,但不能提供每一种商品的销售成本。

此外,对非商品销售的发出商品的计算和结转,包括加工商品发出、商品短缺等,采用随发生随结转的方式。对其计算的单价确定有两种方法:一是采用逐日结转商品销售成本的,按商品明细账的当日结存商品的单价计算;二是采用定期结转商品销售成本的,按期初结存商品的单价计算。

思 考 题

1. 批发商品流通的核算具有什么特点?

2. 试述"在途物资"账户的性质、用途及核算方法。

3. 批发商品的采购成本应如何确定?

4. 农业产品收购与工业品购进在核算上有何不同?

5. 进、出口商品在核算上有什么特点?

6. 批发商品购进和销售,发生拒付货款后应如何处理? 两者在核算上有何区别?

7. 批发商品的本地购销核算与外地购销核算有什么区别?

8. 什么是直运商品销售? 如何对其进行核算?

9. 批发商品库存明细账应怎样设置和分户?

10. 批发商品销售成本的计算有哪几种方法? 应如何对其计算和选用?

11. 企业为什么要计提存货跌价准备? 完全失去商品价值的存货如何计提存货跌价准备?

习 题

1. 目的 练习批发商品购进的核算。

资料 某批发企业201×年1月发生下列经济业务。

(1) 5日,银行转来托收结算凭证,附有增值税专用发票、垫付运费清单各一张,系广州批发站发来力士香皂100盒(10块包装),每盒进价为24元,进项税额为312元,供货方垫付运费36.50元。经与合同核对无误,当即承付,商品未到达。

(2) 6日,从本地牙膏厂购进大号中华牙膏200盒(10支包装),每盒进价21.50元,进项税额为559元,货款以转账支票付清,商品验收入库。

(3) 7日,向本地铝制品厂购进气压式暖水瓶3 000个,每个进价为28.30元;5磅瓶胆10 000个,每个进价为1.50元,进项税额为12 987元。商品已验收入库,因当日收货已晚,未及付款。

(4) 12日,向本地文具厂购进日记本20 000本,每本进价为0.90元,进项税额为2 340元,商品已验收入库,同时以现金支付市内搬运费15元。货款在成交时商定,由厂方签发商业汇票,经本企业承兑,汇票承兑期为1个月。

(5) 15日,向天津购进全毛毛毯1 000条,每条进价为125元,增值税税率为13%,商品已运到,验收入库,托收凭证未到。

(6) 17日,南京批发公司发来六尺床单1 000条,每条进价为46元,验收时发现其中有四尺床单100条,每条进价为30元,与合同规格不符,由仓库代保管,其余900条验收入库,货款尚未承付。

(7) 18日,银行转来南京批发公司托收结算凭证及专用发票,内列六尺床单1 000条,每条进价为46元,经审核,其中100条已在验收时发现规格不符,列为代管商品,本日承付900条货款,余100条货款予以拒付,增值税税率为13%。

(8) 20日,南京批发公司函告,100条四尺床单系错发,要求本企业购进,寄来"销货更正单"及四尺床单专用发票。每条进价为30元,代管100条四尺床单已点验入库。即以信汇方式由银行汇出货款。

(9) 21日,接杭州批发公司"销货更正单"。系上月向该公司购进的电池2 000节,原进价为每节4元,增值税税率为13%,今更正为4.10元,应补付货款及税金,经审核同意补付。以信汇方式由银行汇出,查明该批电池现有库存500节,其余已出售,并结转成本。

(10) 22日,上月从天津批发公司购进5磅瓶胆,每个进价为15元,增值税进项税税率为13%,验收发现其中3 000个不符质量要求。经联系对方同意作退货处理,今将当地税务机关开具的进货退出证明单寄往供货方,并由业务部门填制"进货退出发货单",仓库已将商品发出,退货款尚未收到。

(11) 24日,银行转来福州批发公司托收结算凭证,专用发票和垫付费用清单,发来绵白糖250千克,每千克进价为27元,进项税额为877.50元,垫付运费175元,当即通知银行付款。

(12) 25日,绵白糖今日运到,验收时实收256千克,溢余6千克,原因待查。

（13）27日,上述绵白糖溢余原因今已查清,其中5千克系福州批发公司多发,1千克系自然升溢,多发部分的货款,已于当日汇出。

（14）27日,向广州玻璃器皿厂购进玻璃杯2000只,进价每只为10元,进项税额为2600元,运费为200元,今日接银行转来托收凭证,承付货款及运费,商品未到。

（15）28日,上列商品已到,验收时发现缺少50只,向广州提出查询,其余1950只入库。

（16）30日,收到广州玻璃器皿厂寄来增值税专用发票及销货更正单,计每只少收1元,原缺少50只同意补发,货已运到验收入库,差价款当即汇出。

要求　编制记账凭证(以会计分录代替)。

2. 目的　练习批发商品销售的核算。

资料　某批发企业201×年2月发生的部分商品销售业务如下:

（1）2日,以支票结算方式销售商品113 000元(含销项税额),收进支票全部送存银行,同时作归还银行短期借款处理。

（2）8日,售给南昌批发公司商品一批计15 210元(含销项税额),商品已发运,以转账支票代垫运费600元,货款及代垫运费一并通过银行向南昌托收。

（3）12日,向手表二厂购进男式石英表100只,每只进价为290元,售价为320元,增值税税率为13%,厂直运苏州40只,无锡60只,进货款以转账支票付清,销货款尚未办理托收手续。

（4）14日,上列手表已于今日发运,厂方代垫运费计苏州200元、无锡300元,以转账支票支付,连同货款一并通过银行向对方办理托收结算手续。

（5）15日,售给本市电视机商店29英寸彩色电视机20台,每台售价为1 250元。增值税销项税税率为13%,货款已收,送存银行。

（6）16日,上述商品中,有10台因质量不好同意退回入库,收到商店送来退货证明单,开出红字发票,同日以转账支票支付退货款14 625元。

（7）18日,上月调给长沙批发公司90厘米男背心100件,每件售价为28元,进价为25元,增值税进项、销项税税率为13%。因质量不好,同意全部退回。今收到长沙批发公司寄来进货退出证明单,据以开出红字发票,退货款于今日汇出(已结转销售成本)。商品验收入库。

（8）20日,按业务部门"销货更正单",上月售给本市百货商店力士香皂100盒(每盒10块),每盒售价为26元,中华牙膏80盒(每盒10支),每盒售价为24元,单价写错,力士香皂误写为每盒24元,中华牙膏误写为每盒26元。今日收到该店补来现金。

（9）按合同规定,由上海伞厂直运崇明区批发公司折伞1 000把。进货单价为21元,按批发价每把25元折让4%作为售价,增值税进项、销项税税率为13%,厂方代垫运费 400 元,合同规定本公司负担 30%,崇明区批发公司负担 70%。

21 日,收到上海伞厂通过银行转来托收凭证和收发货单,同时办理支付购货款和向崇明区批发公司托收销货款手续,并结转商品销售成本。

24 日,收到银行转来崇明区批发公司拒付书,上项商品因质量不符合同规定,货款及运费全部拒付,问题待解决。

26 日,经与厂方联系,厂方同意按出厂价每把降低 3.30 元,退款尚未收到。

27 日,经与崇明区批发公司联系,双方同意按批发价每把降低 5 元,倒扣率不变,重新办理托收手续。

要求 编制记账凭证(以会计分录代替)。

3. 目的 练习批发商品盘点溢缺的核算。

资料 某企业 201×年 3 月末库存商品盘点结果如下:

(1)长命牌牙刷溢余 5 支,每支进价为 10 元;中华牙膏溢余 20 支,每支进价为 15 元;洗洁精短缺 10 瓶,每瓶进价为 40 元。溢缺原因待查。

(2)男衬衫溢余 10 件,每件进价为 14 元;女西裤短缺 4 条,每条进价为 16 元。

(3)溢余长命牌牙刷已无法查明原因,经批准作本企业收益处理;溢余的中华牌牙膏经查明系供货单位多发,对方补来发票,当即由银行汇出货款。短缺的洗洁精,经查明系保管员发货差错,无法查明去向,作为费用处理。

(4)男衬衫 10 件溢余原因,查明为少发给市百商店,予以补发。女西裤短缺 4 条,原因系保管员失职被窃,责令赔偿。

要求 编制会计分录。

4. 目的 练习批发商品销售成本计算和结转。

资料 某批发企业 201×年 4 月初××牙膏结存 2 000 支,单价为 4.40 元。该企业 4 月份发生下列进销业务:

(1)2 日,购进 1 000 支,单价为 4.40 元。

(2)9 日,销售 800 支。

(3)15 日,购进 1 500 支,单价为 4.30 元。

(4)19 日,销售 1 000 支。

(5)26 日,盘缺 50 支,原因待查。

(6)28 日,购进 500 支,单价为 4.20 元。

(7)30 日,销售 1 000 支。

要求 分别用先进先出法、加权平均法计算和结转商品销售成本。

5. 目的 练习进出口商品及农产品收购的核算。

资料

(1)某批发企业向国外购进 29 英寸彩色电视机 100 台,每台进价为 200 美元(到岸价),发票账单已到,商品验收入库,当日汇率为 6.70 元。另以人民币支付关税 70 000 元,增值税税率为 13%,予以转账。

(2) 某批发企业销售给境外 C 公司服装一批,计货款 120 000 美元(到岸价),收到 C 公司所在地银行开出的信用证,审核无误后,办理发货手续并支付运费、保险费 10 000 美元。交单收款后(由该银行扣除利息后付款)确认销售收入为 120 000 美元,利息为 1 500 美元,当日汇率为 6.80 元。

(3) 某批发企业采取托收结算方式,销售给境外 B 公司商品一批,计价 50 000 美元(到岸价格),并支付运费、保险费 5 000 美元,商品已发出,当日汇率为 6.70 元。结转商品销售成本 34 万元。

(4) 某收购站收购免税农产品一批计 37 000 元,以银行存款支付。

(5) 某收购站与专业户签订预购棉花合同,预付定金 20 000 元,向银行申请并取得预购定金借款存入银行,支付定金。

(6) 棉花专业户交售棉花,收购金额为 30 000 元,扣回前预购定金 20 000 元,差额以银行存款支付,同时归还预购定金借款 20 000 元。

要求　编制会计分录。

6. 目的　练习活畜禽增重、减重的核算。

资料　某收购站 201×年 8 月份发生下列活畜禽增重、减重业务:

(1) 为安排节日供应,将圈存生猪 20 头,计 1 600 千克划出育肥,单独进行核算,该批生猪账面价值为每千克 3.10 元,计 4 960 元。

(2) 在育肥期间领用饲料 600 千克,计 300 元,计入育肥成本。

(3) 月末盘点,育肥生猪实重 1 750 千克,长膘增重 150 千克,予以调整账面。

(4) 月内库存生猪共领用饲料 1 000 千克,计 500 元,以费用核销。

(5) 月内账存生猪为 160 头,计 10 500 千克,经盘点头数不变,但实重为 10 780 千克,长膘 280 千克,每千克收购价为 3.10 元,予以调整账面。

要求　编制会计分录。

7. 目的　练习农产品挑选整理的核算。

资料　某果品公司 201×年 3 月下旬发生下列挑选整理的经济业务:

(1) 21 日,将库存烟台苹果 8 000 千克拨交水果组进行挑选整理。该批苹果单价为 1.80 元,计 14 400 元。

(2) 23 日,购置挑选整理用箩筐 10 只,每只价格为 10 元,以现金支付,当即交水果组使用。

(3) 25 日,以现金支付临时工工资 60 元。

(4) 26 日,挑选整理结束,分为:一级品 2 400 千克,每千克售价为 4 元;二级品 2 600 千克,每千克售价为 3 元;三级品 2 800 千克,每千克售价为 2 元。因保管不善腐烂 180 千克,其余为清除杂质及合理损耗。

要求　计算每种新等级苹果的进价总为金额及单价(列出算式),并编制会计分录,按新等级转账。

8. 目的　练习加工业务的核算。

资料　某企业采用数量、进价金额核算。201×年2月,该企业发生有关加工业务如下:

(1) 工场领用全毛格子花呢400米,每米价格为50元;美丽绸700米,每米价格为20元。两种面料均用于生产女中大衣。

(2) 发放工场生产人员工资5 000元,以现金支付。

(3) 以现金支付工场生产用电300元。

(4) 计提工场设备固定资产折旧1 000元。

(5) 以银行存款支付工场各项管理费用4 150元。

(6) 以现金支付工场生产人员福利费700元。

(7) 女中大衣200件完工,验收入库,多余全毛格子花呢20米,退回仓库。

(8) 计算应交增值税及分配加工费用。

(9) 女中大衣无同类产品出厂价,计算总成本和单位成本,予以转账。

(10) 委托大新服装厂加工男涤棉衬衫500件,合同规定:每件男衬衫用料为2米,加工费为每件10元。今由仓库发出涤棉府绸100米,每米价格为20元。

(11) 上项男衬衫已加工完毕,大新厂交来男衬衫500件,验收入库,并以转账支票支付加工费5 000元,同时计算总成本和单位成本,予以转账。

要求　编制会计分录。

9. 目的　练习代购代销业务的核算。

资料

(1) 某食品公司委托甲收购站代购鲜蛋1 000千克,收购价为每千克4元,代购单位垫付运费80元,合同订明按代购费用实报实销,另加代购手续费3%结转。商品已到,验收入库。支付货款、代购费用及手续费。

(2) 如果上项代购业务采用代购费用包干办法,费用包干率为6%,手续费为3%,作账务处理。

(3) 某批发企业接收乙工厂委托代销服装100套,每套进价为120元,售价为140元(进销价均含税),增值税税率为13%,受托企业作自购自销处理。商品已售完,作受托单位的账务处理。

(4) 上项受托代销业务如果改为受托单位不作自购自销处理,代销手续费为5%,进行账务处理。

要求　编制会计分录。

第 五 章

零售商品流通

【内容提示】 本章主要阐述商品流通过程中零售环节上的商品核算。通过学习,学生应了解零售商品经营的特点和核算内容;明确零售商品在购进、销售、储存各个环节上的业务程序、单据流转及账户设置;掌握零售商品售价金额核算和进价记账盘存计销的内容和已销商品进销差价的计算,以及调价、削价、出租等业务的账务处理知识。

第一节 零售商品的经营特点和核算内容

零售商品流通是企业通过买卖方式,从生产部门或其他商业企业购进工农业产品从而供应城乡居民和集体消费单位的一种商业活动,是商品流通的最终环节。做好零售商品供应工作,对于活跃城乡经济,保证市场供应,满足消费需要,具有重要意义。

一、零售商品的经营特点

零售商品的供应对象主要是广大消费者。其经营特点是:

(1) 经营品种多,规格复杂,直接为消费者服务,交易次数频繁,数量零星。

(2) 交易方式主要是一手交钱、一手交货的现金交易,成交时间短。除集团购买或贵重商品外,一般不需填制销货凭证。

按照零售商品经营的特点,一般采用售价金额核算,又称"拨货计价、实物负责制",这是一种售价记账与实物负责相结合的一种核算制度。因此,零售商品按售价金额核算,不仅是一种核算方法,也是一种商品管理制度。

二、售价金额核算的内容

(一) 建立实物负责制

企业经营的商品,按商品品种和存放地点划分为若干实物负责小组,并确定小组负责人,对小组所经营的商品数量、质量负全部经济责任。

（二）库存商品按售价记账，金额控制

库存商品的总分类账和明细分类账一律按销售价记账，只记金额，不记数量。总分类账总括反映库存商品进、销、存情况；明细分类账按实物负责小组或小组负责人设置，详细反映库存商品进、销、存情况。

（三）设置"商品进销差价"账户

由于库存商品按售价记账，而购进商品按进价付款，为了正确反映企业库存商品资金实际占用额，就必须设置"商品进销差价"账户，用来核算商品进价与售价之间的差额，并定期计算和分摊已销商品的进销差价。

（四）加强商品盘点

实行售价金额核算，库存商品只有金额控制，没有数量记录。因此，只有通过对库存商品的实地盘点，确定库存商品数量才能核实库存商品的金额，检查实物负责人的经济责任。在正常情况下，企业必须对各实物负责小组所经营的商品进行一次全面盘点，发现账货不符，应及时查明原因，作出处理。

（五）健全手续制度

企业要建立健全企业各个业务环节的手续制度，包括商品购进、销售、储存、交接等手续制度。严格商品和销货款管理。对大件、贵重商品要建立数量账，以弥补售价金额核算的不足。

（六）严格价格管理

零售商品按售价金额入库，实物负责人所经营的商品以售价金额控制，如售价一有变动，就会直接影响库存商品总额。因此，必须严格价格管理，明码标价。

零售商品按售价金额核算，对于经营品种繁多、交易次数频繁的企业，可以简化核算手续。其不足之处是由于只记金额，不记数量，不能掌握实物进、销、存数量情况，一旦发生差错，难以查明原因。

第二节　零售商品购进的核算

一、零售商品购进的一般业务程序

零售商品购进，一般由实物负责人根据商品库存和销售情况，自行组织进货。设有专职采购员的企业，可由实物负责小组提出要货计划，由采购员组织进货。

企业购进商品，一般以本地为主，从当地批发企业或生产单位购进，一些规模较大的企业为了扩大花色品种，增加货源，也有从外地购进商品的。

企业在本地购进商品，通常采用提货制和送货制，提货制由企业自行提货，送货制由供货单位根据企业要货单送货上门。不论是提货制还是送货制，其结算方式一般采用支票结算方式，通过购销双方协商，也可采用银行本票和商业汇票结算。

企业从外地购进商品,通常采用发货制,结算方式一般采用银行汇票、汇兑、委托收款和商业汇票等。

不论采用何种商品交接方式,在商品运达后,由实物负责人根据发票所列内容,逐一清点商品数量、检查商品质量,核对商品编号、品名、数量、质量、单价和金额无误后,填制"商品验收单"一式数联,分送有关部门入账。

设有供配货中心的企业,商品运到后,应由仓库保管员负责验收。

二、商品购进的账务处理

（一）账户设置

商品购进过程,是货币资金转化为商品资金的过程。购进的商品应用商品实际进价核算。购进时,应记入"在途物资"账户,以核算商品采购成本（"在途物资"账户已在第四章详述,本节不再重复）。但由于零售商品实行"售价金额"核算,购入商品在验收入库时,不是按照原来进价而是按照售价记入"库存商品"账户。这样"库存商品"中就包括商品的实际进价和未实现的进销差价（含销项税额）两部分。为了真实反映财产情况,在按售价记入"库存商品"账户的同时,还必须要将商品进价和售价之间的差额另设"商品进销差价"进行登记。

"商品进销差价"账户是资产类账户,实质上它是资产的抵减账户,对库存商品起调整作用。它的贷方登记购进商品售价大于进价的差额、商品调价以及财产溢余增值等因素增加的差价;借方登记购进商品售价小于进价的差额、销售商品已实现的差价以及商品短缺和调价减值等而转销的差价;余额表示库存商品的进销差价。

（二）购进商品的处理办法

实行增值税后,零售商品购销业务的核算比批发商品较为复杂,既要保持多年形成的售价核算方法,又要按照增值税的要求核算进项税额、销项税额、应交税费等有关内容,因此,在核算上要求采用一种简便可行的办法。

目前大多数企业对零售商品购进作如下处理:在购进时按不含税成本记入"在途物资"账户;按进项税额记入"应交税费——应交增值税（进项税额）"账户;按全部价税总额付款数记入"银行存款"或"应付账款"账户。而在商品入库时,则按含税的售价记入"库存商品"账户;按含税的进销差价记入"商品进销差价"账户,按不含税的进价转销"商品采购"账户数额。具体地说,由于商品交接货和结算方式不同,核算方法也有所不同。

1. 本地商品购进

本地商品购进,一般是购进和货款结算同时办理的。财会部门应根据实物负责小组转来的商品入库验收单、专用发票和付款凭证入账。

【例5-1】　某商店从本市某公司购入小百货一批,进价为 6 000 元,售价为

7 200元(不含税),进项税额为 780 元。货款以转账支票付讫,商品由百货组验收,按专用发票,作会计分录如下:

(1) 支付价款时,按商品进价、进项税额分别转账:

借:在途物资——百货组   6 000

应交税费——应交增值税(进项税额)   780

贷:银行存款   6 780

(2) 商品入库时,为简化库存商品日常核算工作,平时营业柜组以库存商品售价(进价＋毛利)加上销项税额入账(设增值税销项税税率为 13％),商品入库时的售价应包含销项增值税在内。

借:库存商品——百货组(售价 7 200 元＋销项税额 936 元)   8 136

贷:在途物资——百货组   6 000

商品进销差价——百货组(毛利 1 200 元

＋销项税额 936 元)   2 136

月终,财会部门须调整已销商品的增值税销项税额。将销项税额从商品销售收入中分解出来转入"应交税费——应交增值税(销项税额)"账户。如[例 5-1],其会计分录如下:

借:主营业务收入   936

贷:应交税费——应交增值税(销项税额)   936

如[例 5-1]中的商店为小规模纳税人,其增值税税率为 6％,作会计分录如下:

(1) 支付进货款,按价税合计数入账(如果不是专用发票则按不扣税价计算):

借:在途物资   7 020

贷:银行存款   7 020

(2) 商品入库时,以售价＋增值税入账:

借:库存商品——百货组[7 200×(1＋6％)]   7 632

贷:在途物资——百货组   7 020

商品进销差价——百货组   612

(3) 月末调整已销商品增值税:

借:主营业务收入   612

贷:应交税费——应交增值税   612

2. 异地商品购进

异地商品购进,由于采用发货制交接方式,商品的发运时间和结算凭证的传递时间不一致,通常会发生先付款、后到货;先到货、后付款;以及到货与付款同时进行三种情况。

【例 5-2】 设[例 5-1]为向市外××单位购进百货商品一批,供货单位代垫运费 400 元,价款及运费已通知银行承付。

(1)假设先承付货款和运费,后到货。

接到银行转来托收凭证,经审核无误后,承付货款,根据有关凭证作会计分录如下:

```
借:在途物资——百货组                               6 000
    应交税费——应交增值税(进项税额)                  780
    销售费用——进货运费                             400
    贷:银行存款                                           7 180
```

商品运到,由百货组验收,根据有关凭证,按含税售价入账,作会计分录如下:

```
借:库存商品——百货组                               8 136
    贷:在途物资——百货组                                  6 000
        商品进销差价                                       2 136
```

(2)假设商品先到,后付款。

商品运到,验收入库,平时不作账务处理,月末如仍未付款,按暂估进价入账,作会计分录如下:

```
借:库存商品——百货组                               8 136
    贷:应付账款                                           6 000
        商品进销差价                                       2 136
```

下月初用红字冲回:

```
借:库存商品——百货组                               8 136
    贷:应付账款                                           6 000
        商品进销差价                                       2 136
```

接到银行转来托收凭证,承付货款,作会计分录如下:

```
借:在途物资——百货组                               6 000
    应交税费——应交增值税(进项税额)                  780
    销售费用——进货运费                             400
    贷:银行存款                                           7 180
```

同时,作会计分录如下:

借：库存商品——百货组　　　　　　　　　　　　　　8 136
　　贷：在途物资——百货组　　　　　　　　　　　　　　6 000
　　　　商品进销差价　　　　　　　　　　　　　　　　2 136

（3）假设承付货款与到货同一天，作会计分录如下：

借：在途物资——百货组　　　　　　　　　　　　　　6 000
　　应交税费——应交增值税（进项税额）　　　　　　　　780
　　销售费用——进货运费　　　　　　　　　　　　　　400
　　贷：银行存款　　　　　　　　　　　　　　　　　7 180

同时，作会计分录如下：

借：库存商品——百货组　　　　　　　　　　　　　　8 136
　　贷：在途物资——百货组　　　　　　　　　　　　　　6 000
　　　　商品进销差价　　　　　　　　　　　　　　　　2 136

三、购进商品发生溢余和短缺的核算

企业在组织商品购进过程中，由于自然因素和差错事故等因素，发生商品溢余和短缺，应及时按规定转入"待处理财产损溢"账户，查明原因，进行处理。

（一）商品溢余的核算

购进商品发生溢余，先按实收数入库，将溢余数按不含税进价转入"待处理财产损溢"账户。查明原因后，再分别情况进行处理。如系供货单位多发，在企业作同意购进情况下，由供货单位补开发货单，补付货款；如系运输途中自然升溢，作减少商品损耗处理。

【例5-3】　某商店从外地购进食品500千克，每千克进价为20元，进项税额为1 300元，售价为24元（不含税），供货单位垫付运费500元，货款已承付。商品运到后，验收时发现多20千克，原因待查。

（1）承付货款及运费时，作会计分录如下：

借：在途物资——食品组　　　　　　　　　　　　　　10 000
　　应交税费——应交增值税（进项税额）　　　　　　　1 345
　　销售费用——进货运费（500－500×9%）　　　　　　455
　　贷：银行存款　　　　　　　　　　　　　　　　　11 800

（2）商品运到，按实收数入账，原因待查，作会计分录如下：

借：库存商品——食品组　　　　　　　　　　　　　14 102.40
　　贷：在途物资——食品组　　　　　　　　　　　　10 000.00
　　　　商品进销差价　　　　　　　　　　　　　　　3 702.40
　　　　待处理财产损溢——食品组　　　　　　　　　　400.00

上项会计分录相关资料见表 5-1。

表 5-1　　　　　　　　　　　相 关 资 料 表　　　　　　　　　　单位：元

项目	购进价	进项税额	零售价	销项税额	毛 利
付款数	10 000	1 300	12 000	1 560.00	2 000
溢余数	400		480	62.40	80
合 计	10 400	1 300	12 480	1 622.40	2 080

库存商品＝12 480＋1 622.40＝14 102.40(元)

商品进销差价＝1 622.40＋2 080＝3 702.40(元)

待处理财产损溢＝400(元)(贷方)

（3）经查明上项溢余商品系供货单位多发，经协商同意购进处理，对方补来专用发票，在付清货款时：

借：待处理财产损溢　　　　　　　　　　　　　　　　　400

　　应交税费——应交增值税(进项税额)　　　　　　　52

　　贷：银行存款　　　　　　　　　　　　　　　　　　　　452

（二）商品短缺的核算

购进商品发生短缺，先按实收数入库，将短缺数和相应的进项税额一起转入"待处理财产损溢"账户，查明原因后再分别情况进行处理。如系供货单位少发，要求对方补货或退款；如系运输部门或有关经办人员责任事故，向对方索赔，转入"其他应收款"账户；如系自然损耗，作为商品损耗处理；如系意外事故，作非常损失处理。

【例 5-4】　假设[例 5-3]验收时发现短缺 20 千克。

（1）承付货款及运费时，作会计分录如下：

借：在途物资——食品组　　　　　　　　　　　　　　10 000

　　应交税费——应交增值税(进项税额)　　　　　　1 345

　　销售费用——进货运费　　　　　　　　　　　　　455

　　贷：银行存款　　　　　　　　　　　　　　　　　　　11 800

（2）商品运到，按实收数入账，原因待查，作会计分录如下：

借：库存商品——食品组　　　　　　　　　　　　　　13 017.60

　　待处理财产损溢——食品组　　　　　　　　　　　400.00

　　贷：在途物资——食品组　　　　　　　　　　　　　　10 000.00

　　　　商品进销差价　　　　　　　　　　　　　　　　3 417.60

上项会计分录相关资料见表 5-2。

表 5-2   相 关 资 料 表   单位：元

项目	购进价	进项税额	零售价	销项税额	毛　利
付款数 短缺数	10 000 −400	1 300	12 000 −480	1 560.00 −62.40	2 000 −80
合　计	9 600	1 300	11 520	1 497.60	1 920

库存商品＝11 520＋1 497.60＝13 017.60(元)

商品进销差价＝1 920＋1 497.60＝3 417.60(元)

待处理财产损溢＝400(元)(借方)

(3) 经查明上项短缺商品中 10 千克系供货单位少发,经联系由对方补发商品,商品已收到。另 10 千克系运输部门责任事故,应由其赔偿。

借：库存商品——食品组　　　　　　　　　　　　　　271.20

　　其他应收款——运输部门　　　　　　　　　　　　226.00

　贷：商品进销差价　　　　　　　　　　　　　　　　　71.20

　　　应交税费——应交增值税(进项税额)　　　　　　26.00

　　　待处理财产损溢——食品组　　　　　　　　　　400.00

四、包装物超重或减重的核算

企业购进带有包装的商品,应按照扣除商品包装物的实际重量后的净重验收入库。对于某些不能腾空包装物,因不能扣除包装物实际的重量,为避免商品损失,只能暂按毛重减去包装物标准重量或估计重量后计算。包装物腾空后,如果包装物实际重量超过标准重量或估计重量时,称为包装物超重;反之,腾空的包装物实际重量低于原标准重量或估计重量时,称为包装物减重。

包装物超重,说明库存商品重量不足,发生商品短缺;包装物减重,说明库存商品实际重量多,发生商品溢余。因此,包装物的超重或减重,实质上是商品购进过程中发生的商品短缺或溢余。

发生包装物超重或减重时应由实物负责人填制"包装物超重、减重报告单"(见表 5-3),送交财会部门审查入账。

表 5-3   包装物超重、减重报告单

年　月　日   No

接收日期		凭　证		包装 商品	包装物 名　称	件 数	包装物重量		重 量	包装物超重或减重			备注
月	日	字	号				预计 (千克)	实际 (千克)		商品价格	金额	进销差价	

（一）包装物超重的核算

对于包装物超重造成商品短缺的处理，应按购销合同或协议执行。属于与包装物标准重量不符而发生的商品短缺，应与供货单位联系，要求补货或退款；属于因商品沾粘而发生的商品短缺，以增加营业费用处理。

【例5-5】　某商店从外地购入副食品1 000千克，每千克进价为4元，每千克售价为5元。验收时，包装袋每只重0.6千克，共10只，计6千克。腾空后，10只包装袋，共重8千克，超重2千克，造成商品短缺。经查，其超重原因为商品黏附所致。作会计分录如下：

借：销售费用——商品损耗 8
　　商品进销差价 2
　贷：库存商品——副食品组 10

（二）包装物减重的核算

对于包装物减重造成商品溢余的处理，一般以冲减销售费用处理。

【例5-6】　设［例5-5］中包装袋腾空后的10只包装袋共重4千克，减重2千克，造成商品溢余，作会计分录如下：

借：库存商品——副食品组 10
　贷：销售费用——商品损耗 8
　　商品进销差价 2

第三节　零售商品销售的核算

一、零售商品销售的一般业务程序

零售商品销售过程是商品资金转化为货币资金的过程，只有实现商品销售，商品价值才能真正得以实现。

零售商品销售的对象是广大消费者。其销售方式是以门市销售为主，一般为现款交易，具体有两种方式。

（一）直接收款销售方式

直接收款销售是指由营业员直接付货收款的销售方式，即一手钱、一手货。这种销售方式，消费者可在同一地点选购商品、付款和取货，手续简便，交易时间短，服务效率高。但由于营业员既发货又收款，容易发生差错。一般适宜用于品种简单、价格划一，成包成件的，如大量的日用商品销售。

（二）集中收款销售方式

集中收款销售方式是在消费者选好商品后，由营业员填制销货凭证，收银员集中收款,营业员再按收款凭证发货的销售方式。采用这种销售方式,营业员负责发货,收银员负责收款,钱货分开,责任明确,不易发生差错;但由于开票、交款、取货分处两地,顾客往返比较麻烦,且影响商品销售速度。

以上两种方式,企业可根据具体条件,从有利于企业内部管理、方便顾客、提高工作效率出发选用。如超级市场销售的商品,出门时由收款员用收银机集中收款,手续简便,工作效率高。

不论采用什么销售方式,都必须加强销货款的管理制度。企业每日销货收入数,必须当天送交财会部门或直接送存银行,销售额大、收入款多的企业,可分次送存银行。每日营业终了,由实物负责人或收银员根据本人销货款收入,填制"内部交款单"和"商品进销存报告表",连同当天"商品验收单"和其他有关凭证,一并交财会部门作为记账依据。

财会部门在收到实物负责人"内部交款单"和"商品进销存报告表"后,根据有关凭证进行审核,并据以编制记账凭证。

二、零售商品销售的账务处理

零售商品销售的核算业务是通过"主营业务收入""主营业务成本""商品进销差价"账户进行核算的。在实行售价金额核算情况下,"库存商品"账户按零售价(含税)登记,其售价与进价的差额及销项税在"商品进销差价"账户中反映。因此,当已销商品在"库存商品"账户中转销后,理应同时转销这部分已销商品的进销差价,从而求得商品销售成本。但由于逐笔计算已销商品的进销差价,工作过于繁琐。所以,在实际工作中,一般的是在月末一次计算转账。在平时为了反映各实物负责人的库存商品收、付、存情况,在商品销售后,从"库存商品"账户上注销已销商品时,直接按零售价(含税)转入"主营业务成本"账户。这样处理的结果,通常使"主营业务收入"账户和"主营业务成本"账户平时的数额相等,到一定时期(一般是月末),再通过一定的计算方法算出全月已销售商品实现的进销差价后,一次转销"商品进销差价"账户和"主营业务成本"账户。经过调整后,"主营业务成本"账户所反映的是销售商品的进价成本。

【例5-7】 某商厦各营业组本日销货款计(含税):百货组 7 910 元,针织组9 040 元,服装组 5 650 元,收入现金由收银员全部送存银行,取得银行收款单,作会计分录如下:

借:库存现金		22 600
贷:主营业务收入——百货组		7 910
——针织组		9 040
——服装组		5 650
借:银行存款		22 600
贷:库存现金		22 600

如果是营业组直接将销货款送存银行,以银行存款收款单报账时,可以不通过"库存现金"账户,直接记入"银行存款"账户。

同时,按售价(含税)注销库存商品,结转商品销售成本。

借:主营业务成本　　　　　　　　　　　　　　　　　　　22 600
　　贷:库存商品——百货组　　　　　　　　　　　　　　　　　7 910
　　　　　　　　——针织组　　　　　　　　　　　　　　　　9 040
　　　　　　　　——服装组　　　　　　　　　　　　　　　　5 650

月终调整已销商品增值税销项税额。

(1)计算应交增值税(销项税额)。其计算公式如下:

$$\frac{\text{应交增值税}}{\text{(销项税额)}}=\frac{\text{月内销售收入发生额}}{1+13\%}\times 13\%$$

如以上项数字代入:

$$\frac{\text{应交增值税}}{\text{(销项税额)}}=\frac{22\,600}{1+13\%}\times 13\%=20\,000\times 13\%=2\,600(\text{元})$$

(2)调整账务将销项税额从销售收入中分解出来。作会计分录如下:

借:主营业务收入　　　　　　　　　　　　　　　　　　　2 600
　　贷:应交税费——应交增值税(销项税额)　　　　　　　　2 600

三、已销商品进销差价的计算

实行售价金额核算的企业,正确计算已销商品进销差价,对于正确计算库存商品的真实价值和计算企业经营成果具有十分重要的意义。因此,企业应按照本单位实际情况和核算要求,选择适当的计算方法。

已销商品进销差价的计算方法有综合差价率计算法、分类(组)差价率计算法和实际差价率计算法三种。

(一)综合差价率计算法

综合差价率计算法是根据企业经营的全部商品存、销比例,平均分摊进销差价的一种方法。其具体计算步骤是:

(1)计算综合平均差价率。用月末调整前"商品进销差价"账户的余额除以本月已销售的商品总额加"库存商品"账户月末余额之和,其计算公式如下:

$$\frac{\text{综合差价}}{\text{率(含税)}}=\frac{\text{期末分摊前"商品进销差价"账户余额}}{\left(\begin{array}{l}\text{期末"库存商}\\\text{品"账户余额}\end{array}+\begin{array}{l}\text{期末"委托代销}\\\text{商品"账户余额}\end{array}+\begin{array}{l}\text{期末"发出商}\\\text{品"账户余额}\end{array}+\begin{array}{l}\text{本期"主营业务收入"}\\\text{账户贷方发生额}\end{array}\right)}\times 100\%$$

(2)计算已销商品进销差价。用综合差价率乘本期已销售的商品总额,其计算公式如下:

$$\text{本期销售商品应分摊} \atop \text{的进销差价(含税)} = \text{本期"主营业务收入"} \atop \text{账户贷方发生额} \times \text{综合商品} \atop \text{进销差价率}$$

(3) 根据计算出来的已销商品应分摊的进销差价作会计处理：

借：商品进销差价　　　　　　　　　　　　　　　　×××
　　贷：主营业务成本　　　　　　　　　　　　　　　×××

由于商品进销差价中包含有增值税，在分摊结转商品销售成本后，企业平时结转的含税的售价成本就被调整为不含税的实际成本，仍然是传统的售价成本核算方法，并符合增值税的核算要求。

在正常情况下，本月已销商品总额按"主营业务收入"账户贷方发生额计算，但如企业有商品转批、折价销售等情况，因其价格不同，应以"主营业务成本"账户的借方发生额计算。

企业的商品进销差价各月之间如果比较平衡，也可采用上月的差价率计算。但为了真实地反映库存商品和销售商品的进销差价，正确核算盈亏，年末对商品进销差价进行一次核实调整。

【例5-8】　某企业本月末有关零售商品进销差价计算分摊资料见表5-4。

表5-4　　　　　　　　　**商品进销差价计算分摊资料表**　　　　　　单位：元

营业组	期末分摊前"商品进销差价"账户余额	期末"库存商品"账户余额	本期"主营业务收入"账户贷方发生额
百　货	36 000	84 000	156 000
文　具	46 800	126 000	234 000
针　织	137 700	480 000	540 000
服　装	174 750	524 250	640 750
合　计	395 250	1 214 250	1 570 750

按上列资料计算该企业本期已销商品进销差价。

$$\text{综合商品进销} \atop \text{差价率(含税)} = \frac{395\ 250}{1\ 214\ 250 + 1\ 570\ 750} \times 100\% = 14.19\%$$

已销商品进销差价 = 1 570 750 × 14.19% = 222 889.42(元)

用综合差价率计算法计算简便，但不适宜经营品种繁多的企业。因为各种商品的进销差价不一，每期各种商品销售比重又不尽相同，容易出现偏高或偏低的情况，影响商品销售毛利及库存商品价值的正确性。特别是一些价格上下浮动商品，更不适用。

（二）分类（组）差价率计算法

分类差价率计算法是根据企业的各类（组）商品存销比例，平均分摊进销差价的一种方法。计算方法与综合差价率计算法基本相同,只是计算的范围已缩小,各类(组)的差价率计算出来以后加以汇总,即形成企业全部商品的进销差价。

【例5-9】　仍以[例5-8]资料,各组已销商品进销差价计算见表5-5。

表5-5　　　　　　　　　　已销商品进销差价计算表　　　　　　　　　单位:元

营业组	期末分摊前"商品进销差价"账户余额	期末"库存商品"账户余额	本期"主营业务收入"账户贷方发生额	商品进销差价率	已销商品进销差价	库存商品进销差价
(1)	(2)	(3)	(4)	$(5)=\dfrac{(2)}{(3)+(4)}\times 100\%$	$(6)=(4)\times(5)$	$(7)=(2)-(6)$
百货	36 000	84 000	156 000	15%	23 400.00	12 600.00
文具	46 800	126 000	234 000	13%	30 420.00	16 380.00
针织	137 700	480 000	540 000	13.5%	72 900.00	64 800.00
服装	174 750	524 250	640 750	15%	96 112.50	78 637.50
合计	395 250	1 214 250	1 570 750		222 832.50	172 417.50

(三) 盘存差价计算法

盘存差价计算法又称实际差价计算法,是通过实际盘点,求得已销商品进销差价的一种方法。其计算程序为:

(1)月末,通过库存商品实地盘点,得出各种商品实际盘存数量,分别乘以最后各种商品的原进价或最后进价,求得全部商品的进价总额。

(2)按零售价计算各种商品的售价总金额。

(3)用全部库存商品的售价减去全部商品的进价,得出库存商品的进销差价。

(4)用"商品进销差价"账户月末余额减去库存商品进销差价,得出已销商品进销差价。

其计算公式如下:

$$\begin{array}{l}\text{期末库存商品应}\\\text{保留的进销差价}\end{array}=\begin{array}{l}\text{期末库存商品}\\\text{售价总金额}\end{array}-\begin{array}{l}\text{期末库存商品}\\\text{进价总金额}\end{array}$$

$$\begin{array}{l}\text{已销商品}\\\text{进销差价}\end{array}=\begin{array}{l}\text{期末调整前"商品进}\\\text{销差价"账户余额}\end{array}-\begin{array}{l}\text{期末库存商品应}\\\text{保留的进销差价}\end{array}$$

【例5-10】　某商店百货组期末商品盘点情况及进、销价格资料见表5-6。

表 5-6　　　　　　　　　商品盘存及进销价格计算表

百货组　　　　　　　　　　201×年×月×日　　　　　　　　　　单位:元

商品品种	单位	盘存数量	零售价(含税)		购进价		库存商品进销差价(含税)	
			单价	金额	单价	金额	单价	金额
(1)	(2)	(3)	(4)	(5)=(3)×(4)	(6)	(7)=(3)×(6)	(8)	(9)=(5)−(7)
甲	盒	300	28	8 400	24	7 200	4	1 200
乙	包	200	25	5 000	21	4 200	4	800
丙	条	400	20	8 000	17	6 800	3	1 200
丁	把	100	15	1 500	12	1 200	3	300
				22 900		19 400		3 500

查期末分摊前"商品进销差价"账户余额为 7 000 元。

已销商品进销差价=7 000−3 500=3 500(元)

盘存差价计算法计算结果比较准确,因为它不受已销商品中各种不同差价率和所占销售比重的影响;但工作量较大,要对全部经营品种逐一进行实际盘点、计价,一般在年度终了,对全年进销差价进行核实时使用。

四、已销商品进销差价的结转

已销商品进销差价计算出来以后,要在有关账户中进行调整,以正确核算财务成果。其结转方法有蓝字转销法和红字冲减法两种:

(1)蓝字转销法,即用蓝字转销"商品进销差价"账户和冲减"主营业务成本"账户,作会计分录如下:

借:商品进销差价　　　　　　　　　　　　　　　　　　　　　　　×××
　　贷:主营业务成本　　　　　　　　　　　　　　　　　　　　　　×××

(2)红字冲减法,即用红字冲减"商品进销差价"和"商品销售成本"账户,作会计分录如下:

借:主营业务成本　　　　　　　　　　　　　　　　　　　　　　　×××

　　贷:商品进销差价　　　　　　　　　　　　　　　　　　　　　　×××

不论采用何种方法计算和结转已销商品进销差价,都必须在月末财会部门计算毛利率时,将当期含税的商品进销差价调整为不含税的商品进销差价。其计算公式如下:

含税的商品　＿　当期应交的　＿　当期不含税的
进 销 差 价　　　销 项 税 额　　商品进销差价

第四节　零售商品储存的核算

商业企业为保持商品流转的正常进行,保证市场供应,必须保持一定数量的合理的商品储备。商品储备量的合理与否,直接影响到市场安排和资金的使用效果,因此要加强零售商品储存的核算,随时掌握商品储存情况,更好地满足消费需要。

一、商品盘点溢余、短缺的核算

零售商品在按售价金额核算的条件下,一般没有数量记载。通过对商品库存的盘点,使"库存商品"账户所反映的售价金额能够正确控制实存数量。零售商品在销售和储存过程中,由于商品性质不同以及经营管理方面等主客观因素,往往使商品的实存数量与账面数量发生差异,出现溢余或短缺的情况。

（一）商品盘点溢余的核算

商品盘点溢余是指商品盘存金额大于账面结存金额的差额。造成溢余的原因是多方面的,包括商品自然升溢和多收、少付的差错等因素。在未查明原因以前,为使账货相符,先调整账面,按溢余商品售价金额记入"库存商品"账户,同时按进销差价金额,记入"待处理财产损溢"和"商品进销差价"账户。俟查明原因后进行处理,再从"待处理财产损溢"账户转入有关账户。

【例5-11】　某企业月末盘点,××实物负责小组实际库存金额大于账面结存金额240元,按上月末分类差价率14%计算,进销差价金额为33.60元,原因待查,作会计分录如下:

借:库存商品——××实物小组　　　　　　　　　　　　　　　240.00
　　贷:待处理财产损溢——××实物小组　　　　　　　　　　　　206.40
　　　　商品进销差价　　　　　　　　　　　　　　　　　　　　 33.60

经查明原因,系商品自然升溢,经批准作销售费用处理,作会计分录如下:

借:待处理财产损溢——××实物小组　　　　　　　　　　　　206.40
　　贷:销售费用　　　　　　　　　　　　　　　　　　　　　　206.40

（二）商品盘点短缺的核算

商品盘点短缺是指商品盘存金额小于账面结存金额的差额。造成短缺的原因也是多方面的,包括商品自然损耗、少收、多付的差错,以及贪污、盗窃等因素。在未查明原因以前,为使账货相符,先调整账面,按短缺商品售价记入"库存商品"账户,同时按上月末进销差价率计算短缺商品的进价和进项税额,以及进销差价金额,分别记入"应交税费——应交增值税(进项税额)""待处理财产损溢""商品进销差价"账户。俟查明原因后,再从"待处理财产损溢"账户转入有关账户。

【例5-12】　某企业期末盘点,××实物负责小组实际库存商品金额小于账面结存金额 180 元,按上期期末商品进销差价率 15％计算,进项税税率为 13％,进销差价金额为 27 元,原因待查,作会计分录如下:

借:待处理财产损溢——××实物小组 176.40
　　商品进销差价 27.00
　　贷:库存商品——××实物小组 180.00
　　　　应交税费——应交增值税(进项税额) 23.40

在实际工作中,为简化核算手续,对商品盘点中发生的溢余和短缺,在未查明原因前,也可先按售价金额转入"待处理财产损溢"账户;待查明原因后处理时,再调整"商品进销差价"账户。

上项短缺商品经查明属于自然损耗,经批准作增加管理费用支出处理。

借:管理费用——商品损耗 176.40
　　贷:待处理财产损溢——××实物小组 176.40

如果上项短缺商品原因属于自然灾害造成的损失,应将扣除残料价值和保险公司赔款后的净损失作"营业外支出——非常损失"处理。

二、商品调价和削价的核算

(一)商品调价的核算

商业企业根据有关政策、市场情况,有时对某些商品进行适当的调价。零售商品按售价核算,商品销售价格的变动直接影响库存商品的金额。因此,对于因调价而增值或减值的金额要在"库存商品"账户中作增减记录。商品调价时,由物价管理部门根据实际库存数量计算调整金额,填制一式数联的"调价商品差价调整单",分送有关部门。财会部门接到调价单,经审核无误后,作会计分录如下:

(1)调高销售价时,按调增的差价总额。

借:库存商品——××实物负责小组 ×××
　　贷:商品进销差价 ×××

(2)调低销售价时,按调减差价总额。

借:商品进销差价 ×××
　　贷:库存商品——××实物负责小组 ×××

(二)商品削价的核算

商业零售企业由于在运输、保管过程中管理不善发生商品残损变质,或因进货不对路、存量过多等原因造成库存商品冷背呆滞需要进行削价处理。商品削价处理时,必须进行商品盘点,查明数量,确定削价幅度,并由实物负责人填制"商品削价报告单"一式数联,按规定审批权限经批准后作账务处理。

企业对削价商品的处理与批发商品基本相同,所不同的是:削价后的新售价高于可变现净值的,其降低部分以减少"商品进销差价"及"库存商品"处理;削价后的新售价低于可变现净值的,除将原商品进销差价冲减外,其新售价低于原进价部分由"存货跌价准备"弥补。

【例 5-13】 某商店削价处理羊毛衫 100 件,原进价每件 80 元,原售价 113 元(含增值税,税率为 13%),现因式样过时、存量过多,削价为 67.80 元,月末计提存货跌价准备。

羊毛衫可变现净值为削价后的不含税售价:

$$67.80 \times 100 \div (1 + 13\%) = 6\,000(元)$$

羊毛衫可变现净值低于成本的差额为:

$$80 \times 100 - 6\,000 = 2\,000(元)$$

作会计分录如下:

(1) 羊毛衫削价后低于原售价为:

$$(113 - 67.80) \times 100 = 4\,520(元)$$

借:商品进销差价——羊毛衫　　　　　　　　　　　　　　　　4 520
　　贷:库存商品——羊毛衫　　　　　　　　　　　　　　　　　　4 520

(2) 根据羊毛衫削价后可变现净值低于成本的差额计提跌价准备:

借:资产减值损失　　　　　　　　　　　　　　　　　　　　　2 000
　　贷:存货跌价准备　　　　　　　　　　　　　　　　　　　　　2 000

(3) 销售削价羊毛衫 100 件,收入现金 6 000 元,同时结转商品销售成本:

借:库存现金　　　　　　　　　　　　　　　　　　　　　　　6 000
　　贷:主营业务收入　　　　　　　　　　　　　　　　　　　　　6 000

借:主营业务成本　　　　　　　　　　　　　　　　　　　　　6 000
　　贷:库存商品　　　　　　　　　　　　　　　　　　　　　　　6 000

三、商品内部调拨的核算

商品内部调拨是指企业所属不独立核算单位的营业组、门市部之间调剂余缺而进行的商品调拨。调拨商品时,一般由调出单位填制一式数联"商品内部调拨单",作为调拨双方办理商品交接、转账之用。财会部门接到商品调拨单及时调整账面记录,作会计分录如下:

借:库存商品——××实物负责小组(调入方)　　　　　　　×××
　　贷:库存商品——××实物负责小组(调出方)　　　　　　　×××
借:商品进销差价——××实物负责小组(调出方)　　　　　×××
　　贷:商品进销差价——××实物负责小组(调入方)　　　　　×××

内部商品调拨,只是在企业内部各营业组之间的转移,因此,"库存商品"总分类账户余额不变,只是在"库存商品"明细账中进行调整。"商品进销差价"账户如果未按实物负责小组进行明细分类核算,也可不必进行调整。

四、零售商品储存的明细分类核算

零售商品在采用售价金额核算条件下,商品明细账是按实物负责小组(人)分户的,只记售价金额,不记数量。商品明细账通常采用的有三栏式、多栏式(见表5-7至表5-10),也可以营业组报送的"商品进销存报告单"代账(见表5-11)。

表5-7　　　　　　　　　　　库存商品明细账

户名:××实物负责小组

年		摘　要	购　进	销　售	结　存	进销差价
月	日					

表5-8　　　　　　　　　　　库存商品明细账

户名:××实物负责小组

年		组　别	昨日结存	本日进货	增值	调入	本日销售	减值	调出	本日结存	销售累计
月	日										

表5-9　　　　　　　　　库存商品和进销差价明细账

××实物负责小组　　　　　　　　商品大类

年		品名规格	摘　要	库 存 商 品							进销差价		
				增 加			减 少			余额	增加	减少	余额
月	日			购进	其他	合计	销售	其他	合计				

表 5-10　　　　　　　　　　零售商品数量账　　　　　编号：

货号		类别：		月	日	销售价格
品名		单位：				
规格						

年		增　加		减　少		结　　存		
月	日	购　进	其　他	销　售	其　他	数　量	金　额	存放地点

表 5-11　　　　　　　　　　进销差价明细账

年		组别	昨日库存	进货	增值	调入	减值	调出	本日实现	本日结存
月	日									

对于特种商品和贵重商品，可设置分组商品数量账，商品数量账应每天结出结存数量，与实物核对相符。

第五节　鲜活商品的核算

商业企业经营零售商品中有一部分属于农副业生产的鲜活商品，包括蔬菜、瓜果、肉类、禽蛋、鱼虾等。在经营上，鲜活商品具有以下一些特点：

（1）商品时新鲜嫩，容易变质，损耗大。

（2）经营过程中，经常发生质量等级变化，需要及时清选整理，数量和售价变动频繁。

（3）季节性较强，一般大批进货，零星出售，逢节假日，购买力集中，需要组织人力，加强各环节之间协作，给实行售价记账实物负责制带来一定的困难。

因此，为简化手续，便利销售，节约人力、物力，适应鲜活商品的特点，一般采用"进价记账、盘存计销"和"进价记账，售价控制"的进价金额核算方法。

一、进价记账，盘存计销核算的主要内容

（1）"库存商品"账户的总分类账和明细分类账（按商品大类或营业组设置）只记金额、不记数量。如营业上需要掌握数量的商品，可设置备查簿。

（2）商品购进时，按进价记入"库存商品"账户。对于在购进过程中，发生的正常溢余或损耗，一般以增减商品损耗处理，列入"销售费用"账户。

（3）每天发生的商品销货收入，按销售金额记入"主营业务收入"账户。在销售过程中发生的一般损耗、等级变化及售价调整等，财会部门不作账务处理。如发生事故损失，应及时查明原因，分清责任，按规定及时处理。

（4）月末采用以存计销方法计算已销商品进价时，首先实地盘点库存商品，按原进价或最后一次进价计算出库存商品进价总金额，再倒轧销售成本。其计算公式如下：

$$
\begin{matrix} \text{本期商品} \\ \text{销售成本} \end{matrix} = \begin{matrix} \text{期初库} \\ \text{存商品} \end{matrix} + \begin{matrix} \text{本期进} \\ \text{货总额} \end{matrix} - \begin{matrix} \text{期末库存商} \\ \text{品进价总额} \end{matrix}
$$

【例 5-14】 某副食品商店，禽蛋组期初库存商品 3 000 元，本期购进总额 100 000 元。本期销售收入总额 135 600 元（增值税销项税税率为 13％），期末库存商品为 5 000 元。

（1）期内平时进货时，按进价作会计分录如下：

```
借：在途物资——禽蛋组                                    100 000
    应交税费——应交增值税（进项税额）                      13 000
    贷：银行存款                                              113 000
借：库存商品——禽蛋组                                    100 000
    贷：在途物资——禽蛋组                                    100 000
```

（2）平时销货时，按售价作会计分录如下：

```
借：银行存款                                            135 600
    贷：主营业务收入                                         120 000
        应交税费——应交增值税（销项税额）                     15 600
```

（3）月末一次计算，结转商品销售进价成本，作会计分录如下：

本期商品销售成本＝3 000＋100 000－5 000＝98 000（元）

```
借：主营业务成本                                         98 000
    贷：库存商品——禽蛋组                                     98 000
```

企业为及时了解库存及经营情况，也可以按旬按月结转商品销售成本。

采用"进价记账、盘存计销"的核算方法，可以简化核算手续，节约人力、物力，但这种核算方法，手续不够严密，平时不能掌握商品库存情况，对商品损耗和差错事故不能控制，发生了差错事故，性质也难以确定。因此，采用"进价记账、盘存计销"的核算方法，必须加强各个环节的手续制度，相互牵制。

二、进价记账、售价控制

为了弥补"进价记账、盘存计销"进价金额核算的不足,加强鲜活商品的核算与管理,可以在采用"进价记账、盘存计销"方法的同时,辅之以售价控制。其主要内容为:

（1）财会部门仍采用进价金额记账,月末倒轧成本,但对各实物小组实行售价控制。

（2）购进鲜活商品,由业务部门填制"商品内部调拨单"按售价拨给营业柜组实物负责人直接验收。

（3）商品销售后,按实收金额列入商品销售收入。

（4）每日营业终了,各营业柜组进行商品盘点,计算出本日应销金额。计算公式如下:

$$\text{本日应}\atop\text{销金额} = \left(\text{昨日库}\atop\text{存数量} + \text{本日进}\atop\text{货数量} - \text{本日存}\atop\text{货数量}\right) \times \text{销货零售}\atop\text{单价(含税)}$$

（5）将应销金额与实销金额进行核对,如有不符,应及时查明原因。

（6）按上述（4）的计算公式,计算出已销商品的进价,并算出当日的已销商品成本和毛利,填制"鲜活商品核算日报表"（见表5-12）,以考核经营成果。

表5-12　　　　　　　　鲜活商品核算日报表

填制单位:　　　　　　　年　　月　　日

品名规格	摘　要	昨日存货		本日供货		本日存货		本日应销			备注
		数量	金额	数量	金额	数量	金额	数量	售价	金额	
合计											

销售记录	本日应销	本日实销	本日溢余	本日损耗	销售成本	销售毛利	毛利率

上述进价金额核算方法适用于一般鲜活商品,对一些质量较为稳定、等级变化不大而又无须随时调整售价的,也可采用售价金额核算。

第六节　出租业务的核算

商业零售企业为了方便群众,以卖带租开展商品出租业务。如照相机、录像机、录像带、自行车、雨具等。

出租商品要与销售商品分别核算。设"库存商品——出租商品"专户进行核算,并按出租商品的品名、规格设置明细分类账或备查簿,以反映出租及收回情况。出租商品应按进价入账。

为加强出租商品的管理,商品出租时,应向租户收取押金,商品收回时退还押金。押金的收取或退还,通过"其他应付款"账户处理。所收取的租金在"其他业务收入"账户核算,所发生的出租商品的摊销、修理、废弃等业务在"其他业务成本"账户核算。

"其他业务收入"账户和"其他业务成本"账户都是损益类账户,用来核算企业确认的除主营业务以外的其他经营活动实现的其他业务收入和与此相关的成本、费用和税金及附加等支出。

【例 5-15】 某商品从库存商品中拨出录像带 100 盘,每盘进价为 48 元,售价为 70 元,该商店采用售价金额核算。

(1) 根据内部商品调拨单,作会计分录如下:

借:库存商品——出租商品——录像带 4 800
　　商品进销差价 2 200
　　贷:库存商品——录像带 7 000

(2) 月内收到出租商品租金 3 000 元,作会计分录如下:

借:库存现金(或银行存款) 3 000
　　贷:其他业务收入 3 000

(3) 月末进行摊销(设在 1 年内摊销,每月摊销 400 元),并计算增值税(税率为 5%),作会计分录如下:

借:其他业务成本 400
　　贷:库存商品——出租商品——出租商品摊销 400
借:税金及附加 150
　　贷:应交税费——应交增值税 150

(4) 本月有 10 盘录像带已不复使用,报废处理。已摊销 400 元,作会计分录如下:

借:库存产品——出租商品——出租商品摊销 400
　　其他业务成本 80
　　贷:库存商品——出租商品——录像带 480

(5) 出租时收取押金,作会计分录如下:

借:库存现金(或银行存款) ×××
　　贷:其他应付款 ×××

(6) 收回出租商品退还押金,作会计分录如下:

借:其他应付款　　　　　　　　　　　　　　　×××
　　贷:库存现金(或银行存款)　　　　　　　　　　　×××

思　考　题

1. 零售商品核算的内容是什么?

2. 试述商品购进的账户设置及其核算方法。

3. 购进商品发生溢余和短缺情况如何核算?

4. 零售商品企业销售收入的收款方式有哪些? 各有何优缺点?

5. 已销商品进销差价有几种计算方法? 如何对其进行计算? 试说明这些方法的适用范围和优缺点。

6. 对商品盘点发生的溢余或短缺应怎样核算?

7. 商品调价和削价应怎样核算?

8. 零售商品在采用售价金额核算条件下明细账是如何设置的?

9. 鲜活商品的特点是什么? 其核算方法有几种? 不同的鲜活商品分别是怎样计算的?

10. 出租商品与销售商品有何不同? 其应通过哪些账户进行核算?

习　　题

1. 目的　练习零售商品购进的核算。

资料　某零售企业 201×年 10 月发生下列购进业务:

(1) 2 日,向市内百货批发公司购进小百货一批,计货款 1 040 元,增值税额为 135.20 元,商品由百货组验收,零售价为 1 356 元(含税),货款以转账支票支付。

(2) 3 日,向市内文具批发公司购进练习簿 10 000 册,进价为每册 1 元,增值税额为 1 300 元,售价为每册 1.4 元(含税),商品由文具组验收,货款以转账支票支付。

(3) 4 日,向天津百货批发公司购进有机纽扣 14 000 个,进价为每百个 8.40 元,增值税额为 152.88 元,售价每百个 12 元(含税),货款未付,商品验收入库。

(4) 5 日,银行转来天津百货批发公司托收结算凭证,计货款价税合计 1 328.88 元,运费为 58 元,经审核无误,通知银行付款。

(5) 8 日,向市内土产批发公司购进瓷杯 100 个,每个进价为 12 元,增值税进项税税率为 13%,售价为 19.5 元(含税),货款以转账支票付清,商品未到。

(6) 10 日,上述瓷杯已到,验收后发现破损 1 个,经调查,此批瓷杯系我方在运输途中损耗,应由我方负担,以商品损耗处理,其余 99 个验收入库。

(7) 12 日,发现 2 日向百货批发公司购进的一批小百货,进价开错,多收货款 60 元。经联系,补来红字发票及销货更正单及转账支票一张,退回多收货款,当即送存银行。

(8) 15 日,向本市某食品厂购进糕点一批,进价为 1 600 元,增值税税率为 13%,售价 2 147 元(含税),货款以转账支票付讫,商品由食品组验收。其中,饼干自然升溢 1 千克(每千克进价为 8.40 元,每千克售价为 10.70 元)。

(9) 17 日,向广州小商品批发公司购进玩具一批,进价计 5 860 元,增值税额为 761.80 元,商品已到。由百货组玩具柜验收,发现其中小汽车短缺 10 辆,每辆进价为 2.94 元,售价为 4.10 元(均含税),原因待查,其余商品验收入库,实收商品售价为 8 910 元(含税),货款已于上月付清。

(10) 21 日,收到广州小商品批发公司销货更正单及货款 34.40 元,系更正上述小汽车少发款,款已汇入银行。

要求 编制会计分录。

2. 目的 练习零售商品销售的核算。

资料 某百货商品 201×年 10 月发生下列部分经济业务:

(1) 3 日,各营业组销售收入(含税)如下:

百货组	3 040.40 元
针织组	2 260.60 元
纺织组	1 380.80 元
服装组	2 720.20 元

所收现金全部送存银行。

(2) 5 日,各营业组销售收入(含税)如下(现金全部送存银行):

	营业收入
百货组	3 473.30
针织组	2 166.70
纺织组	2 311.20
服装组	1 374.60

(3) 28 日,售给上海某工厂百货一批计 1 220.80 元(含税),货款未收。

(4) 31 日,本月百货组共发生溢款 10.50 元,针织组发生缺款 3.78 元,服装组发生溢款 5.65 元,纺织组发生缺款 8.25 元,经领导批准,分别作财产损益处理。

要求 编制会计分录。

3. 目的 练习零售商店已销商品进销差价的计算和结转。

资料 见表 5-13。

表 5-13 **商品进销资料表**

单位：元

营业组	月末调整前进销差价账户余额	月末库存商品账户余额	本月零售商品销售额	进销差价率	已销商品进销差价	库存商品应保留进销差价
百货组	3 600	8 400	15 600			
针织组	4 680	12 600	23 400			
纺织组	7 920	31 000	41 000			
服装组	8 640	12 000	32 000			
文具组	1 680	3 600	8 400			
商店合计						

要求

(1) 计算分组和综合差价率，已销商品进销差价和库存商品进销差价，填入表中有关栏次。

(2) 编制结转已销商品进销差价的会计分录。

4. 目的 练习零售商品储存的核算。

资料 某综合商店 201×年 11 月有关经济业务如下：

(1) 3 日，针织组库存床单 30 条泛黄变质，经批准削价处理，每条原进价为 13.20 元，原售价为 15.00 元，其中 10 条按九折处理，20 条按八折处理，削价后低于原进价部分金额，以商品削价准备弥补削价损失。

(2) 10 日，食品组有一批罐头超过保质期，经批准作削价处理，原售价为 3 120 元，削价总金额为 912 元。上月该组综合进销差价率为 16%，用商品削价准备弥补削价损失。

(3) 15 日，接上级调价通知，吸尘器由原售价每台 298 元调整为 265 元。差价由商店负担，经盘点，家电组尚有库存 8 台，调整账面处理。

(4) 24 日，百货组调拨给早晚门市部白丽香皂 100 块，单价为进价 0.65 元，售价 0.80 元，调整账面处理。

(5) 30 日，月末各组盘点情况如下：

食品组短缺 30 元（上月综合进销差价率为 19%）；

百货组短缺 5.50 元（上月综合进销差价率为 15%）；

针织组长余 24.60 元（上月综合进销差价率为 13%）。

经查明，食品组与百货组的短缺系商品损耗，针织组的长余原因不明，需进一步调查。

要求 编制会计分录。

5. 目的 练习零售商品进销存核算。

资料 某商店 201×年 3 月份内发生部分购销业务如下(下列各题零售价含税,购进价另计增值税):

(1) 本月向甲批发公司购入百货商品,计进价 215 000 元,零售价 299 170 元,向乙批发公司购入服装一批,计进价 168 000 元,零售价 218 040 元,皆以银行存款支付货款,商品由各营业组验收入库。

(2) 百货组商品削价,计搪瓷烧锅 64 只,原零售价为 8.60 元,调整为 6.40 元;搪瓷面盆 88 只,原零售价为 6.40 元,调整为 4.50 元,予以转账。

(3) 归还上月应付甲批发公司货款 13 600 元;应付乙批发公司货款 2 630 元。

(4) 本月百货组销货收入 140 400 元,其中现金收入 136 400 元,应收账款(丙工厂)4 000 元,服装组销货收入现金 115 830 元,现金全部送存银行,同时结转商品销售成本。

(5) 本月购进的商品不合质量要求,经有关批发部门同意,作进货退出处理。计百货组向甲批发公司购入的商品 520 元(零售价为 684 元);服装组向乙批发公司购入的商品 336 元(零售价为 476 元),款已收到,存入银行。

(6) 收到丙工厂支票一张归还前欠货款 4 000 元,解入银行。

(7) 月末,根据本月商品销售收入(含税),计算已销商品的销项增值税,予以转账。

(8) 设该商店月初百货、服装两组均无商品库存,用(1)(2)(4)(5)题中资料,计算本月已销商品进销差价。

要求 编制会计分录。

6. 目的 练习鲜活商品进价金额核算。

资料 某菜场水产组 201×年 4 月初"库存商品"账户余额为 45 065 元。该菜场 4 月份发生下列经济业务(购入价和销售价均不含税,增值税税率为 13%):

(1) 本月共购入鲜带鱼 13 000 千克,每千克进价为 8 元,均验收无误,货款以银行存款支付。

(2) 本月购入鲜虾 5 000 千克,每千克进价为 12.50 元,验收无误,货款以商业汇票支付。

(3) 本月销售收入 337 922.32 元,均当日送存银行。

(4) 由水产经营部先后购入各种咸鱼 3 000 千克,每千克进价为 13.50 元,已验收无误,货款以银行存款支付。

(5) 由甲菜场调入海蜇 100 千克,每千克进价为 15.10 元,验收无误,货款以转账支票支付。

（6）供应给光明厂食堂鲜鱼一批,计销售款5 601.96元,货款尚未收到。

（7）月末盘点库存,计咸鱼1 250千克,鲜带鱼1 560千克,海蜇15千克,计算和结转已销商品成本。

（8）计算应交增值税销项税额,予以转账。同时扣减进项税额后,用银行存款支付。

要求

（1）编制会计分录。

（2）计算已销商品成本。

（3）计算毛利和毛利率。

7. 目的　练习出租业务的核算。

资料　某零售企业201×年3月发生有关出租业务如下:

（1）由库存商品中拨出照相机20只,交出租业务组作为出租商品,照相机每只进价420元,予以转账。

（2）月内共出租照相机20只,每只收取押金600元,皆存入银行。

（3）企业共有出租照相机20只,每只单价420元,预计使用2年6个月,预计残值30元,摊销应由本月份负担的成本。

（4）以现金支付照相机修理费用50元。

（5）月内客户归还出租照相机15只,共收入租金450元,在应付还押金中扣除后,余款以现金付还客户。

要求　编制会计分录。

第 六 章

饮食与服务业务

【内容提示】 本章主要阐述饮食业务经营和服务业务经营的核算。在商品流通过程中,除了批发商品和零售商品的经营业务以外还有一些兼零售、服务、生产于一体的饮食业务和为消费者提供劳动的服务业务,这些都是第三产业的重要行业。通过学习,学生应了解饮食和服务业务经营的特点;明确饮食业务的进货、加工、销售等环节上的手续程序和核算要求,掌握饮食品销售价格和原材料的成本计算和核算方法,以及旅店业务的应收制和实收制的账务处理等方面的知识。

第一节　饮食经营业务的核算

在商品流通过程中,商业除批发和零售商品的经营业务以外,还有一些兼零售、服务、生产于一体的饮食经营业务,它是第三产业的重要行业之一。

一、饮食经营业务的特点

饮食业是指从事加工烹制,出售饮食品并提供设备和场所为顾客服务的行业,它包括的范围很广,如饭店、酒馆、西餐馆、小吃店、冷食店、茶馆等。它有着不同于其他商业企业和生产企业的经营特点:

(1) 饮食业既从事饮食品的烹制,同时又将烹制品直接销售给消费者,生产过程与销售过程密切联系。在销售过程中,还为消费者提供消费场所、饮食用具和其他服务。因此,饮食业执行着生产、零售和服务三种职能。

(2) 饮食品品种、规格复杂,数量零星,随加工烹制随销售,生产过程短,从购进原材料投入生产到销售给消费者,一般在当天完成,产品不需作入库管理,资金周转比较快。除了生产用原材料外,其他费用开支很难区分,生产费用和管理费用不易划分,每种产品实际成本很难精确计算出来,因此,对饮食制品的实际成本,只计算原材料成本,不计算单位产品的实际成本。

(3) 饮食业食品的销售价格,大部分是由企业根据配料定额成本和规定的毛利率自行制定的。由于饮食品原材料价格的变动,饮食品价格必然要随之改变,所以饮食品价格不够平稳。

（4）有些饮食业为了更好地方便顾客，除了出售自己加工的饮食品外，也经营一些外购商品，如罐头、酒等。

由于饮食经营业务的特点，在会计核算上与生产、零售也有所不同。

二、原材料的核算

（一）原材料的分类和计价

1. 原材料的分类

饮食制品主要构成要素是原材料。它在产品成本中占有很大的比重。原材料品种繁多，数量零星，收发频繁，有些原材料易腐易变质，因此，要求饮食业原材料要按一定标准进行科学的分类，以便加强管理，降低损耗。饮食业的原材料按其性质和用途可分为三类：第一类是主食类，如大米、面粉、杂粮等；第二类是副食类，如肉、蛋、鱼、海味、蔬菜、干菜等；第三类是调味品类，如油、盐、酱、醋、味精、食糖、香料、料酒等。原材料的管理可分为两类：入库管理和厨房管理。粮、油、贵重的海味、干菜和调味品等应当入库，派专人管理，设置并登记保管账，建立领退料制度。鱼、肉、蔬菜等副食品和一般调味品随时购进，随时交由厨房办理验收和领用手续。

2. 原材料的计价

原材料购进成本，从真实精确的角度说，应包括买价和运杂费。但是，饮食企业的原材料绝大部分是本地自行采购，次数多。每次运费较少，若把运杂费计入原材料成本，会大大增加核算工作量。因此，为了简化核算工作量，规定原材料的购进成本只计算购进价，运杂费作为"销售费用"处理。

（二）原材料的核算方法

1. 原材料购进的核算方法

购进的原材料，按其性质和管理的要求，采用库房管理和厨房管理两种方法。

库房管理（又称入库管理），是对除随购随用的鲜活商品和一般调味品外的主要原材料如粮油价值较高的干菜、干货等进入仓库，由保管人员办理验收、妥善保管的一种方法。

厨房管理（又称不入库管理），是指对新鲜蔬菜及肉、禽、蛋、鱼、虾等随时采购，随时交厨房领用或难以入库的原材料，为了保持鲜活性，同时又便于加工，在购入后直接交由厨房验收、保管、使用和管理的一种方法。不论采用库房管理还是厨房管理，都应建立严格的验收制度。

购进各种原材料时，要严格执行过秤、点数、验质等手续，保证原材料的数量和质量完好，把好验收关。原材料经验收后，填制"原材料验收单"，经有关人员签章后登账。采用厨房管理的，可利用发货单代替"原材料验收单"送财会部门据以记账。

1）原材料购进入库的核算

购进的原材料是以"原材料"账户进行核算的，采用库房管理的原材料除建立领、退料手续制度设专人保管外,还要相应设置原材料明细分类账进行数量、金额核算。

饮食企业原材料进货的付款方式有两种:一种是从当地粮店、超市、副食品商店购进,其货款一般是通过支票结算;另一种是在集市贸易上采购的小额货款,采用备用金方式,采购员支用后凭单报销。

(1) 本地购进。

【例 6-1】 某饭店购进一等大米 2 000 千克,单价 3.60 元,共计 7 200 元(含税,税率为 13%),原材料已验收入库,货款以转账支票付讫,运杂费 150 元,以现金支付。财会部门根据经过仓库验收后的进货发票等有关凭证,经审核无误后,作会计分录如下:

借:原材料——库房原材料——大米	6 371.68
应交税费——应交增值税	828.32
贷:银行存款	7 200.00

同时:

借:销售费用——运杂费	150
贷:库存现金	150

(2) 外地购进。从外地购进原材料,若采用托收结算方式,通常有两种情况:一种是原材料先到,结算凭证后到。在这种情况下,一方面要反映支付货款;另一方面还要反映原材料在途情况,在"原材料"账户设"在途材料"二级账户核算,原材料运到后,再作入库处理。另一种是原材料先到,结算凭证后到。既要反映收到原材料和应付货款情况,又要反映支付进货款情况,在此种情况下,要通过"应付账款"账户进行核算。

【例 6-2】 由外地购进木耳一批,购进价 3 850 元(含税,税率为 13%),运杂费 100 元,共 3 950 元,已全部由银行存款支付,原材料尚未运到。根据有关凭证,作会计分录如下:

承付货款时:

借:原材料——在途材料	3 407.08
应交税费——应交增值税	442.92
销售费用——运杂费	100.00
贷:银行存款	3 950.00

原材料运到入库时:

借:原材料——库房原材料——木耳	3 407.08
贷:原材料——在途材料	3 407.08

同[例6-2]，假设原材料先到，而结算凭证后到，则作会计分录如下：

验收入库时：

借：原材料——库房原材料——木耳　　　　　　　　　3 407.08
　　应交税费——应交增值税　　　　　　　　　　　　442.92
　　销售费用——运杂费　　　　　　　　　　　　　　100.00
　　贷：应付货款——××商店　　　　　　　　　　　　　　3 950.00

承付货款时：

借：应付货款——××商店　　　　　　　　　　　　　3 950
　　贷：银行存款　　　　　　　　　　　　　　　　　　　　3 950

2）原材料购进不入库，直接拨给厨房的核算

在实际工作中有三种做法：其一是不通过"原材料"账户，会计部门根据厨房签章验收的发货票直接借记"主营业务成本"账户，贷记"银行存款"或"库存现金"账户；其二是会计部门根据厨房签章验收的发货票借记"主营业务成本"账户，贷记"银行存款"或"库存现金"账户；其三是购进后通过"原材料"账户再转入"主营业务成本"账户。前两种方法适用于小型饮食业，可以达到简化核算手续的目的；第三种方法，可以完整地反映企业一定时期内原材料实际购进、领用和结存情况。

【例6-3】 某饮食店购进一批鲜鱼，价款为2 500元，货款以转账支票付讫，由水产公司直接送厨房领用。通过"原材料"账户的账务处理如下：

借：原材料——鲜鱼　　　　　　　　　　　　　　　2 212.39
　　应交税费——应交增值税　　　　　　　　　　　　287.61
　　贷：银行存款　　　　　　　　　　　　　　　　　　　2 500.00

同时转销原材料列入成本：

借：主营业务成本　　　　　　　　　　　　　　　　2 212.39
　　贷：原材料——鲜鱼　　　　　　　　　　　　　　　　2 212.39

不通过"原材料"账户的账务处理如下：

借：主营业务成本　　　　　　　　　　　　　　　　2 212.39
　　应交税费——应交增值税　　　　　　　　　　　　287.61
　　贷：银行存款　　　　　　　　　　　　　　　　　　　2 500.00

3）原材料购进溢缺的核算

原材料在购进过程中发生溢余和短缺，在未查明原因前，先转入"待处理财产损溢——原材料"账户，查明原因后属于运输途中的自然升溢和自然损耗以减少和增加销售费用处理；属于运输单位责任由运输单位赔偿，以其他应收款处理；属于供货单位少发，由供货单位补发[具体账务处理参见第四章第一节中"（七）购进商

品溢余和短缺的核算"]。

2. 原材料储存的核算方法

1) 原材料明细分类核算

由于饮食业的原材料品种较多,存量不大,而且收发频繁,易于损耗。一般是采取分主要品种与分大类相结合的方法设立明细账。会计部门在"原材料"总账户下,按大类对主要原材料如粮食等,按品名数量和金额进行核算;对于蔬菜、鲜鱼等按种类分别进行数量、金额核算;对于调味品等按金额核算。仓库部门可设置保管账进行数量核算,定期盘点核实,每月月终至少盘点一次,盘点后应编制"原材料盘存表",作为财会部门核对账目和计算耗用材料成本的依据。对于盘点的最终结果,如发现账实不符的情况,应填制"原材料盘存溢缺报告单"进行分析处理,对于采用盘存计耗结转成本的企业,更须加强盘点。

2) 原材料盘点盈亏的核算

库存原材料盘点盈亏,在未查明原因前,先转入"待处理财产损溢——原材料"账户,查明原因后进行处理。

盘盈的原材料属于自然因素引起的正常升溢,应冲减管理费用。

盘亏的原材料属于因经营管理不善而造成的丢失、毁损,在减去过失人或保险公司赔款和残料价值后计入管理费用;属于自然灾害所造成的损失,在减去保险公司赔款和残料价值后计入营业外支出。

3) 原材料领用、调拨和委托加工的核算

(1) 原材料领用。企业生产用的原材料包括从库房领用和购进直拨厨房使用两种情况。

从仓库领用原材料时,一般实行凭单领料,由领用部门填制"领料单",由主管人员签章后交库房审核并发料,当面验收。领料单一式三联,一联发料后库房留存,据以登记原材料保管账;一联退领料部门,据以登记生产记录;一联由库房每日或定期编制"发料凭证汇总表"一并送交财会部门审核无误后据以入账。

由于原材料分批采购的单位成本不同,发出原材料的成本必须采用适当方法加以计算。一般采用先进先出法、加权平均法等(具体计算方法见第四章)。

为了简化手续,还可采用"凭折领料",即厨房持折向仓库领取原材料。库房发料时,在折子上填写品名、数量,并由领料人盖章。财会部门根据"领料折"的记录入账。

购进的原材料采取厨房管理的,直接交由厨房加工,不经过仓库,因此不需办领料手续。

实行"领料制"的企业对各生产部门领用的原材料,可在"主营业务成本"账户核算。

【例6-4】 某饮食企业厨房凭"领料单"向仓库领用一等大米 200 千克,单价为 3.80 元,计 760 元。领料凭证审核无误,作会计分录如下:

借：主营业务成本　　　　　　　　　　　　　　　　　　　760

　　贷：原材料——大米　　　　　　　　　　　　　　　　　760

（2）原材料内部调拨的核算。饮食企业内部不独立核算单位之间，为了满足生产经营各方面的需要，对原材料进行综合利用，进行互相调剂余缺。企业内部之间的调入、调出，不会影响企业原材料总额，但为了考核每一单位的经营情况及结果，调拨原材料时，应按实际调拨数量和单位成本填制"原材料内部调拨单"或"内部调拨登记卡"，正确反映调拨数量和金额。调出单位应及时填制"内部调拨单"一式数联，分别由调出、调入单位据以办理转账结算手续。

原材料内部调拨，应根据调拨单位的不同情况分别处理。对于实行领料制的企业需要进行账务处理。一方面增加调入单位的领用数量；另一方面减少调出单位领用原材料的数额。未实行领料制的企业，可以只办理调拨手续，而不作账务处理。

调入单位按原材料购进办法处理。调出单位收到货款后，根据"内部调拨单"借记"银行存款"账户，贷记"原材料"账户。

（3）原材料委托加工的核算。饮食企业有时为了生产经营的需要，将原材料委托外单位加工成另一种原材料。委托加工成品，以付出加工原材料的实际成本，加委托加工的加工费和外地运杂费计算成本。此外，还要根据"委托加工原材料收回单"，反映加工完成收回产品验收入库或直接拨付厨房使用或直接拨给门市部对外销售的情况。

原材料加工在"委托加工物资"账户核算。

【例6-5】　某饭店发出委托加工原材料一批，计2 000元，以银行存款支付加工费200元。收回加工原材料一半直接拨付厨房使用，一半验收入库，作会计分录如下：

发出原材料时：

　　借：委托加工物资　　　　　　　　　　　　　　　　　2 000

　　　贷：原材料　　　　　　　　　　　　　　　　　　　2 000

支付加工费用时：

　　借：委托加工物资　　　　　　　　　　　　　　　　　200

　　　贷：银行存款　　　　　　　　　　　　　　　　　　200

收回成品时：

　　借：主营业务成本　　　　　　　　　　　　　　　　　1 100

　　　原材料　　　　　　　　　　　　　　　　　　　　1 100

　　　贷：委托加工物资　　　　　　　　　　　　　　　　2 200

4）原材料清选的核算

饮食企业使用的原材料中，很大部分是鲜活原料，烹制饮食品前对原材料进行清选和初加工,这是生产过程的必经阶段。清选加工过程中所发生的各项生产性费用不直接计入成本,以出成率考核清选加工的结果(净料),不反映毛料的减重和损失;清选加工后的净料成本,按净料数量乘净料单价计算,净料成本直接构成饮食制品的单位成本,每一单位净料实际成本可用下列公式计算:

生净料实际成本＝毛料实际成本－副料数量×副料单价

(副料一般比照市场供应价格确定成本)

$$熟净料\atop实际成本＝毛料实\atop际成本－副料\atop数量×副料\atop单价＋调味品\atop成本$$

清选加工后净料价值,有可能大于或小于清选加工前的毛料价值,出现差异,可增减饮食制品成本,设"原材料清选价差"明细账户反映。因为挑选出的净料即将投入生产,因此财会部门可对此项挑选整理过程,不作任何服务处理,仅作为计算和考核净料率(原净料重量占投入毛料重量的百分比),确定原材料配量定额成本以及监督厨房按配量定额使用原材料的依据。

3. 饮食制品成本的核算

饮食企业所耗用的原材料成本就是饮食制品的成本。属于成本的开支不得计入费用,属于费用的开支不得挤入成本。为了简化核算手续,凡是耗用的主要原材料,材料和部分原材料的加工费、合理损耗都作为成本处理,其余一律列入费用。凡能利用制作食品的下脚料,应适当作价,冲减原材料成本。饮食业生产费用与销售费用不易划分,如果按每一品种计算实际成本有一定困难,一般只按实际耗用的原材料计算各类制品的总成本。由于各饮食企业的经营规模和管理方法不同,对耗用原材料成本的核算方法也有差别,一般采用以下核算方法:

(1) 按实际耗用原材料计算和结转成本。饮食企业的饮食制品成本,一般是每月计算一次,实行"领料制"的企业,平时领用原材料,大部分当即投入生产并制成产品销售出去,所以在会计上以"主营业务成本"账户进行核算。对于已销售饮食制品的原材料成本的计算,要考虑到经过加工的半成品及尚未出售的产成品的因素,因此,在计算时,厨房必须将已领未用的原材料以及未销半成品和成品全部盘点,编制"原材料耗用报告单"。计算单中各项目之间的数量关系如下:

$$已销饮食制品耗\atop用原材料成本＝厨房月初\atop结存额＋本月\atop领用额－厨房月末\atop盘存额$$

根据计算出的已销饮食制品耗用原材料成本,作会计分录如下:

借:主营业务成本　　　　　　　　　　　　　　　　×××
　　贷:原材料　　　　　　　　　　　　　　　　　　×××

(2) 按以存计耗的方法计算结转成本。没有条件实行"领料制"的小型饮食企业,因无法根据领料数计算耗料成本,采取以实际盘存数倒挤成本的方法。企业平时领用原材料只办理领发料手续,会计账上不作反映,月末根据库房原材料、厨房剩料、半成品和未出售的制成品的盘存总结果分别编制"库房原材料盘存表""厨房存货表",交给财会部门采取盘存计耗办法结转成本。因为平时购进原材料时,不记入库管理或由厨房直接验收,全部记入"原材料"账户,所以,在"原材料"账户上倒挤出已销饮食品原材料成本。计算公式如下:

$$\frac{本期已销饮食}{制品原材料成本} = \frac{期初原材}{料结存额} + \frac{本期原材}{料购进额} - \frac{期末全部原材料盘存额}{(包括仓库和厨房)}$$

【例6-6】 某饮食部门,期初"原材料"账户余额为1 197.98元,本期购进原材料共计4 324.66元,月末"原材料盘存表"合计为1 031.90元,"厨房存料表"共计1 000.00元,则本期已销饮食品原材料成本如下:

$$1\ 197.98 + 4\ 324.66 - 2\ 031.90 = 2\ 490.74(元)$$

借:主营业务成本   2 490.74

  贷:原材料   2 490.74

采用以存计耗方法,漏洞较多,必须严格执行原材料的收发制度和领料登记手续。为避免将非生产性的支出和损失挤入成本,月末根据领料登记资料与盘存数比较来考核原材料的溢缺情况,从而缩小对成本计算准确性的影响。

(3)实际领料和实地盘存相结合计算法。由于企业原材料品种繁多,价格不齐,因此可将原材料划分为主要原材料和次要原材料两大类。对于主要原材料,实行领料制,按第一种方法结转成本。而次要原材料,量小值低的,按实地盘存计耗,即按第二种方法结转成本。

上述三种方法,按第一种方法计算出来的成本,比较真实,一般企业应尽量采用此法。第二种方法手续简单,但可能掩盖原材料在使用和保管过程中的损失浪费现象,不够真实,一般小型企业采用此法。

4. 饮食品销售的核算

(1)饮食品销售价格的计算。饮食品销售最基本的工作是制订合理的销售价格。由于地区条件、各季节选用的原材料及企业设备情况和烹饪技艺高低等不尽相同,因此,不可能对每一种制品规定具体价格,只能由主管部门根据按质,分等论价原则,统一规定各类饮食品的毛利率或加成率。

饮食制品销售价格的组成要素由以下几部分组成:原材料成本、费用、税金及营业利润,其中费用加税金加营业利润构成毛利。

饮食制品原材料成本由主料、配料、调味品三者组成。它们一般是根据原材料配量定额来确定的。

原材料配料定额也称投料标准。是指每一单位产品损耗用的原材料实物数量定额,包括主料、副料和调味品用量(如果调味品用量不能用实物指标规定时,可用价值指标表示）。每一种饮食制品的配料数量定额是根据厨师烹饪经验，产品试制结果，同时考虑地方风味等因素通过分析总结而制定的。其计算以净料为基础。由于饮食业原材料购入时，绝大部分是毛料，必须经过整理加工后才能烹制，因此要先计算净料成本。其计算公式如下：

$$熟净料成本＝毛料实际成本－（副料数量×副料单价）＋调味品成本$$

式中：副料成本包括次料和下脚料；若计算生净料成本，去掉调味品成本这项即可。

【例6-7】 某饮食店经营的"炒肉片"，主料为精肉，辅料为莴笋片。购进去骨腿肉5千克，进价每千克为24.60元，共计123元。净料单价计算见表6-1。

表6-1　　　　　　　　　　　　净料单价计算表

品　名	数量（千克）	单价（元）	金额（元）
毛料：腿肉	5	24.60	123.00
次料：碎肉	1	24.20	24.20
肥膘	0.75	24.00	18.00
肉皮	0.25	22.40	5.60
净料：精肉	3	25	75.00

然后根据上述资料，编制"饮食制品配料成本、售价计算表"（见表6-2）。

表6-2　　　　　　　　饮食制品配料成本、售价计算表

品名：炒肉片　　　　　　　　　规格　　　　　　　　年　　月　　日

原材料名称	计量单位	投料定额	单　价（元）	金　额（元）	备　注
精肉	克	200	0.025	5.00	
莴笋	克	100	0.003	0.30	
调料	克	5	0.004	0.20	
配料成本				5.50	
毛利率				45％	
毛利额				4.50	
售价（元）				10.00	

饮食制品售价由两部分组成：饮食制品配料成本和毛利额。而配料成本是制订售价的依据，在此基础上，按制定毛利率或加成率计算确定。

一是毛利率计算法。毛利率计算法亦称售价毛利率法，是根据配料定额成本和内扣毛利率计算饮食制品售价的一种方法。采用毛利率计算法，便于考核饮食业毛利率的大小。其计算公式如下：

销售价格＝原材料成本＋毛利额

毛利额＝销售价格×毛利率

$$饮食制品销售价格＝\frac{原材料成本}{1－毛利率}$$

【例 6-8】　某饮食店莴笋炒肉片规定配料价为每盆 5.50 元,按规定该类食品的毛利率为 45%,其销售价格如下:

$$\frac{5.50}{1－45\%}＝10(元)$$

二是加成率计算法。加成率计算法是以配料定额成本为基数,外加一定比率(加成率)来计算饮食制品售价的一种方法。其计算公式如下:

销售价格＝原材料成本＋加成额

加成额＝原材料成本×加成率

饮食制品销售价格＝原材料成本×(1＋加成率)

【例 6-9】　仍以表 6-2 所示炒肉片的定额成本 5.5 元为例,按上级规定该类食品的加成率为 81.82%,其销售价格按公式计算如下:

售价＝5.5×(1＋81.82%)＝10(元)

从上两例计算中可看出,毛利率计算法与加成率计算法的计算结果是一致的,但由于两种方法计算基数不同,所以加成率和毛利率是不一样的。为了简化日常计算工作,两种方法的换算关系如下:

毛利率——加成率	毛利率——加成率
20%相当于 25%	32%相当于 47.06%
21%相当于 26.58%	33%相当于 49.25%
22%相当于 28.21%	34%相当于 51.52%
23%相当于 29.87%	35%相当于 53.85%
24%相当于 31.58%	36%相当于 56.25%
25%相当于 33.33%	37%相当于 58.73%
26%相当于 35.14%	38%相当于 61.29%
27%相当于 36.99%	39%相当于 63.93%
28%相当于 38.89%	40%相当于 66.67%
29%相当于 40.85%	41%相当于 69.49%
30%相当于 42.86%	42%相当于 72.41%
31%相当于 44.93%	43%相当于 75.44%

(2) 饮食制品销售的核算。饮食制品又可分为自制和外购两类分别进行销售核算。

一是自制饮食品销售的核算。食饮制品品种多，数量零星，销售时间短，既要收钱，同时还得方便顾客，因此在周转过程中，极易发生差错，必须建立健全合理而又简便的销售制度，使收款售货和厨房烹制各个环节的工作，责任明确，密切配合，以防止差错。由于各单位的条件不同，因而销售方式和收款手续也有所不同，一般有"一手钱，一手货"和服务员开票收款两种方式。

"一手钱，一手货"方式，即由顾客直接以货币购买饭菜，或是由顾客先到售票处付款购买餐券，然后服务员取票、交付食品。

服务员开票收款方式，即由服务员到顾客座位开票收款，并到收款处办理交款或买票手续。"点菜开票，饭后算账"收款方式，由服务员根据顾客点菜开票，顾客用膳后，由服务员计算价款，并通知收款员将款项送交收款处，或由服务员直接办理。

不论采用以上哪种方式，均应在每天营业终了时，由收款员将出售的食品数量与厨房生产数量、发货数量、结存数量进行核对，填制"销售日报表"，连同现金或银行存款回单送交财会部门审核。

财会部门收到营业部门报来的"营业收入日报表"及现金或银行存款回单，经审核无误后，据此进行账务处理。

饮食业的销售收入是在"主营业务收入"账户进行核算的。为了计算毛利和考核经营情况，其明细账户应与"主营业务成本"明细账户相一致。销售过程中发生的长短款在未经批准前，应在"待处理财产损溢——待处理流动资产损溢"账户核算，经批准后再转入有关账户。

当财会部门收到收款员交来的"营业收入日报表"及现金和存款回单时：

　　借：库存现金（或银行存款）　　　　　　　　　　　　　　　×××
　　　　贷：主营业务收入　　　　　　　　　　　　　　　　　　×××

二是外购商品销售的核算。在核算上一般采用售价金额核算，只记收付总金额，不记数量和单价。其具体核算方法与零售商品流转的核算基本相同，也可作为企业其他业务处理，营业收入和营业成本通过"其他业务收入""其他业务成本"账户核算，亦可将小卖部销售收入并入自制饮食制品销售一并核算。

第二节　服务经营业务的核算

一、服务经营业务的特点

服务经营业务是指利用一定场所、设备、工具为消费者提供服务性劳动。服务经营企业主要有旅店、照相、洗染、浴池、美容、旅游、修配等行业。这些企业的经营共同点是专门从业人员利用工具、设备的特有技术为消费者提供服务。一般不专营商品,只有大型旅店有一些附设餐厅,供应自制食品、小卖部等附营业务;照相店、浴池附营一些日用小商品。在服务行业中,除了照相和洗染企业有一些简单加工过程需要核算原材料的生产成本外,其他一般的服务费用和管理费用很难划分清楚。因此,在会计核算中一般只核算营业收入和费用开支,不核算具体服务项目的成本。服务经营企业的规模一般以中小型为多,其中以旅店规模较大,分布面较广,本节主要阐述旅店服务经营的会计核算。

二、旅店服务经营业务的核算

旅店主要是利用住房、设备和提供服务性劳动作为经营项目,为住客提供舒适、卫生的住房和生活设施。有些企业为了方便住客日常生活,增添了一些服务项目,如餐厅、小卖部、理发室、出租会议室、汽车及代办通信等业务。

旅店一般不核算成本,只核算营业收入和费用,旅店的营业收入主要是按统一规定的收费标准,向旅客收取合理的房金及其他各项服务费用。

(一) 客房收入的核算

旅客到店住宿,应先填写旅客住宿登记单。一式两联,一联由服务台作为旅客登记的依据,一联交服务员为旅客安排住房。顾客结算宿费时间,一般是按日分时段计算,旅客进店住房之日起至次日中午 12 时止,算一天租金,至次日中午 12 时后,傍晚 18 时前加算半天租金,至次日 18 时后加计 1 天租金。

旅店的客房收入有应收制和实收制两种核算方法。

1. 应收制

采用应收制的企业,不论款项当天是否收到,每天按照出租客房应收的房金反映营业收入。应收制有以下两种核算方法:

(1) 先住店后收款。旅客住房后,每天或定期按实住天数计算应收的款项,用日记簿进行登记(见表 6-3),其账务处理为借记"应收账款"账户,贷记"主营业务收入"账户;实际收到款项时,再转账借记"库存现金"账户,贷记"应收账款"账户。

表 6-3

营 业 日 记 簿

201×年 6 月 3 日　　　　　　　　　　　　　　金额单位:元

房号	姓名	住店日期		已住天数	本日营业收入				结　欠　房　租				备　注
		月	日		房金	加床	其他	合计	上日结欠	本日应收	本日实收	本日结欠	
101	张文	6	1	4	200			200	400	200		600	出租房间
102	李武	6	2	2	200	80		280	280	280		550	30 间
103	王顺	6	3	3	150			150		150	150		空置房间
201	……												5 间

（续表）

房号	姓名	住店日期		已住天数	本日营业收入				结 欠 房 租				备 注
		月	日		房金	加床	其他	合计	上日结欠	本日应收	本日实收	本日结欠	
202													
203													
301													
302													
合 计					15 000	2 500	1 500	14 000	2 800	14 000	12 000	3 000	

收款：　　　　　　　　　　交款：　　　　　　　　　　制表：

【例6-10】 某旅店采用先住店后收款结算方式。201×年6月3日，服务台根据"营业日记簿"编制"营业日报表"（见表6-4），与现金一并交财会转账。

根据"营业日报表"营业收入数，作会计分录如下：

借：应收账款 14 000
　　贷：主营业务收入——单人房 5 500
　　　　　　　　　　——标准房 8 500
借：库存现金 8 500.00
　　银行存款 3 489.50
　　财务费用——手续费（信用卡手续费） 10.50
　　贷：应收账款 12 000.00

表6-4　　　　　　　　　营 业 日 报 表

201×年6月3日　　　　　　　　　金额单位：元

营 业 收 入					结欠房金		备　注
项　目　　房型	单人房	标准房	套房	合计			
房金	4 000	6 000		10 000	上日结欠	28 000	出租房间30间 空置房间5间
加床	1 500	1 000		2 500	本日应收	14 000	长款　／
其他		1 500		1 500	本日实收	12 000	短款　／ 信用卡 手续费10.50
					其中：现金 信用卡	8 500 3 500	
合计	5 500	8 500		14 000	本日结欠	30 000	

收款：　　　　　　　　　　交款：　　　　　　　　　　制表：

（2）先收款后住店。旅客进店时，企业先预收一部分房金。预收时，服务台开出"预收房金收据"一式三联，一联存根，一联留给旅客，一联转交财会部门据以记账。等旅客离店结账时，另开"房金收据"，也是一式三联。一联存根，一联返还给顾客作为报销凭证，一联送给财会部门，同时收回"预收房金收据"上缴。预收房金通过"预收账款"账户核算。该账户为负债类账户，核算企业按规定向客户预收的款项。贷记登记预收客户的房金款；借记登记转销数；贷方余额表示已经预收而尚未为客户提供服务的款项。收到旅客预交款项时，借记"库存现金"账户，贷记"预收账款"账户。旅客住店后，每天或定期按实际天数收取的款项转账。借记"预收账款"账户，贷记"主营业务收入"账户。

服务台在每天晚上或次日上午将"旅客登记簿"与房金收据、预收房金收据等存根及收入现金进行核对，并负责编制"营业日报表"。

【例6-11】 某旅店采用先收款、后住店的核算方式。收到服务台交来现金及"营业日报表"（见表6-5），作会计分录如下：

借：预收账款	14 000
贷：主营业务收入——单人房	5 500
——标准房	8 500
借：库存现金	8 500.00
银行存款	3 489.50
财务费用（信用卡手续费3‰）	10.50
贷：预收账款	12 000.00

表6-5

营 业 日 报 表

201×年6月3日　　　　　　　　　　　　金额单位：元

项 目 \ 房型	营 业 收 入				预收房金		备 注
	单人房	标准房	套房	合计			
房金	4 000	6 000		10 000	上日结存	28 000	出租房间＿间 空置房间＿间
加床	1 500	1 000		2 500	本日应收	14 000	信用卡 手续费10.50
其他		1 500		1 500	本日实收	12 000	长款＿／＿ 短款＿／＿
					其中：现金	8 500	
					信用卡	3 500	
合计	5 500	8 500		14 000	本日结存	30 000	

收款：　　　　　　　　　交款：　　　　　　　　　制表：

采用应收制核算营业收入既能如实反映客房出租情况,又能便于核对客房出租数和营业收入数,内部控制严密。但核算工作量较大,适用于大中型旅店。

2. 实收制

采用实收制的企业,每天按照实际收到的房金收入作为营业收入。实际收到款项时,财会部门借记"库存现金"账户,贷记"主营业务收入"账户,平时核算比较简单,但漏洞较多,在实际工作中,需要采用一些必要的弥补方法,即月末计算未离店旅客的应收房金,并通过"主营业务收入""应收账款"账户反映,待下月初再转销原分录。小型旅店一般采用实收制。不论企业采用应收制还是实收制,企业都必须建立定期结账制度,及时向旅客收取住房金。

(二) 附设餐厅的核算

与饮食业相比,旅店附设餐厅业务的会计核算只是收入方式有所不同,其他基本相同。具体有以下两种核算收入方式:

(1) 餐厅发售餐券时,先通过"应付账款"账户,借记"库存现金"账户,贷记"应付账款"账户;收回餐券时,借记"应付账款"账户,贷记"主营业务收入"账户。

(2) 发售餐券时,不通过"应付账款"账户,直接借记"库存现金"账户,贷记"主营业务收入"账户。

(三) 旅店附设其他业务的核算

旅店附设的其他业务,包括小卖部、出租汽车、代理电信、代购机票、车船等业务,其会计核算可参照"第五章零售商品流通"有关内容处理,通过"其他业务收入""其他业务成本"账户核算,如有代垫款项和预收款项,以"其他应收款""其他应付款"账户处理,这里不作详述。

思 考 题

1. 饮食业务经营的特点是什么?
2. 饮食企业的原材料是如何分类的? 其购进的核算方法有哪几种?
3. 如何核算饮食制品的成本?
4. 什么是原材料配料定额? 应如何对其进行计算?
5. 服务业务经营的特点是什么?
6. 试述客房收入应收制和实收制两种核算方法的账务处理。

习 题

1. 目的 练习饮食业务核算。

资料 某饮食店200×年×月发生下列有关业务:

(1) 购入特级大米1 000千克,@6元,大米已验收入库,货款以转账支票付讫,另以现金支付搬运费100元。

（2）购入鲜虾 3 000 元，直接送厨房使用，货款以银行存款支付。

（3）厨房向库房领用特级大米 100 千克，每千克按购入价转账。

（4）财会部门月内收到收银员交来"销售日报表"及"银行解款单"，计收入早点 15 000 元，正餐 150 000 元，夜宵 10 000 元，予以转账。

（5）月初原材料账面余额为 2 680 元，本月共购进原材料 45 780 元，月末盘点原材料，计库房 2 630 元，结转本月原材料成本。

（6）发出面粉 250 千克，@3.00 元，委托外单位加工面制品，支付加工费 250 元，收回加工成品直接交厨房使用。

要求 编制会计分录。

2. 目的 练习旅店服务核算。

资料 某旅店采用"先收款，后住房"结算方式。本日服务台送来"营业日报表"及现金，计收到住店客户应收预收款 29 000 元，其中单人房 12 000 元，标准房 17 000 元；本日离店客户应冲减预收款 24 000 元，收入现金 17 000 元，银行结算 7 000 元（应按 3‰ 扣除信用卡手续费）。

要求 编制会计分录。

第 七 章

包装物、低值易耗品和原材料

【内容提示】 本章主要阐述企业的非商品流动资产的核算，包括包装物、低值易耗品和原材料，这些都是开展商品经营活动的物质基础。通过学习，学生应明确包装物、低值易耗品和原材料的内容和核算范围；掌握包装物、低值易耗品和原材料的购入、领用、出售、摊销、废弃等环节的核算方法以及包装物出租、出借业务的账务处理等方面的知识。

第一节 包装物的核算

商业企业进行商品流通活动，不仅要拥有商品资产，而且还必须要有一定数量的非商品资产。非商品资产除了固定资产以外，还有包装物、低值易耗品和原材料等流动资产。这些非商品流动资产是开展商品经营活动的物质基础，必须充分发挥它们的使用效能。本节先介绍包装物的核算。

商业企业的包装物是组织商品流通过程中用于盛装和包扎商品的物资。包装物的种类很多，使用情况也较复杂，有的专为储存商品之用，不随商品流通，如桶、箱、瓶、袋、柜、坛等；有的供包扎商品被一次性消耗，如纸袋、纸盒、纸绳、铁丝、铁皮、塑料袋等；有的是作为企业经营而购进的包装物；有的随商品流通而多次周转使用，如麻袋、木桶、铁桶、木箱等。按制度规定，专为储存商品用的容器，应按价值大小与使用年限长短，分别以固定资产或低值易耗品核算；使用一次就消耗掉的包装物品，购进时作为原材料核算，使用时列入费用开支；作为商品经营而购进的包装物，包括回收企业收进的包装物应在"库存商品"账户核算；只有随商品流通多次周转使用的自有包装物才属于包装物的核算范围。

包装物的核算是在"周转材料"账户进行的，也可以单独设置"包装物"账户。"包装物"账户是资产类账户，用来核算企业库存的各种包装物的实际成本（包括进价和运杂费等）。它的借方登记包装物的购进、盘盈等增加数，贷方登记包装物出售、盘亏、摊销、废弃等减少数；借方余额表示库存未用包装物的实际成本。

"包装物"账户核算范围包括：

第一，用于包装商品作为商品组成部分的包装物；

第二，随同商品出售而不单独计价的包装物；

第三，随同商品出售而单独计价的包装物；

第四，出租或出借给购买单位使用的包装物。

"包装物"账户应分库存包装物、出租包装物、出借包装物、摊销包装物设置明细账户。

一、包装物增加的核算

包装物的增加主要是包装物购进的结果。包装物购进分为单独购进和随商品一起购进两种。

（一）单独购进

单独购进的包装物应按包装物的进价、增值税和购进运费的实际成本入账。如支付的运费数额较小，又不易划分品种的，也可在"销售费用——包装费"账户核算。

【例7-1】　某企业购进铁桶200个，每个进价为30元，计6 000元（增值税额为780元），另以现金支付运费100元。铁桶验收入库，价款以银行存款支付，作会计分录如下：

```
借：包装物——铁桶                            6 100
    应交税费——应交增值税（进项税额）            780
  贷：银行存款                                   6 780
      库存现金                                    100
```

（二）随货购进

随货购进的包装物分为单独计价和不单独计价两种。

（1）随货购进单独计价的包装物，一般是批发商品随货购进又随货售出，货款与包装物价款分别进行核算，其运费可全部列入"销售费用——运输费"账户。

【例7-2】　某企业购进商品一批，计货款11 800元，随货购进包装纸箱40只，每只计价5元，共200元，进项税额1 560元，支付运费100元，商品已验收入库，货款及运费以银行存款支付。

```
借：库存商品——××                          11 800
    包装物——纸箱                              200
    应交税费——应交增值税（进项税额）          1 560
    销售费用——运输费                          100
  贷：银行存款                                  13 660
```

（2）随货购进不单独计价的包装物，一般是零售商品，随商品购进，不随商品售出。商品售出后，包装物腾空时可作为包装物使用的，应估价记入"包装物"账户;不能作为包装物使用的,估价记入"原材料"账户,既不能作为包装物使用,又不能作为原材料的,可在备查簿中登记,待出售后再行处理。凡估价入账的皆作为"营业外收入"处理。

【例7-3】 某企业购进零售商品一批,进价为2 200元,增值税进项税税率为13%,售价为2 712元(含销项税额),随货购进不单独计价麻袋20只,货款以银行存款支付(采用售价金额核算)。

商品验收入库,支付货款时,作会计分录如下:

借:在途物资——××   2 200
　　应交税费——应交增值税(进项税额)   286
　　贷:银行存款   2 486
借:库存商品——××   2 712
　　贷:商品进销差价   512
　　　　在途物资——××   2 200

商品售出,麻袋腾空后,继续作包装物使用,每只估价2元,作会计分录如下:

借:包装物——麻袋   40
　　贷:销售费用   40

二、包装物减少的核算

(一)包装物领用

企业业务部门需要领用包装物,需填列"包装物领用单",物资保管部门凭以发出,财会部门凭以转账,作会计分录如下:

借:销售费用——包装费   ×××
　　贷:包装物——麻袋   ×××

如属领用可供多次周转使用的包装物,可不作账务处理。

(二)包装物出售

包装物出售可分为单独出售和随货出售两种情况。

1. 单独出售

商业企业的包装物一般自用,不对外单独出售。如有多余或不需用时,也可出售。包装物单独出售时,可将收入价款直接冲减"包装物"账户。如发生售价与账面价值不一致时,可将其差额列入"其他业务收入""其他业务成本"账户处理。如出售的为旧包装物,可视同包装物的摊销,将其摊销额与实际售价的差额列入或冲减"销售费用——包装费"处理。

【例7-4】 某企业出售不需用包装物一批,售价为200元,应交增值税税率为13%,计26元,该批包装物的账面价值为180元,作会计分录如下:

(1)收到价款,存入银行:

借：银行存款　　　　　　　　　　　　　　　　　　　226
　　贷：其他业务收入　　　　　　　　　　　　　　　　200
　　　　应交税费——应交增值税(销项税额)　　　　　26

（2）结转包装物成本：

借：其他业务成本　　　　　　　　　　　　　　　　　180
　　贷：包装物——××　　　　　　　　　　　　　　　180

如属旧包装物，则作会计分录如下：

借：银行存款　　　　　　　　　　　　　　　　　　　200
　　贷：销售费用——包装费　　　　　　　　　　　　　20
　　　　包装物——××　　　　　　　　　　　　　　　180

如售价为 200 元，包装物账面价值为 220 元，则作会计分录如下：

借：银行存款　　　　　　　　　　　　　　　　　　　200
　　销售费用——包装物　　　　　　　　　　　　　　　20
　　贷：包装物——××　　　　　　　　　　　　　　　220

2. 随货出售

随货出售包装物，可分为单独计价和不单独计价两种。

随货出售单独计价的包装物，在出售时，应在发货票上分别列出商品和包装物的售价，同时计算应交纳的增值税，其核算与包装物单独出售相同。

【例 7-5】　某企业售给外地商品一批，售价计 20 000 元，随货出售包装木箱 20 只，每只价格为 50 元，计价 1 000 元。应交增值税税率为 13%，计 2 730 元，该批包装木箱账面价值为每只 45 元，商品已发运，货款及包装物价款已办妥委托银行收款手续，作会计分录如下：

（1）办妥托收货款手续时：

借：应收账款——××单位　　　　　　　　　　　　　23 730
　　贷：主营业务收入　　　　　　　　　　　　　　　20 000
　　　　其他业务收入　　　　　　　　　　　　　　　1 000
　　　　应交税费——应交增值税(销项税额)　　　　2 730

（2）按账面价值结转包装木箱成本时：

借：其他业务成本　　　　　　　　　　　　　　　　　900
　　贷：包装物——木箱　　　　　　　　　　　　　　　900

随货出售不单独计价的包装物，在出售时如属购进时是单独计价的，以"销售费用——包装费"列支；如属购进时不单独计价的，则不需要进行单独核算。

（三）包装物摊销

包装物在周转使用过程中,因不断磨损或自然损耗而减少的一部分价值,应计入企业费用,计入费用的这部分包装物价值,即包装物摊销。摊销时可直接减少包装物的账面价值,增加销售费用支出。

由于包装物种类繁多,数量大,使用情况复杂,要逐一计算摊销额,有一定困难。因此本着准确、简化的原则,一般采用下列几种方法计算包装物的摊销额。

1. 分期分次摊销法

分期分次摊销法是根据包装物的使用情况,考虑其残值及预计使用期限或次数,计算摊销额的一种方法。其计算公式如下:

$$\text{某种包装物每月(次)摊销额} = \frac{\text{该种包装物原值} - \text{预计残值}}{\text{预计使用月(次)数}}$$

【例 7-6】 某企业有包装木箱 200 只,每只价格为 20 元,预计每只木箱残值为 0.40 元,使用次数为 20 次,每使用一次的摊销额为:

$$\text{每次摊销额} = \frac{200 \times (20 - 0.40)}{20} = 196(\text{元})$$

根据计算结果,摊销时作会计分录如下:

借：销售费用——包装费 196
　　贷：包装物——木箱摊销 196

采用分期分次摊销法时,可以按照包装物的使用时间或次数,平均摊销其损耗价值,有利于均衡计算各期的包装费用,但由于各个时期包装物的实际使用和磨损情况不尽相同,这种平均分摊的方法会造成账面价值与实际损耗不相符合的情况。而且要按每种包装物计算摊销额,工作量较大。因此,这种方法适用于使用期限较长,单位价值较高,使用情况较为稳定的包装物。对于包装物种类繁多,数量较大,周转频繁的企业,为简化手续,可根据历年资料确定一个综合摊销率,与上月末包装物的账面数相乘,计算当月包装物的摊销额。其计算公式如下:

$$\text{包装物月综合摊销率} = \frac{\sum \text{各种包装物月摊销额}}{\sum \text{各种包装物原值}} \times 100\%$$

$$\text{本月包装物摊销额} = \text{上月末包装物原值} \times \text{包装物月综合摊销率}$$

【例 7-7】 某企业上月末包装物余额为 20 000 元,月综合摊销率为 10%,本月包装物摊销额为:

$$\text{本月包装物摊销额} = 20\,000 \times 10\% = 2\,000(\text{元})$$

2. 降等摊销法

降等摊销法是在包装物定期盘点时,按其统一规定等级标准,结合磨损程度重新确定等级,将新等级金额与账面原金额的差额作为包装物摊销额的一种方法。

【例 7-8】　某企业期初有石油桶 1 000 只,价值 47 000 元。其中:一等品 500 只,每只 60 元;二等品 200 只,每只 40 元;三等品 300 只,每只 30 元。期末经过盘点,重新鉴定等级为一等品 400 只,二等品 250 只,三等品 350 只,包装物管理部门编制"包装物降等摊销计算表"(见表 7-1),财会部门凭以转账。

表 7-1

包装物降等摊销计算表

品名:石油桶　　　　　　　　　　201×年×月×日　　　　　　　　　　单位:元

等级	单价	期　初		期　末		增减金额
		数量	金额	数量	金额	
一等	60	500	30 000	400	24 000	−6 000
二等	40	200	8 000	250	10 000	+2 000
三等	30	300	9 000	350	10 500	+1 500
合　计		1 000	47 000	1 000	44 500	−2 500

根据表列资料,石油桶期初与期末的差额为 2 500 元,即为本期包装物摊销额,作会计分录如下:

借:包装物——二级石油桶　　　　　　　　　　　　　　　　2 000
　　　　　——三级石油桶　　　　　　　　　　　　　　　　1 500
　　销售费用——包装费　　　　　　　　　　　　　　　　　2 500
　　贷:包装物——一级石油桶　　　　　　　　　　　　　　　　　　6 000

降等摊销法计算简便,也较正确,但如果品种较多,则计算工作量较大。适用于品种不多,单位价值较高,使用时间较长且等级界限较为明确的包装物。

3. 盘存估价摊销法

盘存估价摊销法是结合包装物定期盘点,按包装物的磨损程度,重新作价,以新估价值与账面价值的差额作为本期包装物的摊销额的一种方法。它与降等摊销法类似。这种方法虽手续较为简便,但盘点、估价的工作量较大,一般适用于包装物品种、数量不多的企业。

4. 一次摊销法

一次摊销法是在领用包装物时,将其全部价值一次计入费用的方法。即借记"销售费用——包装费"账户;贷记"包装物"账户。这种方法手续简便,但费用负担不均衡,一般适用于包装物使用时间短、领用数量不多、价值又较低的品种。

(四)包装物修理与废弃

1. 包装物修理

包装物在使用过程中,由于磨损而影响其使用效能,为了节约开支,延长包装物的使用寿命,对于能修理的包装物,应做好修旧利废工作。修理包装物所发生的费用,皆以"销售费用——包装费"列支。

【例 7-9】 某企业修理木箱 10 只,领用修理用材料 15 元,同时以现金支付临时修理工人工资 10 元,作会计分录如下:

借:销售费用——包装费   25
  贷:库存现金   10
    原材料——修理用品   15

2. 包装物废弃

对于不能修复继续使用的包装物,应由有关部门按规定办理报废手续,经批准后,财务部门将报废的包装物按其账面净值转入"销售费用——包装费"账户处理。对于废弃包装物残料的变价收入,大于账面净值的,冲减"销售费用——包装费"账户数额;小于账面净值的则增加"销售费用——包装费"账户数额。

【例 7-10】 某企业报废麻袋一批,账面净值为 80 元,残料出售收入现金 60元,作会计分录如下:

借:销售费用——包装费   20
  库存现金   60
  贷:包装物   80

如果残料出售的现金收入为 100 元,则作会计分录如下:

借:库存现金   100
  贷:销售费用——包装费   20
    包装物——麻袋   80

如果包装物残料暂不处理,报废时,应先按账面净值全数转入"销售费用——包装费"账户,待处理后再冲减"销售费用——包装费"账户数额。

(五) 包装物的明细核算与清查盘点

商业企业包装物品种繁多,为加强管理,应设置包装物的总分类账和分品种、规格的明细分类账,采用数量、进价金额进行明细核算。实物保管部门要设置数量保管账,定期盘点,并与财会部门进行核对,以保证账账、账实相符。"包装物明细分类账"见表 7-2。

表 7-2   **包装物明细分类账**

类别: 品名: 规格: 单位:

年		凭证号码	摘 要	收 入			发 出			结 存		
月	日			数量	单价	金额	数量	单价	金额	数量	单价	金额

在盘点过程中,对于包装物的盘盈、盘亏,要及时调整账目,先转入"待处理财产损溢"账户,然后查明原因,报经批准后分别不同情况进行处理。处理方法与商品溢缺处理方法基本相同。

（六）包装物的租入、出租和出借

商业企业与其他单位因业务需要可以互相租用或借用包装物。租用或借入时一般要向租入单位收取一定押金,归还时要退还押金,并收取一定租金。

1. 包装物租入

企业向其他单位租入或借入包装物时,因所有权不属于企业,故应在备查簿中按租入或借入包装物的品名、数量进行登记,归还时应予注销。所支付的押金在"其他应收款——存出保证金"账户核算;支付的租金在"销售费用——包装费"账户列支。

【例 7-11】　某企业购进商品一批,价款为 5 000 元,进项税额为 650 元,随货租入包装袋 10 只,押金为 400 元,货款及押金皆以银行存款支付。包装物按规定期限归还,支付租金 40 元。除在备查簿中进行登记外,作会计分录如下:

（1）支付货款及押金。

```
借:在途物资——××单位                        5 000
    应交税费——应交增值税(进项税额)            650
    其他应收款——包装物押金                    400
  贷:银行存款                                        6 050
```

（2）归还包装物,收回押金,支付租金。

```
借:银行存款                                  360
    销售费用——包装费                          40
  贷:其他应收款——包装物押金                        400
```

2. 包装物出租、出借

企业出租、出借包装物,所有权仍属于企业,应在"包装物——出租、出借包装物"明细账户中进行核算。

包装物出租、出借时,应根据"包装物移库单",将包装物由"库存包装物"转至"出租包装物"或"出借包装物"专户。出租、出借包装物所收取的押金,原则上应大于账面价值,在"其他应付款"账户核算。如果包装物逾期未还,原先收取的押金作为其他业务收入处理。

（1）包装物出租。包装物的出租业务,是属于商品经营以外的其他业务。应通过"其他业务收入"账户和"其他业务成本"账户进行核算。出租包装物在第一次租用时应结转成本,借记"其他业务成本——出租包装物"账户,贷记"包装物——库存未用包装物"账户。包装物出租所收取的租金,以"其他业务收入"账户处理。

出租的包装物按期收回时,如仍能继续使用,应转回"包装物——库存未用包装物"账户。如果收回的包装物不能继续使用,则办理报废手续,在"其他业务成本"账户核算;同时,将包装物残料价值记入"原材料"账户,借记"原材料"账户,贷记"其他业务成本"账户。

【例 7-12】 某企业出租包装物一批,账面价值为 900 元,向租户收取押金 1 200 元,租期为 6 个月,每月租金收入 200 元,6 个月后,包装物收回已不能继续使用,作报废处理,残料估价 80 元;作物料入账,作会计分录如下:

包装物出租时,根据"移库单"转账:

  借:其他业务成本——出租包装物   900
    贷:包装物——库存未用包装物   900

收取包装物押金时:

  借:银行存款   1 200
    贷:其他应付款——包装物押金   1 200

每月收取租金时:

  借:银行存款   200
    贷:其他业务收入——出租包装物   200

每月摊销时:

6 个月期满,收回包装物退还押金时:

  借:其他应付款——包装物押金   1 200
    贷:银行存款   1 200

收回的包装物不能继续使用,残料估价入账:

  借:原材料   80
    贷:其他业务成本——出租包装物   80

如收回的包装物能继续使用,则:

  借:包装物——库存已用包装物   900
    贷:其他业务成本——出租包装物   900

如逾期未退还包装物,则将押金没收。没收时扣除增值税(税率为 13%)后作其他业务收入(如果没收加收的押金,则以营业外收入处理)。

  借:其他应付款——存入保证金   1 200.00
    贷:其他业务收入   1 061.95
      应交税费——应交增值税(销项税额)   138.05

（2）包装物出借。包装物出借的核算与包装物出租基本相同,所不同的是要将"出租包装物"明细账户改为"出借包装物"账户进行核算。另外,企业出借的包装物,不属于其他业务性质,一般不向借用单位收取费用。在借用期间的包装物损耗及修理费用,皆作为企业"销售费用——出借包装物"支出,不作为其他业务成本。出借包装物时,借记"销售费用"账户,贷记"包装物"账户;收到出租押金时,借记"库存现金"或"银行存款"账户,贷记"其他应付款"账户;出租包装物报废时,借记"原材料（残余价值）"账户,贷记"销售费用"账户。

对于出租、出借包装物频繁、数量多、金额大的企业,出租出借包装物的成本,也可采用五五摊销法、净值摊销法等方法计算出租、出借包装物的摊销价值,在这种情况下,"包装物"账户应设置"库存未用包装物""库存已用包装物""出租包装物""出借包装物""包装物摊销"五个明细账户。

第二节 低值易耗品的核算

商业企业为了开展正常的业务经营活动,必须具有一定数量的除固定资产以外的办公用具等物品,这些物品称为低值易耗品。低值易耗品是指单位价值比较低,使用期限比较短的劳动资料,如柜台、货架、桌椅、玻璃器皿、衡器和一些在经营过程中周转使用的包装容器等。

低值易耗品的性质与固定资产相同,同是属于劳动资料,都可以多次使用而不改变其形态,有一定残值,在使用中需要修理等。但两者之间也有一些不同之处,固定资产单位价值高,使用时间长,以折旧形式补偿价值损耗,提取折旧时间较长;而低值易耗品则单位价值低,使用时间短,其价值损耗以摊销方法摊入费用,摊销期较短。因此,为了便于管理,将低值易耗品列为流动资产范围进行核算。

低值易耗品是通过"周转材料"账户核算的,也可以单独设置"低值易耗品"账户。该账户是资产类账户,用来核算企业所有低值易耗品的原始进价,加上可以直接认定的运费作为其实际成本。如数额较小,品种难以划分,也可列入"管理费用——低值易耗品摊销"账户。借方登记购入及其他原因引起的增加数,贷方登记摊销、废弃、出售及其他原因引起的减少数,其借方余额表示所有在库低值易耗品的实际成本和在用低值易耗品的摊余价值。为了正确反映低值易耗品的在库、在用及摊销情况,应在"低值易耗品"账户下设置"在库""在用""低值易耗品摊销"三个明细账户。

一、低值易耗品购入的核算

企业购入的低值易耗品,应按其实际成本入账,即买价、进项税额加运费。

【例7-13】 某企业购入磅秤2台,每台价款为500元,增值税进项税额为130元,以银行存款支付,另以现金支付运费30元。磅秤已验收入库,作会计分录如下：

借：低值易耗品——在库   1 160

    贷：银行存款   1 130

       库存现金   30

二、低值易耗品领用、摊销的核算

(一) 低值易耗品的领用

企业内部领用低值易耗品，低值易耗品的总数没有发生变化，在会计核算上只需进行明细核算，即在使用领用时，由"低值易耗品——在库"账户转至"低值易耗品——在用"账户，作会计分录如下：

借：低值易耗品——在用   ×××

    贷：低值易耗品——在库   ×××

(二) 低值易耗品的摊销

低值易耗品领用后，在使用过程中不断发生损耗，这部分磨损的价值，要列入企业费用即摊销额。因此，在领用低值易耗品的同时，就将其损耗的一部分价值摊入费用。低值易耗品的摊销方法，应按不同低值易耗品的价值大小，使用期限长短，分别确定。目前商业企业采用的摊销方法，一般有一次摊销法、分次摊销法和五五摊销法等。

1. 一次摊销法

一次摊销法是指在低值易耗品领用时，将其全部价值一次转入"管理费用——低值易耗品摊销"账户的摊销方法。这种摊销方法手续简便，但一次转入费用与实际损耗情况不符，不利于管理。因此，这种摊销方法适用于价值较低，使用期短，一次领用数量不多的物品。

【例 7-14】 仓库领用工作棉大衣 2 件，账面价值为每件 120 元，作会计分录如下：

(1) 借：低值易耗品——在用   240

       贷：低值易耗品——在库   240

(2) 借：管理费用——低值易耗品摊销   240

       贷：低值易耗品——在用   240

2. 分次摊销法

分次摊销法是指在低值易耗品领用时，按预计的使用时间，分次将平均价值摊入费用的摊销方法。这种摊销方法，费用负担比较均衡，适宜于单位价值较高，使用期限较长的物品。采用这种方法，在核算上，对价值大，待摊时间超过 1 年的低值易耗品领用时应转入"长期待摊费用"账户分期摊销。转入"管理费用——低值易耗品摊销"账户。

【例7-15】　管理部门领用打印机一台,账面价值为2 650元。采用分次摊销法,分13个月摊销,估计残值为50元,作会计分录如下:

借:低值易耗品——在用 2 650
　　贷:低值易耗品——在库 2 650
借:长期待摊费用——低值易耗品摊销 2 600
　　贷:低值易耗品——在用 2 600

每次摊销额的计算如下:

$$每次摊销额 = \frac{2\,650 - 50}{13} = 200(元)$$

每次摊销额为200元,作会计分录如下:

借:管理费用——低值易耗品摊销 200
　　贷:长期待摊费用——低值易耗品摊销 200

3. 五五摊销法

五五摊销法又称五成摊销法,是指在领用低值易耗品时摊销一半,废弃时再摊销一半的摊销方法。这种方法计算简便,但在报废时的摊销额较大,均衡性较差。

【例7-16】　业务部门领用柜台10只,账面实际成本为每只300元,采用五五摊销法,作会计分录如下:

(1)借:低值易耗品——在用——柜台 3 000
　　　贷:低值易耗品——在库——柜台 3 000
(2)借:管理费用——低值易耗品摊销 1 500
　　　贷:低值易耗品——低值易耗品摊销 1 500

三、低值易耗品修理和报废的核算

(一)低值易耗品的修理

低值易耗品在使用过程中会发生损坏,为了延长其寿命,充分发挥其使用效能,必须做好在用低值易耗品的日常维修工作。所发生的修理费用,在"管理费用——修理费"账户列支。

(二)低值易耗品的报废

对于不能继续使用的低值易耗品,应填制"低值易耗品报废单"办理报废手续。报废时应按不同的摊销方法进行账务处理。

1. 采用一次摊销法

将报废的残料价值作为低值易耗品摊销的减少,冲减管理费用。

如[例7-14]中棉大衣,残料出售价款为20元,作会计分录如下:

借：库存现金   20

  贷：管理费用——低值易耗品摊销   20

2. 采用分次摊销法

将摊余价值扣除残料的数额，作为报废低值易耗品的摊销额。

如[例7-15]中打印机，实际成本为2 650元，已摊销2 600元，残值估价为40元，作会计分录如下：

借：原材料（残料价值）   40

  管理费用——低值易耗品摊销（差额）   10

  贷：长期待摊费用（摊余价值）   50

3. 五五摊销法

将报废低值易耗品实际成本的50%，扣除残料价值后的差额计入管理费用。

如果[例7-16]中柜台10只，实际成本为3 000元，领用时已摊销1 500元，报废时估计残值100元，作会计分录如下：

借：原材料（残料价值）   100

  低值易耗品——低值易耗品摊销（已提摊销额） 1 500

  管理费用——低值易耗品摊销（报废低值易耗品实

    际成本50%减去残料价值后的差额）   1 400

  贷：低值易耗品——在用（报废低值易耗品的实际成本） 3 000

四、低值易耗品出售的核算

企业有多余或不需用的低值易耗品，可以出售给其他单位，按质论价进行结算。新的低值易耗品出售，可直接减少"低值易耗品——在库"账户数额；如属在用的，要减少"低值易耗品——在用"账户及摊销明细账户的数额。

【例7-17】 某企业出售在用柜台2只，每只实际成本为500元，已摊销50%，按账面摊余价值出售。款已收到，存入银行，作会计分录如下：

（1）借：银行存款   565

    贷：其他业务收入   500

      应交税费——应交增值税（销项税额） 65

（2）借：其他业务成本   500

    低值易耗品——低值易耗品摊销   500

    贷：低值易耗品——在用（柜台）   1 000

如果出售的价格大于或小于账面摊余价值，其差额应调整低值易耗品的摊销额，或增加"管理费用——低值易耗品摊销"账户数额。

【例7-18】 如果按质论价，[例7-17]柜台每只实际成本为300元，作会计分录如下：

（1）借：银行存款　　　　　　　　　　　　　　　　　　　678

　　　　贷：其他业务收入　　　　　　　　　　　　　　　　600

　　　　　　应交税费——应交增值税（销项税额）　　　　　78

（2）借：其他业务成本　　　　　　　　　　　　　　　　　600

　　　　　低值易耗品——低值易耗品摊销　　　　　　　　500

　　　　贷：管理费用——低值易耗品摊销　　　　　　　　100

　　　　　　低值易耗品——在用　　　　　　　　　　　1 000

五、低值易耗品的清查盘点与明细核算

（一）低值易耗品的清查盘点

低值易耗品在清查盘点中的盘盈和盘亏要及时调整账面数字，转入"待处理财产损溢"账户，查明原因，经批准后，分别情况，予以转账。属于溢余，作为企业收益，冲减"管理费用"账户；属于短缺责任事故，由责任人赔偿，以"其他应收款"处理；属于原因不明，作为企业损失，以增加"管理费用"处理。

（二）低值易耗品的明细核算

低值易耗品除总分类核算外，还要进行明细核算。财会部门应按低值易耗品的类别、品种分户设置明细分类账（明细分类账格式同表7-2包装物明细分类账），进行数量金额双重核算。物资保管部门也要按类别、品名设置保管账，使用部门或个人设置保管卡，进行数量核算，各部门之间的账账、账卡要定期进行核对，以保证账账、账物相符。

第三节　原材料的核算

商业企业的原材料是指用于业务经营、设备维修、劳动保护、办公、生活等方面的材料、物品、燃料、饲料、药剂等。这些原材料是保证企业经营活动所不可缺少的物质条件。

原材料的核算是通过"原材料"账户进行的。"原材料"账户是资产类账户，用来核算企业除包装物、低值易耗品和在建工程用的原材料以外的各种材料、用品的实际成本。其借方登记企业购入原材料并已入库的实际成本及盘盈等原材料的增加数；贷方登记原材料的领用、出售、盘亏等减少数；其借方余额表示结存原材料的实际成本。

一、原材料的购入

企业购进的原材料，应按实际成本入账。原材料的实际成本包括进价、增值税和购进原材料时的运费。如果购进多种原材料所发生的运费，数额较小且又不易划分品种的，也可直接作为费用开支。

【例7-19】 某企业购入维修房屋用原材料一批，计价500元（含税），运费为30元，货款及运费以银行存款支付，作会计分录如下：

借：原材料——维修材料 530
　　贷：银行存款 530

如果上项原材料为先验收入库,后支付货款,则作会计分录如下:

(1) 验收入库时:

借：原材料 530
　　贷：应付账款 530

(2) 支付货款时:

借：应付账款 530
　　贷：银行存款 530

二、原材料的领用

企业内部有关部门领用原材料,应填制一式数联"原材料领用单",其中一联交原材料保管部门据以减少结存数量;一联交财会部门根据原材料用途分别记入"销售费用""管理费用"和其他有关账户。领用的原材料可按"先进先出法""加权平均法""移动加权平均法""个别计价法"等方法计算成本和转账。

【例7-20】 企业维修部门领用修理木材530元,作会计分录如下:

借：管理费用——修理费 530
　　贷：原材料——维修材料 530

三、原材料的出售

企业购进的原材料如有多余或不需用,为避免积压,可以对外出售。对外出售的收入应通过"其他业务收入"账户,其销售成本应通过"其他业务成本"账户处理。

【例7-21】 某企业出售给其他单位维修材料一批,账面价值为200元,售出价格为250元,价款收到,存入银行,作会计分录如下:

(1) 收到价款时:

借：银行存款 250
　　贷：其他业务收入——维修材料 250

(2) 结转原材料销售成本:

借：其他业务成本 200
　　贷：原材料——维修材料 200

四、原材料的明细核算及清查盘点

企业应加强对原材料的管理,建立健全收、发领用及核算制度。财会部门设置原材料的总分类账和按类别、品种、规格、分户的明细分类账,采用数量进行金额核算(明细账格式同表7-2包装物明细分类账),物资保管部门要建立数量保管账,并定期进行清查盘点。盘点时,财会部门的总账与明细账,明细账与物资保管部门的保管账,保管账与实物都要进行核对,以达到账账、账实相符。

在清查盘点中发生的盘盈和盘亏数,要及时转入"待处理财产损溢"账户,并查明原因,及时处理。

思　考　题

1. 什么是包装物? 其核算范围包括哪些方面?
2. 包装物应如何计价及摊销?
3. 怎样进行包装物的领用和出售的核算?
4. 包装物的出租和出借有何区别? 应如何对其进行核算?
5. 什么是低值易耗品? 与固定资产有何区别?
6. 低值易耗品应如何进行摊销?
7. 怎样对低值易耗品出售进行核算?
8. 什么是原材料? 其实际成本应如何确定?

习　　题

1. 目的　练习划分包装物、低值易耗品和原材料的范围。

资料　某企业201×年×月发生的经济业务见表7-3。

要求　根据表7-3所列核算内容,将应运用的会计科目填入表内。

表7-3　　　　　　　　　**核算练习资料表**

序号	经济业务内容	应用会计科目
1	随货购入单独计价的包装用品	
2	随货出售不单独计价的包装用品	
3	随货购入不单独计价,腾空后作包装用的物品	
4	购进单位价值2 000元以下的储存商品用的包装容器	
5	购进备用一次性消耗的包装用品	
6	专为出售而购进的包装用品	
7	购入备用维修材料	
8	购入备用燃料	
9	购入检验商品用的玻璃仪器	
10	报废后转入的废旧材料	

2. 目的　练习包装物的核算。

资料　某企业201×年×月发生下列部分经济业务:

(1) 购入包装麻袋250只,每只价格为9元;包装木箱50只,每只价格为18元,合计3 150元(含税),以银行存款支付。麻袋验收入库,以现金支付市内运费

30元,木箱尚未运到。

(2) 腾空不单独计价的纸箱60只,其中40只可以继续使用,每只估价为1.80元;20只不能继续使用,每只估价为0.30元。现予以转账。

(3) 出售油桶20只,每只售价为40元,共800元(含增值税税率13%),款已收到,存入银行,油桶账面价值为600元。

(4) 营业组领用纸箱20只,随货出售,商品售价为1 521元(含增值税税率13%),纸箱售价每只8元,以银行存款代购货单位垫付运费150元,货已发运,货款及运费一并办妥委托银行收款手续。纸箱账面价值为每只6元。

(5) 报废30只木箱,账面价值为每只18元,残存木料每只估计1元,转作一般材料。

(6) 向石油加工厂购进煤油4 000千克,每千克价格为2元,合计8 000元(含税);同时,租入铁桶20只,每只押金为50元。货款及押金以转账支票支付。

(7) 煤油售完,退还石油加工厂油桶19只,每只支付租赁费5元,损坏1只赔偿40元,收回押金,租金及赔偿费在押金中扣除。款已收到,存入银行。

(8) 月内出租塑料周转箱200只,每只价格为46元,预计使用2年6个月,每只预计残值为1元。摊销应由本月负担的费用。

(9) 甲商店还来塑料周转箱100只,以转账支票退还其包装押金5 000元,收取租金200元,在押金中扣除。

(10) 报废出租塑料周转箱50只,每只账面价值为46元,已摊销45元,残料估价每只0.80元,残料已验收入库。

要求 编制会计分录。

3. 目的 练习低值易耗品核算。

资料 某企业201×年×月发生下列部分经济业务:

(1) 购入保险箱1只,价值950元,价款以转账支票付讫,保险箱交财务部门领用(采用五成摊销法)。

(2) 购入铁皮箱10只,每只价格为420元,价款以银行存款支付,铁皮箱5只验收入库,5只交经理室使用,采用分期摊销法摊销本月应负担的费用,预计铁皮箱使用期为5年。

(3) 购入修理桌椅用木料80元,用现金支付。

(4) 出售多余电子计算器10只,每只账面价值为50元,已摊销50%,售价为40元,价款收到,存入银行。

(5) 购入大木箱5个,每个价格为200元,价款以银行存款支付。大木箱验收入库,作保管商品之用。

(6) 以现金购入电子秤2台,每台价格为190元,其中1台交营业组使用,另1台由总务部门存库备用(五成摊销法)。

（7）报废旧货架2只，账面净值为102元，已摊销50%，残料交总务部门作维修材料用，估价20元。

（8）自制货架5只，领用木板1立方米（账面价值为300元），圆钉20千克（账面价100元），加工货架列入"其他应收款"账户核算。

（9）以现金支付自制木架临时木工工资300元。

（10）货架制作完工，余料圆钉2千克、木板0.1立方米退还仓库，货架交付营业组使用，予以转账。

要求　编制会计分录。

4. 目的　练习原材料、低值易耗品与包装物的核算。

资料　某企业201×年×月发生下列部分经济业务：

（1）购入木板5立方米，计1 500元，价款以银行存款支付，木板验收入库，另以现金支付木板运费200元。

（2）购入水泥1 000千克，每千克价格为0.50元；石灰1 000千克，每千克价格为0.20元，作维修材料用，价款以银行存款支付，材料验收入库。

（3）营业组领用取暖用煤1吨，计95元。

（4）购入灯管50支，每支价格为6.50元，由总务部门验收保管，价款以转账支票支付。

（5）以现金支付换装柜台玻璃4块，每块价格为9元，修理麻袋费为10元，修理自行车费为12元。

（6）购入大油桶2只，每只价格为200元，以银行存款支付价款，油桶已验收入库，作储存油料之用。

（7）购入白砂糖25千克，每千克进价为12元，随货购入塑料袋10个，每个价格为2元，商品及包装均已验收入库，价款以银行存款支付（含增值税税率13%）。

（8）购入塑料绳一批，计价30元，以现金支付，塑料绳由营业组领用。

要求　编制会计分录。

第 八 章

固定资产、无形资产及其他资产

【内容提示】 本章主要阐述固定资产、无形资产及其他资产的核算。通过学习,学生应了解固定资产、无形资产及其他资产的内容和核算范围;明确固定资产和无形资产的计价、摊销以及计提减值准备方面的知识;掌握固定资产折旧、修理、废弃、盘损、租入以及在建工程的核算方法,无形资产的取得、出租、摊销等以及长期待摊费用的账务处理知识。

第一节 固定资产的特点及计价

一、固定资产的特点

商业企业为了保证商品流通的进行,必须要有一定数量的物质设备。按现行制度规定,企业的物质设备应按其价值大小,使用时间长短分别划分为固定资产和低值易耗品两类。

固定资产是指为生产商品、提供劳务、出租或经营管理而持有的、使用寿命超过一个会计年度的有形资产,如房屋、建筑物、机器、机械运输工具以及其他与生产经营有关的设备、器具、工具等。不具备以上条件的物质设备,则作为低值易耗品。

固定资产具有以下几个特点:

(1) 能较长时间参加业务经营过程且不明显改变其实物形态。

(2) 其价值随磨损程度逐渐转移到商品流通费用中去,并从商品的销售收入中得到补偿。

(3) 固定资产的价值补偿和实物更新在时间上不一致。

(4) 用于固定资产的资金需要较长时间才能循环一次,其时间长短取决于固定资产的使用期限。

二、固定资产的计价

(一) 固定资产的计价方法

根据固定资产管理和核算的需要,应按照成本进行计量,其计价方法有三种:

（1）原始价值（又称原值），是指建造或购置固定资产时所支出的全部价值。

（2）折余价值（又称净值），是指固定资产的原值减去固定资产在使用中的累计折旧额后的余额。

（3）重置完全价值（又称重估价值），是指按照市场条件重新购置或建造该项固定资产所需全部支出。

（二）固定资产价值的确认

现行制度规定，商业企业固定资产的计价，应按取得时的实际支出入账。

（1）购入的固定资产，以购入价相关税费以及在使用前发生的应由企业负担的运输费、包装费、装卸费、安装调试费、保险费以及专业人员服务费等。

（2）自制、自建的固定资产，以建造和制造过程中的实际发生的全部支出计价。

（3）在原有固定资产基础上进行改造、扩建的，按固定资产原值减去改建、扩建过程中发生的变价收入加上由于改建、扩建而增加的支出计价。

（4）作为资本或合作条件投入的固定资产，按评估确定价值或按投资时的合同、协议约定的价格计价。其中投资人以设备投入企业的，在确定原始价值时，应提供原始发票。

（5）以融资租赁方式租入的固定资产，按租赁协议规定的价款加上应由企业负担的运输费、装卸费、保险费及税金等计价。

（6）接受捐赠，从境外调入或引进的固定资产，以所附发票、账单等凭证所确定的金额，加上应由企业负担的运输费、保险费、安装调试费、税金等计价。无所附单据的，按照同类固定资产市场价格计价。

企业为取得固定资产而发生的借款利息支出和有关费用，在固定资产尚未交付使用或已拨入使用但尚未办理竣工决算前发生的，应计入固定资产价值，在此之后发生的，应当计入当期损益。

（7）盘盈的固定资产，按照同类固定资产的重置完全价值计价。

（8）企业兼并、投资、变卖、租赁、清算时，固定资产应依法进行评估。

第二节　固定资产增加及在建工程的核算

固定资产的核算是通过"固定资产"和"累计折旧"两个账户进行的。

"固定资产"账户是资产类账户，用来核算企业全部固定资产原始价值的增加、减少和结存情况。它的借方登记固定资产的购入、建造、投资转入、融资租入、盘盈等增加的固定资产原值；贷方登记因资产出售、报废、毁损、盘亏及投资转出等减少的固定资产原值；借方余额表示企业现有固定资产的原始价值。

"累计折旧"账户是资产类抵减账户，用来核算固定资产因磨损而减少的价值。

它的贷方登记按月计提的固定资产折旧;借方登记减少固定资产的已提累计折旧;贷方余额表示企业现有固定资产的累计折旧额。

"固定资产"账户的借方余额减去"累计折旧"账户的贷方余额,即为固定资产的净值(折余价值)。

"固定资产"账户和"累计折旧"账户可按固定资产类别和项目进行明细核算。

一、固定资产增加的核算

商业企业的固定资产来源主要有购入、建造、资本转入、接受捐赠、盘盈及融资租入等方面。企业无论从哪方面取得的固定资产,都应办理验收手续,取得合法原始凭证,进行账务处理。

(一)购入

商业企业购入的固定资产,应按实际支付的价款入账,包括买价、相关税费和支付的运输费、装卸费、保险费、安装调试费及专业服务人员服务费等。如为国外进口,还要包括进口关税。企业购入不需安装的固定资产直接在"固定资产"账户借方登记,购入需要安装的固定资产,要先通过"在建工程"账户核算,安装完毕达到预定可使用状态时,再转入"固定资产"账户核算。

【例 8-1】 某企业从国内购入不需安装传真设备一台,价税合计 67 800 元,购入运输费、包装费、保险费等合计 1 800 元,以银行存款支付全部款项。设备验收入库,根据有关凭证,作会计分录如下:

```
借:固定资产——传真设备                          61 800
   应交税费——应交增值税(进项税额)             7 800
   贷:银行存款                                        69 600
```

(二)投入固定资产

商业企业投资各方作为资本投入的固定资产,投资各方应当按照投资合同或协议约定的价值确定作为入账依据。投资转入的固定资产应按原始价值记入"固定资产"账户和"实收资本"账户。

"实收资本"账户是所有者权益账户,用来核算企业按照企业章程的规定实际收到投资者投入的资本,包括国家投资、其他单位投资和个人投资等。

【例 8-2】 某企业接受 A 单位投入旧运输卡车一辆,经投资双方协议确定其价值为 219 000 元。估计残值率为 10%,累计折旧为 81 000 元。该卡车重置完全价值为 300 000 元,预计使用年限为 10 年,已使用 3 年,作会计分录如下:

```
借:固定资产——运输设备                          219 000
   贷:实收资本                                        219 000
```

(三)接受捐赠

接受捐赠是指企业接受国内外地方政府、社会团体或个人赠与的各类固定资产,入账时应以有关发票或参照市场同类固定资产,加上应由企业负担的费用等资料确定其价格,如捐赠的是使用过的固定资产,还应估计其新旧程度,按其净值记入"营业外收入"账户。

【例8-3】 某企业接受社会团体捐赠使用过的通信设备一台,按市场同类产品价格计算,价值为30 000元,估计磨损率为20%,在捐赠过程中发生运费、装卸费、包装费500元,以银行存款支付。通讯设备已交付使用,作会计分录如下:

借:固定资产——通讯设备   24 500
贷:营业外收入   24 000
银行存款   500

（四）融资租入

商业企业以租赁方式租入的固定资产,有经营性租赁和融资性租赁两种。这两种方式租入的固定资产性质不同,会计核算方法也不同。

采用经营性租赁方式租入的固定资产,其所有权不属于企业,不提折旧费,也不能作为企业的资产记入"固定资产"账户,只能在备查账簿中进行登记。租赁期间所发生的租金支出,以"销售费用"列支。

而融资性租赁的固定资产则不同,它是企业借助于出租公司的资金而购入的固定资产。在租赁期间,企业要负责固定资产的维修、保险、折旧等费用,支付的租金包括在租入的固定资产价款内,其实质是出租公司以实物资产所提供的一种信贷。因此,其性质属于信贷范畴,企业要在租赁期内,以租金的形式分期归还,一般在租赁期满,企业在付清最后一笔租金时,或者再支付少量的转让费,租入固定资产的所有权即转让给企业,成为企业的自有固定资产。

融资租入固定资产的核算,可在"固定资产""累计折旧""长期应付款"账户下分别增设"融资租入固定资产""融资租入固定资产累计折旧""融资租入固定资产应付款"等明细账户进行。

【例8-4】 某企业以融资租赁方式租入不需安装运输设备一台,原价为400 000元,租赁合同规定租赁期为4年,每年年底付款一次。付款时,同时按租金余额的10%收取利息,并按每次租金的10%收取租赁手续费。价款付清后,出租公司以12 000元价款将该设备转让给企业。企业在租入设备过程中发生运输、装卸、包装、保险等费用8 000元,以银行存款支付。该项设备折旧年限为5年,残值率为10%。

根据上述资料,企业先编制"融资租入固定资产付款计划表"(见表8-1),据以付款。

表 8-1　　　　　　　　　　　融资租入固定资产付款计划表　　　　　　　单位:元

期　数	每期租金	每期利息	手续费	付款合计	租金余额
0					400 000
1	100 000	40 000	10 000	150 000	300 000
2	100 000	30 000	10 000	140 000	200 000
3	100 000	20 000	10 000	130 000	100 000
4	100 000	10 000	10 000	120 000	—
合　　计	400 000	100 000	40 000	540 000	
转让价款	12 000			12 000	
总　　计	412 000	100 000	40 000	552 000	

其有关会计分录如下:

(1) 取得融资租入运输设备时,按 4 年租金和发生的运输、装卸、包装、保险等费用及最后一次转让价款作为融资租入固定资产的价值入账。

借:固定资产——融资租入固定资产　　　　　　　　　　　　　　　420 000
　　贷:银行存款　　　　　　　　　　　　　　　　　　　　　　　　　　8 000
　　　　长期应付款——融资租入固定资产应付款　　　　　　　　　412 000

(2) 从租入设备投入使用次月开始,按月计提折旧:

$$月折旧额 = \frac{420\,000 \times (1-10\%)}{60} = 6\,300(元)$$

借:管理费用——折旧费　　　　　　　　　　　　　　　　　　　　6 300
　　贷:累计折旧——融资租入固定资产累计折旧　　　　　　　　　6 300

(3) 按租赁合同,第 1 年年底支付租金、利息、手续费。

借:长期应付款——融资租入固定资产应付款　　　　　　　　　100 000
　　财务费用——利息　　　　　　　　　　　　　　　　　　　　40 000
　　管理费用——手续费　　　　　　　　　　　　　　　　　　　10 000
　　贷:银行存款　　　　　　　　　　　　　　　　　　　　　　150 000

第 2 年、第 3 年年底支付租金的会计分录同上。

(4) 第 4 年年底付清最后 1 年租金、利息、手续费,并按租赁合同支付转让费 12 000 元,取得该项设备所有权。

① 付清租金、利息、手续费。

借:长期应付款——融资租入固定资产应付款　　　　　　　　　100 000
　　财务费用——利息　　　　　　　　　　　　　　　　　　　　10 000
　　管理费用——手续费　　　　　　　　　　　　　　　　　　　10 000
　　贷:银行存款　　　　　　　　　　　　　　　　　　　　　　120 000

② 支付转让费,同时取得设备所有权。

借：长期应付款——融资租入固定资产应付款　　　　　　12 000
　　贷：银行存款　　　　　　　　　　　　　　　　　　　　　12 000

同时,作会计分录如下：

借：固定资产　　　　　　　　　　　　　　　　　　　　420 000
　　贷：固定资产——融资租入固定资产　　　　　　　　　　420 000
借：累计折旧——融资租入固定资产累计折旧　　　　　　302 400
　　贷：累计折旧(4 年的折旧)　　　　　　　　　　　　　302 400

二、在建工程的核算

商业企业的固定资产除了通过购入、资本投入、接受捐赠和融资租入等渠道增加以外,还可以采用自建、自制、进行技术革新和改造而取得。

企业的自建、自制和安装工程,是通过"在建工程"账户进行核算的。"在建工程"账户是资产类账户,用于核算企业进行基建工程、安装工程、更新改造工程、大修理工程等发生的实际支出,包括需要安装设备的价值。它的借方登记各项工程进行建设所发生的实际支出;贷方登记工程完工交付使用的实际成本;其借方余额表示尚未完工或虽已完工但尚未办理竣工决算的工程支出,以及尚未使用工程物资的实际成本。该账户应按工程项目设置明细账。

工程中使用的材料物资是通过"工程物资"账户核算的,该账户是资产类账户,用于核算企业为基建工程、更新改造工程和大修理工程准备的各种物资的实际成本。它的借方登记购入的各种工程用材料;贷方登记工程用材料领用数;借方余额表示企业为工程购入但尚未领用的专用材料的实际成本。

（一）安装工程的核算

购入需要安装的设备,应先通过"在建工程"账户核算,俟安装完毕,交付使用时再转入"固定资产"账户。

【例 8-5】　某企业购入需要安装的设备一台,发票价格为 60 000 元(含增值税),发生运费、包装费 1 000 元,价款及费用以银行存款支付,设备验收入库,在安装过程中,领用工程用材料 1 200 元,以银行存款支付临时工工资 300 元,作会计分录如下：

（1）支付设备价款及费用。

借：在建工程——设备安装工程　　　　　　　　　　　61 000
　　贷：银行存款　　　　　　　　　　　　　　　　　　　　61 000

（2）领用原材料,支付临时工工资。

借：在建工程——设备安装工程 1 500
　　贷：工程物资 1 200
　　　　银行存款 300

（3）安装完毕交付使用。

借：固定资产——设备 62 500
　　贷：在建工程——设备安装工程 62 500

（二）建造工程的核算

企业建造的工程,有自营和出包两种形式。自营建造的工程需自购材料,自负职工工资。出包建造的工程交由工程建筑公司承包,包工、包料。其核算方法有所不同。

1. 自营建造工程

【例 8-6】 某企业自建简易仓库一幢,其有关经济业务如下：

（1）购入建筑材料 190 000 元（含增值税）,发生运输、装卸等费用 2 000 元,作会计分录如下：

借：在建工程——工程物资 192 000
　　贷：银行存款 192 000

（2）工程领用建筑材料 230 000 元和本企业商品 22 600 元（售价含税）,共领用材料 252 600 元,作会计分录如下：

借：在建工程——仓库建筑工程 252 600
　　贷：工程物资——××材料 230 000
　　　　主营业务收入 20 000
　　　　应交税费——应交增值税（销项税额） 2 600

（3）计算工程工人工资 30 000 元,作会计分录如下：

借：在建工程——仓库建筑工程 30 000
　　贷：应付职工薪酬 30 000

（4）支付银行借款利息 18 000 元（竣工前）,作会计分录如下：

借：在建工程——仓库建筑工程 18 000
　　贷：银行存款 18 000

如该项借款是在竣工决算以后支付的,应计入当期损益,以"财务费用"列支。

（5）工程完工,工程用材料多余 2 000 元,经批准转作日常修理用。

借：原材料——×× 2 000
　　贷：在建工程——仓库建筑工程 2 000

（6）仓库交付使用，按实际发生的全部支出转账，作会计分录如下：

借：固定资产——仓库　　　　　　　　　　　　　　　　　298 600

　　贷：在建工程——仓库建筑工程　　　　　　　　　　　　　　298 600

2. 出包工程

【例 8-7】 某企业建造营业大楼一幢，由建筑工程公司承包建造，按照承包合同，工程全部价款为 5 000 000 元，先预付 60%，余款待工程竣工后付清。

（1）以银行存款预付工程价款，作会计分录如下：

借：在建工程——预付工程价款　　　　　　　　　　　　　3 000 000

　　贷：银行存款　　　　　　　　　　　　　　　　　　　　　　3 000 000

（2）工程竣工，收到承包单位账单，以银行存款补付工程价款，作会计分录如下：

借：在建工程——出包大楼工程　　　　　　　　　　　　　5 000 000

　　贷：在建工程——预付工程价款　　　　　　　　　　　　　　3 000 000

　　　　银行存款　　　　　　　　　　　　　　　　　　　　　　2 000 000

（3）营业大楼交付使用，结转已完工程，按实际发生的全部支出转账，作会计分录如下：

借：固定资产——营业大楼　　　　　　　　　　　　　　　5 000 000

　　贷：在建工程——出包大楼工程　　　　　　　　　　　　　　5 000 000

如果建造的固定资产已经竣工交付使用，但尚未办理竣工决算的工程，应估价转入"固定资产"账户，并计提折旧。竣工决算办理完毕后，按决算数调整估价和已提的折旧数。

3. 在建工程的报废或毁损

在建工程在施工过程中由于设计、施工质量的人为因素或自然灾害的影响，发生全部工程或部分工程报废或毁损时，应区别情况进行处理。

（1）整个工程报废或毁损，应在扣除残料价值和过失人或保险公司的赔款后的净损失，计入未完工程支出，具体账务处理如下：

一是报废或毁损工程清理中所发生的变价收入冲减在建工程。

借：银行存款（或库存现金）　　　　　　　　　　　　　　×××

　　贷：在建工程——××工程　　　　　　　　　　　　　　　　×××

二是向设计施工单位或保险公司取得赔偿收入亦冲减在建工程。

借：银行存款（或其他应收款）　　　　　　　　　　　　　×××

　　贷：在建工程——××工程　　　　　　　　　　　　　　　　×××

三是将扣除收入后的净损失转入未完工程支出。

借：在建工程——未完成工程支出　　　　　　　　　　×××
　　贷：在建工程——××工程　　　　　　　　　　　　×××

（2）单项工程报废或毁损，其残料变价收入、赔偿收入的账务处理与整个工程报废或毁损相同，所不同的是对报废或毁损净损失的处理，应分别按企业开始业务经营前后不同处理。

第一，在企业筹建期间发生的报废或毁损作为开办费列支，并在企业开始业务经营后，于当月一次摊销。

借：长期待摊费用——开办费　　　　　　　　　　　　×××
　　贷：在建工程——××工程　　　　　　　　　　　　×××

第二，在企业开始业务经营投入使用后发生的报废或毁损作为营业外支出处理。

借：营业外支出——非常损失　　　　　　　　　　　　×××
　　贷：固定资产　　　　　　　　　　　　　　　　　×××

第三，如果报废或毁损的净损失数额较大，可以先列入"长期待摊费用"账户，分期摊销。

第三节　固定资产折旧的核算

一、固定资产折旧的含义

固定资产折旧是指固定资产在使用中逐渐损耗而转移到商品流通费中去的那部分价值。固定资产折旧的依据是损耗程度。

固定资产损耗有有形损耗和无形损耗两种。有形损耗是物质损耗，包括使用损耗和自然损耗。使用损耗是由于磨损、腐蚀等原因造成的物质损耗；自然损耗是由于风吹、日晒、雨淋生锈所造成的物质损耗。无形损耗是功能损耗，是由于科学技术进步和劳动生产率提高，采用新设备而引起原有固定资产贬值或损失。因此，计提固定资产折旧额应全面考虑有形损耗和无形损耗，使固定资产折旧与损耗程度尽可能一致。

二、计提折旧的固定资产范围

固定资产应当按月计提折旧，并根据用途计入相关固定资产的成本或当期损益。从固定资产投入使用月份的次月开始，按月计提。停止使用的固定资产，从停用月份的次月开始，停止计提。

商业企业应计提折旧的固定资产有：房屋及建筑物；在用的机器设备；仪器仪

表;运输工具;工具器具;季节性停用和修理停用的设备;融资租入和以经营租赁方式租出的固定资产。

不提折旧的固定资产有:未使用或不需用的机器设备;以经营租赁方式租入的固定资产;在建工程项目交付使用以前的固定资产;已提足折旧继续使用的固定资产;未提足折旧提前报废的固定资产;国家规定不提折旧的其他固定资产。

三、计提固定资产折旧的方法

固定资产的折旧方法一般企业采用平均年限法,即直线法或工作量法。商品检测设备、电子计算机以及经财政部批准的部分设备,也可选用加速折旧法,即双倍余额递减法或年数总和法。企业应在固定资产折旧年限表(见表8-2)的基础上制定具体的固定资产目录和折旧年限。

表8-2 　　　　　　　　　商品流通企业固定资产分类折旧年限参照表

项 目 类 别	折旧年限	项 目 类 别	折旧年限
一、通用设备分类		7. 烘干设备	6～10 年
1. 机械设备	10～14 年	8. 酱油、醋、酱、腌菜腐蚀性严重	
2. 动力设备	11～18 年	的设备和废旧物资加工设备	4～8 年
3. 传导设备	15～28 年	9. 库(厂)内铁路专用线	10～14 年
4. 运输设备	8～14 年	10. 地磅	7～12 年
5. 自动化、半自动控制设备	8～12 年	11. 吊运机械设备	8～14 年
电子计算机	4～10 年	12. 消防安全设备	4～8 年
空调器、空气压缩机、电气		13. 其他经营用设备及器具	15～20 年
设备	10～15 年	三、房屋、建筑物分类	
通用测试仪器设备	7～12 年	1. 经营用房、仓库	
传真机、电传机、移动无线电话	5～10 年	钢结构	35～45 年
电视机、复印机、文字处理机	5～8 年	钢筋混凝土结构	30～35 年
音响、录(摄)像机	10～15 年	钢筋混凝土砖结构	25～30 年
二、专用设备分类		砖木结构	20～30 年
1. 营业柜台、货架	3～6 年	危险物品专用仓库	20～25 年
2. 加工设备	10～15 年	2. 简易房	8～10 年
3. 油池、油罐	4～14 年	围墙	4～8 年
4. 制冷设备	10～15 年	烘干塔	12～17 年
5. 粮食原料整理筛选设备	6～10 年	地坪、晒场、晒台、货场	5～10 年
6. 小火车	6～12 年	3. 其他建筑物	10～20 年

固定资产的应提折旧额一般按照固定资产的原值,预计残值率和分类年折旧率计算。其计算方法如下。

(一)平均年限法

这是按照固定资产使用年限平均计算折旧额的一种方法。因为用这种方法计算的折旧累计额呈直线上升的趋势,所以又称为直线法。

平均年限法是最简单、最普遍使用的方法之一。采用平均年限法所计算的折旧额每年相同,其缺陷是没有考虑固定资产的使用程度。

平均年限法的计算方法是:以固定资产原值减去固定资产预计残值(一般为固定资产原值的 5%~10%),除以固定资产预计使用年限。如果需要少留或不留残值的,应报经当地税务机关批准。固定资产预计使用年限应不低于规定的最短年限。

平均年限法的计算公式如下:

$$\text{某类固定资产年折旧额}=\frac{\text{该类固定资产原值}-\text{预计残值}}{\text{该类固定资产预计使用年限}}$$

$$\text{某类固定资产月折旧额}=\frac{\text{该类固定资产年折旧额}}{12}$$

或:

$$\text{某类固定资产年折旧率}=\frac{1-\text{某类固定资产预计残值率}}{\text{某类固定资产预计使用年限}}\times100\%$$

$$\text{某类固定资产月折旧率}=\text{某类固定资产年折旧率}\div12$$

$$\text{某类固定资产月折旧额}=\text{某类固定资产原值}\times\text{月折旧率}$$

【例 8-8】 某商业企业某类固定资产原值为 1 000 000 元,预计残值为 50 000 元,预计使用年限 10 年,则折旧额的计算如下:

$$\text{年折旧额}=\frac{1\,000\,000-50\,000}{10}=95\,000(\text{元})$$

$$\text{月折旧额}=95\,000\div12=7\,916.67(\text{元})$$

(二) 工作量法

这是按照固定资产的工作量或工作时间计算折旧的一种方法,也是平均计算折旧的方法。其计算公式如下:

(1) 按行驶里程计算折旧:

$$\text{单位里程折旧额}=\frac{\text{原值}\times(1-\text{预计残值率})}{\text{总行驶里程}}$$

(2) 按工作小时计算折旧:

$$\text{每工作小时折旧额}=\frac{\text{原值}\times(1-\text{预计残值率})}{\text{总工作小时}}$$

(3) 按台班计算折旧:

$$\text{每台班折旧额}=\frac{\text{原值}\times(1-\text{预计残值率})}{\text{总工作台班数}}$$

(三) 加速折旧法

这是加速计提折旧的方法。采用加速折旧法计提折旧,可以使固定资产在使用早期多提折旧,在使用后期少提折旧,整个折旧期间的折旧费用呈逐年递减的走势,从而可使固定资产的原始成本能在有效使用期内早日摊入成本费用。

加速折旧法主要有双倍余额递减法、年数总和法、余额递减法等等。现将常用的两种简述如下:

(1) 双倍余额递减法,也称加倍递减余额法,是加速折旧方法的一种。它在不考虑预计残值的情况下,用直线法折旧率的双倍去乘以固定资产在每一会计期间的期初账面净值。

其计算公式如下:

$$年折旧率=\frac{2}{折旧年限}\times100\%$$
$$月折旧率=年折旧率\div12$$
$$月折旧额=固定资产账面净值\times月折旧率$$

采用双倍余额递减法,只要固定资产仍在使用,其期初账面净值就会一直存在,不可能冲销。为此,应在固定资产折旧到期以前 2 年内,将固定资产净值扣除残值后的差额平均摊销,使最后 1 年的账面净值与预计残值相等。

【例 8-9】 设某项设备账面原值为 160 000 元,预计残值为 5 000 元,预计可使用 5 年。则该项设备年折旧率的计算如下:

$$该项设备年折旧率=\frac{2}{5}\times100\%=40\%$$

其各年折旧额计算见表 8-3。

表 8-3　　　　　　　　　　固定资产年折旧额计算表

(双倍余额递减法)　　　　　　　　　　单位:元

计算期	期初账面余额	折旧率	折旧额	累计折旧额	期末账面余额
1	160 000	40%	64 000	64 000	96 000
2	96 000	40%	38 400	102 400	57 600
3	57 600	40%	23 040	125 440	34 560
4	34 560	—	14 780	140 220	19 780
5	19 780	—	14 780	155 000	5 000

第 4、第 5 年两年的折旧额计算如下:

$$(34\ 560-5\ 000)\div2=14\ 780(元)$$

(2) 年数总和法,也称折旧年限积数法、年数比例法、变率原值递减法、递减分数法等,是按各年不同的递减分数乘以折旧基数来计算各年折旧额的一种方法。采用这种方法,要先计算各年的递减分数,其计算方法是以固定资产的使用年数逐年相加之和作为分母,如以 5 年使用期为例,其逐年相加之和为 15(1+2+3+4+5);再将逐年数按 5,4,3,2,1 顺序作为分子,所得分数即为该年折旧率。这样第 1 年的递减分数为 $\frac{5}{15}$,第 2 年的递减分数为 $\frac{4}{15}$,以此类推。最后将各年递减分数乘以折旧基数,即得出各年应提的折旧额。

【例 8-10】 设某项固定资产原值为 190 000 元,预计使用 5 年,残值为原值 10 000 元,其各年的折旧额见表 8-4。

表 8-4

固定资产年折旧额计算表

(年数总和法)

单位:元

计算期	原值-残值	递减分数	年折旧额	累计折旧额	账面余额
0					190 000
1	180 000	5/15	60 000	60 000	130 000
2	180 000	4/15	48 000	108 000	82 000
3	180 000	3/15	36 000	144 000	46 000
4	180 000	2/15	24 000	168 000	22 000
5	180 000	1/15	12 000	180 000	10 000

固定资产折旧的方法和折旧年限一经确定,不能随意变动。

四、固定资产折旧的账务处理

固定资产折旧的账务处理是通过"累计折旧"账户进行的。它是"固定资产"账户的抵减账户,用来调整固定资产的价值。计提固定资产折旧时,借记"管理费用——折旧费"账户,贷记"累计折旧"账户。

借:管理费用——折旧费　　　　　　　　　　　　　×××

贷:累计折旧　　　　　　　　　　　　　　　　×××

第四节　固定资产和工程物资减值的核算

一、固定资产减值的核算

(一)固定资产的期末计价

固定资产由于市场价格持续下跌,技术陈旧、损坏,长期闲置等原因导致固定资产可收回金额低于账面价值。这部分可收回金额低于账面价值的差额,称为固定资产价值减值。

对于已发生的固定资产价值减值,按照会计核算真实性和稳健性的原则,制度规定,企业至少在年度终了时,要对各项固定资产进行全面检查,合理预计可能发生的损失,计提固定资产减值准备,当存在下列情况之一时,应按该项固定资产账面价值全额计提减值准备。

（1）长期闲置不用,在可预见的未来不会再使用,且已无转让价值的固定资产。

（2）由于技术进步等原因,已不可能使用的固定资产。

（3）虽然尚可使用,但使用后产生不合格品的固定资产。

（4）已遭毁损,以致不再具有使用价值和转让价值的固定资产。

（5）实质上已不能再给企业带来经济利益的固定资产等等。

已全额提取减值准备的固定资产,不再计提折旧。

（二）固定资产减值准备的账务处理

计提固定资产减值准备是通过"固定资产减值准备"账务进行核算的。该账户是固定资产的抵减账户。它的贷方登记计提的固定资产减值准备数额;借方登记已计提减值准备的固定资产价值得以恢复转回的数额;期末贷方余额表示企业已提取尚未转销的固定资产减值准备。

企业预计固定资产发生减值后,按可收回金额低于账面价值的差额计提固定资产减值准备时,借记"资产减值损失"账户;贷记"固定资产减值准备"账户。如有发现前期已提固定资产减值准备的因素已发生变化,可使固定资产可收回金额得到恢复,应在原已提减值准备的范围内转回,借记"固定资产减值准备"账户,贷记"资产减值损失"账户。

"资产减值损失"账户是损益类账户,用来核算企业计提各项资产减值准备所形成的损失,包括应收款项、存货、长期股权投资、固定资产、无形资产等资产发生减值的损失。它的借方登记各项资产发生减值的损失;贷方登记各项资产价值恢复增加数;期末余额转入"本年利润"账户后无余额。

【例 8-11】　某商厦通过年终对固定资产的全面检查,由于市价持续下跌,预计可收回金额低于账面价值的有:

（1）电子计算机 2 台,每台原值为 9 000 元,已提折旧 1 800 元,每台预计可收回金额为 5 200 元,每台低于账面价值 2 000 元。

（2）4 吨送货车一辆,原值为 150 000 元,已提折旧 60 000 元,预计可收回金额为 70 000 元,低于账面价值 20 000 元。

计提减值准备,作会计分录如下:

借:资产减值损失　　　　　　　　　　　　　　　　　　24 000

　　贷:固定资产减值准备　　　　　　　　　　　　　　　　　　24 000

如果市价发生变化,后期发现已提固定资产减值准备的电子计算机每台可回

收金额为 6 000 元,可在原已提减值准备的范围转回每台 800 元,2 台共计 1 600 元。作会计分录如下:

借:固定资产减值准备   1 600
  贷:资产减值损失   1 600

二、工程物资减值准备的核算

制度规定企业应定期或者至少于每年年度终了,对物资工程进行全面检查,如果有证据表明工程物资已发生减值,应当计提减值准备。包括:

(1) 长期停建并且预计在未来 3 年内不会重新开工的在建工程。

(2) 所建项目无论在性能上,还是在技术上已经落后,并且给企业带来的经济利益具有很不确定性。

(3) 其他足以证明在建工程已经发生减值情况。

企业发生工程物资减值时应单独设置"工程物资减值准备"账户进行核算。其会计核算比照"固定资产减值准备"账户进行,作会计分录如下:

证据表明工程物资已经发生减值,计提减值准备时:

借:资产减值损失   ×××
  贷:工程物资减值准备   ×××

已计提减值准备的在建工程价值得以恢复时:

借:工程物资减值准备   ×××
  贷:资产减值损失   ×××

第五节　固定资产减少的核算

商业企业的固定资产减少的原因主要有出售、报废、毁损等。

固定资产减少要通过"固定资产清理"账户进行核算。"固定资产清理"账户是资产类账户,用来核算企业因出售、报废、毁损、对外投资、非货币性资产交换、债务重组等原因转出的固定资产价值以及在清理过程中所发生的清理费用和清理收入。它的借方登记出售、报废和毁损的固定资产转入清理的价值和清理过程中发生的费用;贷方登记收回出售固定资产的价款、残料价值和变价收入;贷方余额表示清理后的净收益;借方余额表示清理后的净损失;清理完毕后应将其贷方或借方余额转入"营业外收入"或"营业外支出"账户。

"固定资产清理"账户应按被清理的固定资产设置明细账。

一、固定资产出售的核算

商业企业对不需用或多余的固定资产,可以有偿转让,出售给其他单位。固定资产出售时,应转销固定资产原值和已提累计折旧数,并将其净值转入"固定资产清理"账户,如出售的固定资产价款大于固定资产净值,其差额作营业外收入处理;反之,则作营业外支出处理。

【例 8-12】　某企业出售旧汽车一辆,账面原值为 180 000 元,已提折旧 80 000元,现以 120 000 元作价出售,价款收到存入银行,作会计分录如下:

（1）将旧汽车转入清理。

借:固定资产清理——汽车　　　　　　　　　　　　　100 000
　　累计折旧　　　　　　　　　　　　　　　　　　　 80 000
　　　贷:固定资产——汽车　　　　　　　　　　　　　　　180 000

（2）收到价款,存入银行。

借:银行存款　　　　　　　　　　　　　　　　　　　120 000
　　　贷:固定资产清理——汽车　　　　　　　　　　　　　120 000

（3）将"固定资产清理"账户贷方余额转作处理固定资产收益。

借:固定资产清理　　　　　　　　　　　　　　　　　 20 000
　　　贷:营业外收入——非流动资产处置利得　　　　　　　 20 000

二、固定资产报废和毁损的核算

固定资产在使用过程中,由于不断发生损耗,而丧失功能,应按规定程序报废,经批准后进行清理。

固定资产报废时应转入清理,除转销其原值及已提折旧外,还应将其残值转入"固定资产清理"账户借方;在清理过程中所发生的残料价值和变价收入,以及固定资产毁损,须由保险公司或过失人赔偿的损失,也应分别转入"固定资产清理"账户贷方。清理以后的净收入,应按不同情况进行处理,属于正常处理损失,以"营业外支出——处理固定资产损失"账户处理,属于自然灾害等非正常原因造成的毁损,以"营业外支出——非常损失"账户处理。

【例 8-13】　某企业有旧运输设备一台,原值为 120 000 元,预计使用年限为 10年,估计残值率为 5%,已提折旧 114 000 元,现使用期已满,进行报废处理。在清理过程中发生清理费用 500 元,以银行存款支付,残料入库,作价 1 400 元,其会计分录如下:

（1）转销报废设备账面价值。

借:固定资产清理——运输设备　　　　　　　　　　　　6 000
　　累计折旧　　　　　　　　　　　　　　　　　　　114 000
　　　贷:固定资产——运输设备　　　　　　　　　　　　　120 000

（2）支付清理费用。

借：固定资产清理——运输设备   500
  贷：银行存款   500

（3）残料变价收入存入银行。

借：银行存款   1 400
  贷：固定资产清理   1 400

（4）清理完毕，结转清理损失。

借：营业外支出——处置非流动资产损失 5 100
  贷：固定资产清理——运输设备（6 000＋500－1 400） 5 100

第六节　固定资产修理及清查盘点的核算

一、固定资产修理的核算

商业企业的固定资产，由于使用和自然力的影响及意外事故等原因，其价值和使用价值都会不断降低，实物会损坏。为了保持固定资产的工作能力，延长其使用年限，恢复其使用价值，使之处于完好状态，充分发挥其使用效能，就必须对固定资产进行经常的维护和修理。

固定资产的修理费用，一般计入当期损益，作为期间费用处理。修理费用发生时，借记"管理费用——修理费"账户，贷记"银行存款"或"库存现金"等账户。

如果当期修理的固定资产较多，发生的费用较大，对当期的费用水平和财务成果有较大影响时，可采用1年以上分期摊销的方法进行处理。发生修理费时，借记"长期待摊费用"账户，贷记"银行存款"或"库存现金"等账户。分期摊销时，借记"管理费用——修理费"账户，贷记"长期待摊费用"账户，也可采用预提方法，先提后摊。

二、固定资产清查盘点的核算

商业企业为保护固定资产的安全，应建立固定资产清查盘点制度。通过年终实地盘点，对于盘盈、盘亏的固定资产，在未查清原因前，先转入"待处理财产损溢"账户，盘盈的固定资产作为以前年度会计差错处理，通过"以前年度损益调整"账户核算。盘盈、盘亏的固定资产在查明原因、报经批准后转入"营业外收入——固定资产盘盈利得"或"营业外支出——固定资产盘亏损失"账户处理。

1. 固定资产盘盈

盘盈的固定资产应按重置完全价值和估算折旧额入账，其盘盈固定资产净值作营业外收入处理。

【例8-14】　某企业年终盘点，发现账外通讯设备一台，估计重置完全价值为

20 000 元,按其新旧程度估计折旧额为 8 000 元。假如所得税税率为 25%,按净利润的 10% 计提盈余公积,作会计分录如下:

(1) 未查明原因前。

　　借:固定资产(重置成本)　　　　　　　　　　　　　　　　　12 000
　　　　贷:以前年度损益调整　　　　　　　　　　　　　　　　　　　　12 000

(2) 查明原因经批准转账。

　　借:以前年度损益调整　　　　　　　　　　　　　　　　　　　3 000
　　　　贷:应交税费——应交所得税　　　　　　　　　　　　　　　　　3 000

(3) 借:以前年度损益调整　　　　　　　　　　　　　　　　　　9 000
　　　　贷:盈余公积　　　　　　　　　　　　　　　　　　　　　　　　900
　　　　　　未分配利润　　　　　　　　　　　　　　　　　　　　　　8 100

2. 固定资产盘亏

盘亏的固定资产按固定资产原值和已提折旧额转销账面数,其盈亏固定资产净值作营业外支出处理。

如[例 8-14]为固定资产盘亏,则作会计分录如下:

(1) 未查明原因前。

　　借:待处理财产损溢——固定资产盘亏　　　　　　　　　　　12 000
　　　　累计折旧　　　　　　　　　　　　　　　　　　　　　　8 000
　　　　贷:固定资产——通信设备　　　　　　　　　　　　　　　　　20 000

(2) 查明原因经批准转账。

　　借:营业外支出——非流动资产盘亏损失　　　　　　　　　　12 000
　　　　贷:待处理财产损溢——固定资产盘亏　　　　　　　　　　　　12 000

三、固定资产的明细分类核算

为了加强固定资产管理,及时反映各项固定资产增减变动和分布情况,并为计算折旧提供必要资料,企业必须设置固定资产明细账,进行分类核算。

商业企业的固定资产明细账,按固定资产项目,连同附属设备,分户设置,可用订本式(见表 8-5)、卡片式(见表 8-6)。明细账上应详细记载固定资产编号、类别、名称、规格、技术特征、附属物、使用单位、存放地点、购入时间、原始价值、规定折旧年限、折旧率(额),以及修理、改造、出售、清理、报废等情况。固定资产明细账也可与固定资产折旧明细账结合,设置联合式账页。采用卡片式的固定资产明细账,对出售、报废的固定资产,可根据有关凭证卡片注明,抽出另行保存。

表 8-5   **固定资产明细分类账**

类别：   名称：   规格：   使用年限：   预计单位残值：

分类编号：   品种编号：   单位：   年折旧率：

年		凭证编号	摘 要	增 加		减 少		结 存	
月	日			数量	金额	数量	金额	数量	金额

    企业财会部门为了总括反映各个使用保管部门的固定资产的增减变化和使用保管情况，还可按固定资产使用保管部门或固定资产类别设置"固定资产登记簿"（见表 8-7），登记固定资产增减变动及其余额。

表 8-6   **固定资产卡片**

单位名称：   分类编号：

保管部门：   品种编号：

使用部门：   卡片编号：

名 称		购建年月		原值或重置价值		其 中安装费	
用 途		开始使用年月		预计残值		年折旧率	
规格型号		预计使用年月		预计清理费用		其他技术特征	

附属设备	名称：		型号：		原值：	

修理、改造、事故等变更情况		转移记录		报废清理	
开工日期		年 月		清理日期	
完工日期		摘 要		清理原因	
摘 要		接受单位		清理费用	
发生费用				清理收入	

表 8-7

固定资产登记簿
年

类别：　　　　　　　　　　　明细分类：　　　　　　　　　　　单位：

月份	增 加 数						减 少 数						结 存 数		
				其　中					其　中						
	××部门	××部门	合计	购建	其他单位投入	盘盈	内部转移	××部门	××部门	合计	出售	报废	盘亏	内部转移	××部门	××部门	合计
年初数 1月份																	

为保证会计核算正确,达到账账、账实相符,固定资产明细账,固定资产登记簿和总分类账要定期核对和清查盘点实物。

第七节　无形资产及其他资产的核算

一、无形资产的核算

（一）无形资产的特征

无形资产是相对有形资产而言的,是指企业拥有或者控制的没有实物形态的可辨认的非货币性资产。它包括:专利权、非专利技术、商标权、著作权、土地使用权等。

专利权是指创造发明者对其成果经申请注册登记后享受拥有和获利的权利;非专利技术是指生产上未经公开的知识、技术和经验,包括各种资料、图纸、数据、技术规范、工艺流程、原料配方,以及独有的经验和技巧。专利权和非专利技术是具有垄断性质的财产权,可以从其他企业或个人购入,也可以转让,还可以作为资本投入。

商标权是指为标明某种商品而专门使用的一种特定的名称或图案的权利。商标所有者必须经政府主管部门批准注册,其专用权才能在一定期限内受法律保护,商标权可以转让。

著作权是指文学艺术、书籍的作者及其出版单位依法所享有对其著作、艺术品及出版发行的专有权利。著作权有自己创造的,也有购买的。著作权成本一般作为当期费用列支,也可以分期摊销。

土地使用权是企业将向政府交纳的土地使用费作为投入资本处理,从而取得的权利。不作为投资的土地使用费不能作为无形资产处理。

作为无形资产,通常具有以下几方面特征:

(1)无实物形态。是没有形态的资产,无形资产不像房屋、设备等固定资产那样具有物质实体,它是一种可辨认的资产形式,是企业拥有的具有较大价值的一种特殊权利。

(2)无物质损耗。无形资产不具有独立的实物实体,所以不存在物质损耗,也无需折旧。但对取得无形资产的支出,应摊销于受益期间。

(3)有效期较长。无形资产能在较长时期内为企业提供经济效益,即具有未来的经济效益。由于有效期不同,无形资产为企业提供的经济效益期限也不一致。

(二)无形资产的计价

商业企业的无形资产按原始价值入账。其作价原则为:

(1)投资者作为资本金或合作条件投入的无形资产,按评估确认或合同、协议及企业申请书约定的金额作价。

(2)购入的无形资产,按实际支付的价款计价。

(3)按法律程序认可的自行开发无形资产过程中发生的实际净支出计价。

(4)接受捐赠、从境外引进的无形资产,按所附单据或参照市场同类无形资产价格经评估作价。

(5)购入的土地使用权,按照实际支付的价款作为实际成本。

无形资产在计价时,需具备详细资料。包括所有权或使用权证书的复印件,作价的依据和标准。无形资产由于情况变动等原因需要评定重估价值时,应根据购入成本及该项资产的获利能力估价;自创或者自身拥有的未单独计算成本的无形资产,根据该项资产的获利能力评定重估价值。

(三)无形资产的账务处理

无形资产的核算是通过"无形资产"账户进行的。"无形资产"账户是资产类账户,用来核算企业专利权、非专利技术、商标权、著作权、土地使用权等各种无形资产的价值。它的借方登记因购入、自行创造、接受投资、捐赠而取得的无形资产价值;贷方登记因转让、摊销而减少的无形资产价值;期末借方余额表示无形资产的成本。

1. 无形资产取得的核算

商业企业的无形资产的取得,有购入、自创、其他单位投资转入和接受捐赠等方面。

(1)企业购入或自行创造并按法律程序申请取得的无形资产,按实际支出数,作会计分录如下:

借:无形资产——专利权(或其他)　　　　　　　×××
　　贷:银行存款(或其他账户)　　　　　　　　　　×××

（2）其他单位投资转入的无形资产，应按确认的价值，作会计分录如下：

借：无形资产——商标权（或其他）　　　　　　　　　　　×××
　　贷：实收资本　　　　　　　　　　　　　　　　　　　×××

（3）接受其他捐赠，按所附单据或市场同类价格入账，作会计分录如下：

借：无形资产（确定的实际成本）　　　　　　　　　　　　×××
　　贷：营业外收入（确定的价值减去未来应交所得税的差额）　×××
　　　　银行存款（支付的相关费用）　　　　　　　　　　　×××
　　　　应交税费（应交的相关税金）　　　　　　　　　　　×××

2. 无形资产处置的核算

（1）出售无形资产。按实际取得转让收入时，借记"银行存款"账户，按已计提的累计摊销，借记"累计摊销"账户，按应支付的相关税费及其他费用，贷记"应交税费"等账户。同时，按无形资产账面价值，贷记"无形资产"账户。按其差额，贷记"营业外收入——处置非流动资产利得"或借记"营业外支出——处置非流动资产损失"账户。

【例8-15】　某企业转让一项专利所有权给A单位，取得转让收入40万元，该项无形资产账面价值为36万元，累计摊销4万元。收到转让收入，存入银行，作会计分录如下：

借：银行存款　　　　　　　　　　　　　　　　　　　400 000
　　累计摊销　　　　　　　　　　　　　　　　　　　 40 000
　　贷：应交税费　　　　　　　　　　　　　　　　　　　20 000
　　　　营业外收入——处置非流动资产利得　　　　　　　60 000
　　　　无形资产——专利权　　　　　　　　　　　　　360 000

（2）出租无形资产。按租金收入，借记"银行存款"账户，贷记"其他业务收入"账户；但不注销账面价值，而只对履行转让合同规定义务所发生的服务等费用及应交营业税直接在"其他业务成本"账户中列支，借记"其他业务成本"账户，贷记"银行存款"账户。结转该项无形资产成本时，借记"其他业务成本"账户，贷记"无形资产"账户。

（3）投资的核算。企业的无形资产有已作价入账和未作价入账两种情况，在用作投资时，其核算方法也有所不同。

一是用已入账的无形资产投资，应按评估确定的价值，借记"长期股权投资"账户，按账面价值，贷记"无形资产"账户。按评估确定价值与账面价值的差额，借记或贷记"营业外收入——处置非流动资产利得"账户。

【例8-16】　某企业以某项专利所有权对B单位投资，此项专利权账面价值为30万元，累计摊销为2万元，评估确定价值为30万元，作会计分录如下：

借：长期股权投资 300 000

  累计摊销 20 000

  贷：无形资产——专利权 300 000

   营业外收入——处置非流动资产利得 20 000

二是用未入账的无形资产对外投资,应将账面价值视为零,按投资评估确定数转账。仍以[例 8-16],但无账面价值,作会计分录如下：

借：长期股权投资 300 000

  贷：资本公积 300 000

(4) 摊销的核算。无形资产应从开始使用之日起,按国家法律、法规、有效的合同、协议或企业申请书的规定期限及有效的使用年限分期摊销。使用期限难以预计的,按不少于 10 年的期限分期摊销。

在有效期内分期摊销数额以管理费用列支。无形资产摊销的核算是通过"累计摊销"账户进行的。"累计摊销"账户是资产类账户,用来核算企业对使用寿命有限的无形资产计提的累计摊销。其贷方登记计提数;借方登记结转数;其期末贷方余额表示企业无形资产的累计摊销额。作会计分录如下：

计提时：

借：管理费用——无形资产摊销 ×××

  贷：累计摊销 ×××

结转时：

借：累计摊销 ×××

  贷：无形资产 ×××

(5) 无形资产减值的核算。无形资产减值是指无形资产将来为企业创造的经济利益不足以补偿无形资产的成本(摊余成本),具体表现为无形资产的账面价值超过了其可收回的金额。

按制度规定,企业应当至少在每年年度终了检查各项无形资产预计给企业带来未来经济利益的能力。在检查时如果发现以下情况,则应对无形资产的可收回金额进行估计,并将该项无形资产的账面价值高于可收回金额部分计提减值准备：① 该项无形资产已被其他新技术所代替,使其为企业创造经济利益的能力受到重大不利影响。② 该项无形资产的市价在当期大幅下跌,并在剩余摊销年限内可能不会恢复。③ 其他足以表明该项无形资产的账面价值已超过可收回金额的情形。

无形资产的价值受很多因素影响,可能会受市场供需变化及其他原因,出现某项无形资产以前年度所预计减值的损失已全部消失或部分消失。对这种情况,制度规定企业可将以前年度已确认减值的损失予以全部或部分转回,但转回的金额不将超过已提减值准备的账面余额。

计提无形资产减值准备是通过"无形资产减值准备"账户进行核算的。该账户为无形资产抵减账户，无形资产发生减值的按减值的金额贷记本账户。处置无形资产应同时结转减值准备。贷方登记减值准备提取数；借方登记减值准备转回数，其贷方余额为企业已提取尚未转销的无形资产减值准备。

【例 8-17】 某超市公司年底对无形资产账面价值进行全面检查时确定某项商标权账面价值 100 000 元，因市场有同类商品的新商标出现，预计未来会降低经济利益的能力，确定可收回金额为 80 000 元，计提减值准备，作会计分录如下：

借：资产减值损失　　　　　　　　　　　　　　　　　　20 000
　　贷：无形资产减值准备　　　　　　　　　　　　　　　　　　20 000

次年该项商标权的价值又得以恢复，转回以前年度计提的减值准备，作会计分录如下：

借：无形资产减值准备　　　　　　　　　　　　　　　　　20 000
　　贷：资产减值损失　　　　　　　　　　　　　　　　　　　　20 000

二、其他资产的核算

（一）其他资产的概念

商业企业除了流动资产、非流动资产以外，还有一种递延性质的其他资产。它是指不能计入当年损益，应当在以后年度分期摊销的长期待摊费用。

长期待摊费用是指企业已经支出，但不能全部计入当年损益，摊销期在 1 年以上（不含 1 年）的各项费用，包括以经营租赁方式租入的固定资产改良支出和固定资产大修理支出以及摊销期在 1 年以上的其他各项待摊费用。

租入固定资产改良支出是指企业对经营租入的固定资产进行改建、翻修工程所支出的费用，如租入商场、仓库的改建。

固定资产大修理支出是指企业对固定资产进行全面整修所支出的费用，如房屋、车辆的大修。

其他长期待摊费用是指除租入固定资产改良支出、大修理支出以外的其他的待摊费用，如股票发行费。股份公司委托其他单位发行股票支付的手续费或佣金减去发行股票冻结期间的利息收入后的相关费用。从发行股票的溢价中不够抵销的，或者无溢价的，作为长期待摊费用。

（二）长期待摊费用的摊销

长期待摊费用应单独核算，在费用项目受益期限内分期平均摊销。

以经营租赁方式租入的固定资产改良支出，租赁期限与预计可使用年限两者孰短的期限内平均摊销。

固定资产大修理费用采用待摊方式的，应当将发生的大修理费用在下一次大修理前平均摊销。

其他长期待摊费用应当在受益期限内平均摊销。股票发行费用在不超过2年的期限内平均摊销。

企业在筹建期间内发生的开办费用,包括人员工资、办公费、培训费、差旅费、印刷费、注册登记费以及不计入固定资产价值的借款费用等,应当在开始生产经营的当月起一次摊销计入当期损益。

（三）长期待摊费用的核算

长期待摊费用是通过"长期待摊费用"账户进行核算的。该账户核算企业已经支出,但摊销期限在1年以上的各项费用。账户的借方登记发生数,贷方登记摊销数,其借方余额表示尚未摊销的各项长期待摊费用摊余价值。

【例8-18】 某公司修理运输设备发生修理费用90 000元,以银行存款支付。修理费分3年摊销,现已开始使用,作会计分录如下:

（1）支付修理费用时:

借:长期待摊费用——固定资产修理　　　　　　　　　　　　　　90 000
　　贷:银行存款　　　　　　　　　　　　　　　　　　　　　　　　90 000

（2）分期摊销时:

借:管理费用——修理费　　　　　　　　　　　　　　　　　　　30 000
　　贷:长期待摊费用——固定资产修理　　　　　　　　　　　　　30 000

【例8-19】 某公司将租入的营用用房进行改建,支付改建费用105 000元,分5年摊销,作会计分录如下:

（1）支付建筑公司改建费用,以银行存款支付:

借:长期待摊费用——租入固定资产改良工程　　　　　　　　　105 000
　　贷:银行存款　　　　　　　　　　　　　　　　　　　　　　105 000

（2）按月摊销改建费用:

借:管理费用——修理费　　　　　　　　　　　　　　　　　　　1 750
　　贷:长期待摊费用——租入固定资产改良工程　　　　　　　　　1 750

【例8-20】 某公司在筹备期间共发生开办费30万元,均以银行存款支付,现已开始营业,一次计入当月损益,作会计分录如下:

（1）开办费入账时:

借:长期待摊费用——筹备期费用　　　　　　　　　　　　　　300 000
　　贷:银行存款　　　　　　　　　　　　　　　　　　　　　　300 000

（2）摊销时:

借：管理费用——开办费　　　　　　　　　　　　　30 000
　　贷：长期待摊费用——筹备期费用　　　　　　　　　　30 000

除了上述固定资产、无形资产和其他资产以外，企业还有长期资产。它包括特准储备物资、银行冻结存款、冻结物资、国外冻结财产、待处理财产等。这里不再赘述。

三、或有资产

或有资产是指过去的交易或事项形成的潜在资产，其存在必须通过未来不确定事项的发生或不发生予以证实。

或有资产的特点有二：

一是或有资产由过去的交易或事项形成的。例如，12月20日，A公司状告B公司侵犯其专利权。至12月31日，法院尚未进行公开审理，A公司是否能胜诉尚难判断。对A公司来说，将来可能胜诉而获得资产是属于一项潜在的资产，是由过去事项形成的，这个过去事项就是B公司可能侵犯A公司的专利权。

二是或有资产是一项潜在资产，是随着情况变化的。或有资产是否能形成真正资产，是要通过未来不确定事项发生或不发生才能证实。而这未来不确定事项又不能完全由企业来控制。仍以上例。A企业的或有资产能否转化为真正的资产要由诉讼案件的调解或判决的结果来确定，如果A企业胜诉，或有资产就转化为一项基本可以肯定收到的资产，如果败诉，或有资产就消失，而且还要承担诉讼费。

根据或有资产的特点，或有资产作为一种潜在资产是会转化的，不符合资产确认条件，应不予确认，不需在会计报表中披露，但如果转化为资产可能给企业带来经济利益时，则应在会计报表附注中加以说明其形成的原因及预期财务影响。因为影响或有资产变化的因素很多，披露必须谨慎，应随时注意观察影响或有资产变化的原因，并作出相应处理。

思 考 题

1. 什么是固定资产？它有什么特点？

2. 固定资产应如何进行分类？

3. 固定资产有哪几种计价形式？

4. 什么是在建工程？如何对其进行核算？

5. 什么是固定资产折旧？它有哪几种计算方法？其适用范围如何？

6. 什么是融资性租赁固定资产？它与经营性租赁固定资产有何区别？

7. 在什么情况下固定资产需要清理？怎样对固定资产进行清理？

8. 什么是无形资产？有何特征？应如何计价？

9. 如何预计固定资产和无形资产的减值？

10. 什么是其他资产？它包括哪些内容？

习 题

1. 目的 练习固定资产增加和在建工程的核算。

资料 某企业201×年×月发生下列有关经济业务：

(1) 从外单位购入旧汽车一辆，市场价为195 000元，双方协商作价162 000元，价款以银行存款支付，汽车已办妥交接手续，予以入账。

(2) 国家拨入营业用房一幢，造价为600 000元，作为国家对企业投资，已办妥交接手续，予以入账。

(3) 向市内电子计算机厂购入电子计算机2台，每台价格为10 500元，支付包装费100元和搬运费50元，一并以银行存款支付，电子计算机已验收交付使用。

(4) 向市外电梯厂购入电梯2部，价值150 000元，包装费、运杂费计250元，款项已以电汇方式支付。电梯已运到，验收无误，即由安装部门进行安装，计领用安装材料920元，安装人员的工资360元，转入电梯安装成本。安装完毕后，验收合格，交付使用，予以转账。

(5) 以融资租赁形式向租赁公司租入不需安装设备一台，双方签订租赁合同，订明租赁设备价款为400 000元，每年年底付款一次，分4年付清。付款时同时按租金余额的12%收取利息，并按每次租金的2%收取手续费，款项付清后，企业支付8 000元名义价款取得财产所有权。在租入设备过程中，企业发生运输、保险等费用6 000元，以银行存款支付。该项设备的折旧年限为5年，残值率为5%，作融资租入固定资产的入账和月提折旧，支付每年租金、利息、手续费和转让费，及取得固定资产所有权的账务处理。

(6) 即日起对仓库停用进行扩建，仓库原值为680 000元。

① 购入修建材料380 000元，以银行存款支付。

② 扩建仓库领用材料200 000元。

③ 购入扩建工程用内部设备59 000元，支付运费200元，以转账支票支付。

④ 以银行存款预付扩建仓库工程包工款80 000元。

⑤ 扩建仓库工程领用材料170 000元。

⑥ 物资仓库盘点，材料损耗1 200元，经批准计入工程成本。

⑦ 扩建仓库工程竣工，结算包工费110 000元，扣除原预付款80 000元，余款以银行存款支付。

⑧ 修建材料结存8 800元，经批准转作企业日常维修材料。

⑨ 工程结束，转销扩建工程，增加固定资产。

要求 编制会计分录。

2. 目的 练习固定资产折旧的核算。

资料 某企业201×年4月1日应提折旧的固定资产如下：

（1）房屋及建筑物 869 600 元，年折旧率为 6%。

（2）运输车辆 282 400 元，年折旧率为 14.4%。

（3）电子计算机 60 000 元，年折旧率为 9.6%。

月内固定资产增减情况如下：

（1）建造房屋一幢，造价 300 000 元，预计使用年限 20 年，残值率为 5%。

（2）将小型运输车一辆转让给乙单位，原始价值为 66 000 元，已提折旧 24 000 元。

（3）恢复使用原先停用的铲车 2 辆，原值为 56 000 元。

（4）购入电子计算机一台，价值 10 000 元。

要求 按上述资料，计算 5 月份应提固定资产折旧额（用平均年限法）。

3. 目的 练习快速折旧法的核算。

资料 某企业有运输设备一台，原始价值为 100 000 元，预计残值率为 5%，预计使用年限为 5 年。

要求 请分别采用年数总和法和双倍余额递减法计算固定资产年折旧额。

4. 目的 练习固定资产减少和清理的核算。

资料 某企业 201×年 8 月发生下列有关经济业务：

（1）将商场营业房屋一幢，拨交联营单位使用，该房屋原值为 500 000 元，已提折旧 90 000 元，双方经评估确认为 450 000 元，作为企业投资额，予以转账。

（2）将不需用运输车一辆出售，原值为 150 000 元，已提折旧 54 000 元，售价为 110 000 元，价款已全部送存银行。

（3）冷库一幢，因结构损坏，不复使用，经批准报废清理。该冷库原值为 300 000 元，预计使用 20 年，预计残值为 15 000 元，现已使用 18 年 4 个月，在清理过程中，以银行存款支付清理费用 2 000 元，清理残料50 000 元，其中 20 000 元转作修建材料，25 000 元交总务部门作维修材料用，5 000 元售给职工，收回现金存入银行。

要求 编制会计分录。

5. 目的 练习无形资产的核算。

资料 某企业 201×年 6 月发生有关经济业务如下：

（1）将一项专利的所有权转让给 A 公司，取得转让收入 220 000 元，价款收到，存入银行。同时结转该项专利的成本。该项专利账面摊余价值为 254 000 元，已提减值准备 54 000 元。

（2）接受 B 公司投资转入专有技术一项，按双方确认的评估价格 125 000 元入账。

（3）以银行存款购入商标专用权一项，计价 120 000 元，其有效期为 10 年，结转本月应负担的摊销额。

(4) 向 C 公司投资一项专利,摊余价值为 200 000 元,双方评估确认为 180 000 元,予以转账。

(5) 以本企业的名店声誉向 D 单位投资,双方评估确认为 110 000 元,该项商誉未入账作价。

要求 编制会计分录。

6. 目的 练习其他资产的核算。

资料 某新建商厦在开业前后发生有关经济业务如下:

(1) 以现金支付筹建期间的职工工资 36 000 元。

(2) 以银行存款支付商场装修费 100 000 元。

(3) 以现金支付筹建期间的差旅费 3 000 元。

(4) 以银行存款支付筹建期间的办公费、注册登记费,以及职工培训费 61 000 元。

(5) 开始营业后将开办费摊入营业当月损益。

要求 编制会计分录。

第 九 章

对 外 投 资

【内容提示】 本章主要阐述企业对外投资的核算。投资是企业为通过分配来增加财富或为谋求其他利益,将资产让渡给其他单位所获得的另一项资产。通过学习,学生应了解对外投资的含义、分类以及投资对象的选择;明确长期投资与短期投资的特点,投资成本的确定,以及对投资减值的判断标准;掌握短期证券投资的购入、出售、计息的核算;长期股权投资的投入、收回和成本计算的方法,长期债权投资购入债券的溢价、折价和摊销的处理,以及各种投资形式的账务处理知识。

第一节 对外投资概述

一、对外投资的含义

对外投资是指通过分配来增加财富或谋求其他收益,将资产让渡给其他单位所获得的另一项资产,包括货币投资、发行权益性证券、非货币性资产交换以及债务重组等。

二、对外投资的分类

对外投资是属于企业的一种资产,按照投资的时间、性质和目的的不同,可以分为短期投资和长期投资两类。

（一）短期投资

这是指企业能随时变现,并且持有时间不准备超过 1 年的投资。其目的是利用间歇资金取得一定的收益。因此,作为短期投资,必须具备以下两个条件:

（1）必须能在公开市场上交易,并且有明确市价,能随时变现。

（2）持有投资作为剩余资金的存放形式,必须保持其流动性和获利性。

短期投资按其性质可以分为短期股票投资、短期债券投资、短期基金投资和短期其他投资。

短期投资通常是能够上市流通的各种股票、债券、基金及其他能随时变现的投资。短期投资的持有时间通常不超过1年,但如果实际持有时间已超过1年的短期投资,仍应作为短期投资,除非企业管理当局意欲改变投资目的,改短期持有为长期持有。

（二）长期投资

这是指企业在短期投资以外的不可能或者不准备在1年内变现的投资,包括股权投资、债券投资和其他投资,投资目的基本有以下四个方面:

（1）为了积累一定数额的资金,以备用于特定的用途,如为购买固定资产或者为积累偿债基金而储备资金。

（2）向另一企业投资,以便构成稳定的供销关系。

（3）控制被投资企业的股权或者兼并另一企业,以便实行对其他企业的控制。

（4）为获得较高的收益而购入不能在短期内兑现的证券。

长期股权投资依据对被投资单位产生的影响,可分为以下三种类型:

一是控制,是指有权决定一个企业的财务和经营政策,并能依据其从该企业的经营活动中获取利益。包括:① 投资企业直接拥有被投资单位50％以上的表决权资本。② 投资企业虽然直接拥有被投资单位50％或以下的表决权资本,但具有实质控制权。

二是共同控制,是指按合同约定对某项经济活动所共同的控制。这里所指"控制"是共同控制实体,是指两个或多个企业共同投资建立的实体,不包括控制经营和财产。该被投资单位的财务和经营决策必须由投资各方共同决定。

三是重大影响,是指对一个企业的财务和经营决策有参与决策的权力但并不决定这些政策。一般认为,当投资企业直接拥有被投资单位20％～50％的表决权资本时具有重大影响。如果投资企业直接拥有被投资单位20％以下表决权资本,因其在被投资单位的董事会或类似机构派有代表,参与被投资单位政策制定过程;或向被投资单位派出管理人员;或被投资单位依赖投资企业的技术资料等情况,也应被认为具有重大影响。

三、对外投资的对象

企业对外投资主要是以企业的现金、实物或无形资产向其他企业投资和购买其他企业的有价证券。企业对外投资应当首先保证能及时足额交纳各种税利,对于国家指令经营或专项储备的物资,申请的进出口许可证、配额,以及其他按国家规定不得用于投资的资产,企业不能对外进行投资。企业投资的主要对象如下。

（一）债券

债券是一种债权性证券。企业购入债券单纯是为了定期收取一定的利息。上市交易债券,随时可以在市场上买卖,市场价格根据市场利率和客观环境随时变化,因此,通过买卖所获得的收入不一定与票面利率相符。我国债券分为国家债券和公司债券。国家债券有国库券和政府公债。公司债券是由企业发行的,按担保方式、发行和偿还形式不同,可分为有担保的公司债券和信用公司债券;内部债券和向外公开发行债券;一次还本债券和分期还本债券等三类。

（二）股票

股票是股份有限公司发给股东的股份凭证。股票按股份的权利划分,可分为普通股和优先股。普通股是一种权益性证券,企业购入普通股后对发行股票的企业有投票表决权,并在经营情况较好的条件下,投资人可获得较好的股利和因股票升值而获得好处。如在持票股数达到足以影响发行股票企业的经营时,对发行公司就拥有控制权。因此,企业投资于普通股票除了为取得较优厚的股利外,还可以取得企业的经营管理权。优先股股票是一种既有债权性又有权益性的证券,企业发行的优先股股票规定有一定的股利率,与普通股比较,可获得优先支取股利权和优先获得剩余财产权,但没有投票表决权。有的优先股可以转换为普通股,称为可转换证券。

第二节　短期投资的核算

一、账户设置

企业进行短期投资,应设置"交易性金融资产"账户进行核算。该账户为资产类账户,用来核算企业为交易目的所持有的债券投资、股票投资、基金投资等交易性金融资产的公允价值(在公平交易中,交易双方自愿进行资产交换或债务清偿的金额)。该账户的借方登记企业取得各种交易性金融资产的公允价值;贷方登记出售交易性金融资产实际收到的金额;其期末借方余额表示企业持有各种交易性金融资产的公允价值。

取得交易性金融资产发生的交易费用,及出售交易性金融性资产实际收到金额与公允价值的差额记入"投资收益"账户。该账户是损益类账户,用来核算企业对外投资所取得的收益或发生的损失。投资损失记在"投资收益"账户的借方;投资收益记入其贷方;期末余额转入"本年利润"账户,结转后无余额。该账户的明细账应按交易性金融资产的类别和品种,分别"成本""公允价值变动"等设置。

二、购入的核算

(1) 企业取得交易性金融资产应按实际支付的金额,贷记"银行存款"账户。按其公允价值借记"交易性金融资产"账户,按发生的交易费用借记"投资收益"账户。

（2）企业取得交易性金融资产在持有期，被投资单位宣告发放现金股利，或在资产负债表日按分期付息或一次还本债券的票面利率计算的利息，借记"应收股利"或"应收利息"账户，贷记"投资收益"账户。

（3）企业购入交易性金融资产，在实际支付的款项中如包括已宣告发放但尚未支取的股利，该项股利应作为应收款处理，企业应按照实际支付的价款扣除已宣告发放的股利后记入"交易性金融资产"账户的借方，按照应收的股利，借记"应收股利"账户，按照实际支付的价款，贷记"银行存款"账户。

【例 9-1】 甲公司向市场购入乙公司普通股票 10 000 股，市场价为每股 3.50 元，计 35 000 元。该股票需支付经纪人手续费 350 元；含已宣告发放但尚未收到的股利，每股为 0.30 元，计 3 000 元，购入时应作分录如下：

借：交易性金融资产——股票投资		32 000
投资收益		350
应收股利		3 000
贷：银行存款		35 350

三、收到股票股利及债券利息的核算

（1）企业收到股票股利及债券利息时，应按实际收到的股利和利息，借记"银行存款"账户，贷记"投资收益——证券投资"账户。

（2）如果企业实际收到在购入时已宣告发放股利的金额时，应按收到数，借记"银行存款"账户，贷记"应收股利"账户。

【例 9-2】 承[例 9-1]，如甲公司收到乙公司普通股 10 000 股，其股票已宣告发放股息 3 000 元，作会计分录如下：

宣告发放股息时：

借：应收股利		3 000
贷：投资收益		3 000

实际收到时：

借：银行存款		3 000
贷：应收股利		3 000

四、出售的核算

（1）企业在市场出售交易性金融资产时，按实际收到的金额，借记"银行存款"账户，按购入时的账面成本，贷记"交易性金融资产"账户，按其差额，借记或贷记"投资收益"账户。

【例 9-3】 某公司出售乙公司普通股票 10 000 股，实际收到价款 34 500 元，该项股票购入时的账面成本为 32 500 元，出售时作会计分录如下：

借：银行存款　　　　　　　　　　　　　　　　　　　34 500
　　贷：交易性金融资产　　　　　　　　　　　　　　　　32 500
　　　　投资收益——短期投资　　　　　　　　　　　　　2 000

（2）企业出售的股票，如果包括已宣告发放的股票股利，在出售时尚未收到款项，出售时应按实际收入金额，借记"银行存款"账户，按已宣告发放的股利金额，贷记"应收股利"账户，按账面购入成本，贷记"交易性金融资产"账户，按其差额，记入"投资收益"账户。

【例9-4】　如果［例9-3］中公司向市场购入的乙公司普通股票10 000股，购入时已宣告发放股利3 000元，甲公司在发放股利前在市场出售，实际价款为37 500元，作会计分录如下：

借：银行存款　　　　　　　　　　　　　　　　　　　37 500
　　贷：交易性金融资产　　　　　　　　　　　　　　　　32 500
　　　　应收股利　　　　　　　　　　　　　　　　　　　3 000
　　　　投资收益——短期投资　　　　　　　　　　　　　2 000

（3）债券到期向发行单位收回本息时，按购入时的实际账面成本，贷记"交易性金融资产"账户，按收到日的利息，贷记"应收利息"账户。

【例9-5】　乙公司投资于丙公司债券10 000元，到期时收回本金10 000元，利息1 000元，作会计分录如下：

取得债券时：

借：交易性金融资产　　　　　　　　　　　　　　　　10 000
　　应收利息　　　　　　　　　　　　　　　　　　　　1 000
　　贷：银行存款　　　　　　　　　　　　　　　　　　10 000
　　　　投资收益　　　　　　　　　　　　　　　　　　　1 000

收回本利时：

借：银行存款　　　　　　　　　　　　　　　　　　　11 000
　　贷：交易性金融资产　　　　　　　　　　　　　　　10 000
　　　　应收利息　　　　　　　　　　　　　　　　　　　1 000

第三节　长期投资的核算

长期投资分为股权性质投资和债权性质投资两种。这里主要阐述股权性质投资。

一、长期股权投资的核算

（一）长期股权投资账户设置

根据《企业会计准则第2号——长期股权投资》规定，企业对外的长期股权投资应设立"长期股权投资"账户进行核算。该账户为资产类账户,核算企业持有的能够对被投资单位实施控制的权益性投资,包括企业对子公司、联营企业、合营企业等方面的投资。该账户的借方登记企业初始取得长期股权投资的成本;贷方登记处置长期股权投资实际收到的金额;其期末借方余额表示企业长期股权投资的价值。该账户可按被投资单位设置明细账户。

(二)长期股权投资的初始投资成本确定

长期股权投资在取得时,应按取得时的实际成本作为初始成本。其确定的原则是:

(1)以现金支付取得长期股权投资,按实际支付的价款(包括支付的税费等)作为初始投资成本;如实际支付的价款中包含已宣告但尚未领取的现金股利,按实际支付的价款减去已宣告但尚未领取的现金股利后的差额作为初始投资成本。

(2)以发行权益性证券取得的长期股权投资,应按发行权益性证券的公允价值作为初始投资成本。

(3)投资企业投入的长期股权投资应按投资合同或协议约定的价值作为初始投资成本。

(4)企业接受的债务人以非现金资产抵偿债务方式取得的长期股权投资,或以应收债权换入长期股权投资的,按应收债权的账面价值加上应支付的相关税费,作为初始投资成本。

(5)以非货币性交易换入的长期股权投资按换出资产的账面价值加上应支付的相关税费作为初始投资成本。

(6)通过行政划拨方式取得的长期股权投资,按划出单位的账面价值,作为初始投资成本。

(三)长期股权投资的核算

投资企业取得长期股权投资并按初始投资成本计价后,根据投资企业对被投资单位是否实施控制、共同控制或重大影响等情况,采用"成本法"和"权益法"两种核算方法。

1. 成本法核算

成本法是指长期股权投资按投资成本计价的方法。

采用成本法核算时,长期股权以取得时的成本计价,其后,除了投资企业追加投资、收回投资等情况外,长期股权投资的账面价值保持不变。采用成本法核算的范围是投资企业能够对被投资单位实施控制的长期股权投资。如投资企业对子公司的长期股权投资。

采用成本法核算的一般程序如下:

(1)初始投资或追加投资时,按初始投资或追加投资时的初始投资成本增加长期股权投资的账面价值。

（2）被投资企业宣告分派利润或现金股利，投资企业应按享有的部分确认为当期损益，这部分利润或股利仅限于被投资单位在接受投资后所产生的净利润的分配额，如果所获得的利润或现金股利属于超过被投资单位在接受本企业投资后所实现的净利润部分，应作为初始投资成本收回，冲减投资账面价值。

为此，企业在获得投资年度的现金股利或利润时，应确认投资收益与冲减投资成本的账面数。

其计算公式如下：

$$\begin{matrix}投资企业投资年度\\应享有的投资收益\end{matrix}=\begin{matrix}投资当年被投资\\企业实现的净利润\end{matrix}\times\begin{matrix}投资企业\\持股比例\end{matrix}\times\left(\begin{matrix}当年投资\div全年\\持有月份\div月份\end{matrix}\right)$$

$$\begin{matrix}应冲减初始投\\资成本的金额\end{matrix}=\begin{matrix}投资企业分得\\的股利或利润\end{matrix}-\begin{matrix}投资企业投资年度\\应享有的投资收益\end{matrix}$$

上述计算结果如果大于零，按其差额冲减投资成本；如果小于零则不需要冲减投资成本的金额，应将分得的利润或现金股利全部确认为当期投资收益。

2. 权益法核算

权益法是指长期股权投资最初以初始投资成本计价，以后根据投资企业享有被投资企业所有者权益份额的变动对投资账面价值进行调整的方法。

采用权益法核算的范围主要是投资企业对被投资单位具有共同控制或重大影响的长期股权投资。如投资企业对合营企业、联营企业的长期股权投资。

采用权益法核算的一般程序如下：

（1）投资企业取得长期股权投资后，应当按照享有或应分担的被投资单位实现的净损益的份额，确认投资损益并调整长期股权投资的账面价值。

（2）投资企业按照被投资单位宣告分派的利润或现金股利计算应分得的部分，相应减少长期股权投资的账面价值。

（3）投资企业确认被投资单位发生净亏损，应当以长期股权投资的账面价值以及其他实质上构成对被投资单位净投资的长期权益减记至零为限，投资企业负有承担额外损失的情况除外。被投资单位以后实现净利润的，投资企业在其收益分享额弥补来确认的亏损分担额后，恢复其确认分享额。

（4）投资企业在确认享有被投资单位净损益份额时，应当以取得投资时被投资单位各项可辨认资产等的公允价值为基础，对被投资单位的净利润进行适当调整后确认。

（四）长期股权投资的会计处理

1. 初始取得长期股权投资的核算

企业进行股权投资时，按实际支付的价款（包括税费）入账，借记"长期股权投资——被投资单位"账户。购买时如宣告发放股利,则应按实际支付的股票价款扣除已宣告发放股利后的余额,借记"长期股权投资——被投资单位"账户,按应收股利款,借记"应收股利"账户,按实际支付额,贷记"银行存款"账户。

"应收股利"账户是资产类账户,用来核算企业应收取的现金股利及应收其他单位的利润。账户的借方登记应领取的现金股利或利润;贷方登记收到发放的现金股利或利润,期末借方余额表示企业尚未收回的现金股利或利润。

购入的股票价格可以等于票面价格或高于票面价格,也可以低于票面价格,企业购进时应将票面金额在凭证和账簿中予以说明。

【例9-6】 甲商业公司于201×年6月30日购买乙公司普通股票10 000股,占乙公司股份总额10%,每股价款为8.50元,计85 000元,付手续费1‰,计850元。年终决算后,乙公司净收益为100 000元,次年3月,乙公司放发股利,计每股0.70元,按成本法作会计分录如下:

(1) 投资时以银行存款支付股款和手续费:

借:长期股权投资——乙公司 85 850
　　贷:银行存款 85 850

(2) 计算投资年度应享受的投资收益及应冲减初始投资成本金额。

$$\text{投资年度应享}\atop\text{受的投资收益}=100\,000\times10\%\times\frac{12-6}{12}=5\,000(\text{元})$$

$$\text{应冲减初始投资成本金额}=7\,000-5\,000=2\,000(\text{元})$$

借:应收股利——乙公司 7 000
　　贷:投资收益——长期股权投资收益 5 000
　　　　长期股权投资——乙公司 2 000

采用权益法的企业,应根据接受投资企业所有者权益的增加额,按持股比例计算本企业的投资增加额,借记"长期股权投资"账户,贷记"投资收益"账户,减少时作相反分录。在分得股利时相应减少投资金额,借记"银行存款"账户,贷记"长期股权投资"账户。

【例9-7】 甲商业公司于年初购入乙公司股票510 000元,占乙公司的资本总额1 000 000元的51%,年末反映乙公司年终决算的税后净利润为140 000元,发放股利100 000元,乙公司收到银行存款51 000元(100 000×51%),按权益法作会计分录如下:

(1) 投资时,作会计分录如下:

借:长期股权投资——乙公司 51 000
　　贷:银行存款 51 000

（2）收到会计报表时，按净收益140 000元的51%比例调整长期股权投资，作会计分录如下：

借：长期股权投资——乙公司　　　　　　　　　　　　　　　71 400
　　贷：投资收益——长期股权投资收益　　　　　　　　　　　　　71 400

（3）收到股利时，按股利51 000元（100 000×51%）减少长期投资，作会计分录如下：

借：银行存款　　　　　　　　　　　　　　　　　　　　　　　51 000
　　贷：长期股权投资——乙公司　　　　　　　　　　　　　　　　51 000

经过以上会计处理后，甲公司的长期投资已从原来的510 000元改变为530 400元（510 000＋71 400－51 000），其投资额仍占乙公司所有者权益总额的51%，即：

$$\frac{530\ 400}{1\ 000\ 000+140\ 000-100\ 000}\times100\%=51\%$$

2. 处置长期股权投资的核算

处置长期股权投资时，按实际收到的价款入账，借记"银行存款"账户，按其账面余额，贷记"长期股权投资——被投资单位"账户。由于股票市价涨跌而形成的收益或损失记入"投资收益"账户。企业出售已宣布发放股利而带有股利的股票时，应借记"银行存款"账户，贷记"应收股利""长期股权投资——被投资单位"账户。已计提减值准备的，还应同时结转减值准备，采用权益法核算的长期股权投资处置，除上述规定外，还应结转原记入"资本公积"账户的相关金额，借记或贷记"资本公积"账户，贷记或借记"投资收益"账户。

对于因控制被投资单位而购入的股票，投资企业为了控制附属单位，一般不轻易出售股票。如有必要出售时，则股票投资的成本应为账面成本，而不是购入时的成本。如果股票出售后的投资比例低于附属企业股票总数20%时，其核算方法就要改为成本法。

（五）其他股权投资的核算

其他股权投资是指企业除股票投资外以其他方式对其他企业进行的投资。包括以现金投入及以非货币交易换入的其他股权投资。其他股权投资应视其是否有控制权分别采用成本法和权益法进行核算。具体会计处理方法与股权投资相同。

1. 以现金投入的会计处理

以人民币向其他企业投资时，借记"长期股权投资——被投资单位"账户，贷记"银行存款"账户；以外汇向境外投资的汇出外汇，须审批后办理。

2. 以非货币换入的会计处理

（1）以库存商品换入的其他股权投资，按库存商品账面价值（抵减跌价准备）加上应支付的相关税费作为投资价值，作会计分录如下：

借：长期股权投资——被投资单位(商品账面价值加应支付的税费)　　×××

存货跌价准备(换出商品已计提的跌价准备)　　×××

贷：库存商品(账面价值)　　×××

应交税费——应交增值税(销项税额)　　×××

银行存款(支付补价及相关费用)　　×××

收到补价时：

借：银行存款　　×××

贷：营业外收入——非货币性交易收益　　×××

(2) 以固定资产换入的其他股权投资按固定资产账面净值(抵减减值准备)加上因换出固定资产而支付的相关税费作为投资价值，作会计分录如下：

借：固定资产清理(换出固定资产账面净值)　　×××

累计折旧(换出固定资产已提折旧)　　×××

贷：固定资产(换出固定资产账面原值)　　×××

借：固定资产减值准备(换出固定资产已计提的减值准备)　　×××

贷：固定资产清理　　×××

涉及补价的，收到补价后：

借：银行存款(补价款)　　×××

贷：固定资产清理　　×××

借：固定资产清理　　×××

贷：营业外收入　　×××

借：长期股权投资——被投资单位(固定资产清理账户余额)　　×××

贷：固定资产清理　　×××

如果是支付补价，也通过"固定资产清理"账户核算，则借记"固定资产清理"账户，贷记"银行存款"账户。

(3) 以无形资产换入的其他股权投资，按无形资产账面价值抵减减值准备，加上应支付的相关税费作为投资价值，作会计分录如下：

借：长期股权投资——被投资单位(换出无形资产账面价值

加应支付的相关费用)　　×××

无形资产减值准备(换出无形资产计提的减值准备)　　×××

贷：无形资产(换出无形资产账面价值)　　×××

银行存款(支付的相关费用及补价)　　×××

应交税费(应交的相关税费)　　×××

若收到补价的：

借：银行存款　　　　　　　　　　　　　　　　　　　×××
　　贷：营业外收入　　　　　　　　　　　　　　　　　　×××

【例9-8】 甲商业公司以固定资产设备换入C企业长期投资,该项设备原值为100万元,已提折旧30万元,双方估计确定价为65万元,已提取减值准备10万元,作会计分录如下:

（1）以固定资产投资时:

借:固定资产清理　　　　　　　　　　　　　　　　　700 000
　　累计折旧　　　　　　　　　　　　　　　　　　　300 000
　　贷:固定资产　　　　　　　　　　　　　　　　　1 000 000

（2）转出已计提的减值准备:

借:固定资产减值准备　　　　　　　　　　　　　　　100 000
　　贷:固定资产清理　　　　　　　　　　　　　　　　100 000

（3）支付补价款:

借:固定资产清理　　　　　　　　　　　　　　　　　　50 000
　　贷:银行存款　　　　　　　　　　　　　　　　　　　50 000

（4）固定资产余额转入其他股权投资账户:

借:长期股权投资——C企业　　　　　　　　　　　　650 000
　　贷:固定资产清理　　　　　　　　　　　　　　　　650 000

二、长期股权投资期末计价

企业应按规定至少在每年年度终了,对长期股权投资进行逐项检查,如有因市价持续下跌或被投资单位经营状况恶化等原因而导致长期股权投资的价值减值,即可收回金额低于账面价值,应当计提长期投资减值准备。

（一）长期股权投资减值的判断标准

1. 对有市价的长期股权投资减值的判断标准

（1）市价持续2年低于账面价值。

（2）该项投资暂停交易1年或1年以上。

（3）被投资单位当年发生严重亏损。

（4）被投资单位持续2年发生亏损。

（5）被投资单位进行清理整顿、清算或出现其他不能持续经营的迹象。

2. 对无市价的长期投资减值的判断标准

（1）影响被投资单位经营的政治或法律环境的变化,如税收、贸易等法规的颁布或修订,可能导致被投资单位出现巨额亏损。

（2）被投资单位所供应的商品或提供的劳务因产品过时或消费者偏好改变而

使市场供求发生变化,从而导致被投资单位财务状况发生严重恶化。

(3) 被投资单位所在行业的生产技术等发生重大变化,被投资单位已失去竞争能力,从而导致财务状况发生严重恶化,如进行清理整顿、清算等。

(4) 有证据表明该项投资实质上已经不能再给企业带来经济利益的其他情况。

(二) 长期股权投资减值的会计处理

设置"长期股权投资减值准备"账户作为"长期股权投资"账户的抵减账户,用来核算企业长期投资的预计可收回金额低于其账面价值的差额。账户的贷方登记可收回金额低于账面价值的差额;借方登记已提减值准备的长期投资价值的恢复数额;贷方余额表示企业已计提但尚未转销的长期股权投资减值准备。

处置长期股权投资或涉及债务重组、非货币性交易等,应同时结转已计提的长期股权投资减值准备。

在计提长期股权投资减值准备时应注意下列情形:① 长期股权投资减值准备应按单个投资项目计算确定。② 计提的长期股权投资减值准备,应直接计入当期损益。③ 已确认的长期股权投资价值得以恢复,应在原已确认的长期投资损失的数额内转回。

【例 9-9】 某商厦 201×年 1 月 1 日"长期股权投资"账户账面价值为 90 000 元,持有 A 公司股票 25 000 股,每股市价为 3.60 元。

(1) 因该公司股票持续 2 年下跌,今日该股票市价为 2.60 元,提取该项股票投资的减值准备,作会计分录如下:

借:资产减值损失	25 000
贷:长期股权投资减值准备	25 000

(2) 同年 7 月 1 日,A 公司股票市价又回升至每股 3.20 元,将已恢复的金额在原计提减值准备的范围内冲回,作会计分录如下:

借:长期投资减值准备	15 000
贷:资产减值损失	15 000

(3) 同年 7 月 31 日,出售 A 公司股票,每股价格为 3 元,另按交易额支付 2‰手续费,交纳 2‰税金,出售款已收到存入银行,作会计分录如下:

借:银行存款	74 700
长期股权投资减值准备	10 000
资产减值损失	5 300
贷:长期股权投资——股票投资	90 000

思 考 题

1. 短期投资与长期投资有什么区别? 试举例说明。

2. 从投资者角度看,公司债券投资、普通股票投资和优先股票投资各有什么利弊?

3. 企业购入股票时,如在实际支付的款项中包括了已宣告发放但尚未支取的股利,购入时应如何核算? 收到股利时应如何核算?

4. 股票投资的成本法和权益法有什么区别? 试举例说明其核算方法的不同点。

5. 什么是长期股权投资减值准备? 长期股权投资减值准备的依据是什么? 如何对其进行判断?

习　题

1. 目的　练习投资业务的核算。

资料　某公司发生下列有关经济业务:

(1) 以银行存款购入 A 公司股票 5 000 股,每股面值为 1 元,以 3 元购进,计价 15 000 元,另支付手续费、印花税 105 元。

(2) 以银行存款购入 B 公司债券 100 张,每张面值为 500 元,计价 50 000 元,另支付手续费、印花税 350 元,该债券年利率为 11%,每年支付利息一次。

(3) 以银行存款购入 C 公司股票 10 000 股,每股面值为 1 元,按 2 元购进,计价 20 000 元,另支付手续费、印花税 140 元。

(4) A 公司宣告分派股利,每股为 0.10 元,股利收到,存入银行。

(5) 出售 C 公司股票 10 000 股,每股面值为 1 元,按 2.50 元成交,另按成交额计算支付手续费、印花税 7‰,在收入中扣除。

(6) 向市场购入普通股股票,每股市价为 10 元,计 5 000 元,另付手续费 4‰和印花税 3‰,以银行存款支付。现该公司已宣布发放股利每股 1 元,合计 500 元。在股利收到后,将股票在市场出售,每股股价为 9.80 元,请作购入、收取股利、出售的转账处理。

(7) 向甲公司购入股票 1 000 000 股,每股票面价值为 1 元,计 1 000 000 元,占甲公司全部股份的 50%,甲公司年度结账后,结出净利润(税后利润)600 000 元,决定于下年年初发放股利,每股为 0.20 元,请作收到甲公司会计报表后和收到股利时的账务处理。

(8) 购入乙公司债券 200 000 元,票面利率为 10%,5 年期,每半年付息一次,购入时市场利率为 8%,以 216 229 元溢价购入。请作溢价购入、每年的利息收入和溢价摊销的账务处理(采用直线摊销法)。

要求　编制会计分录。

2. 目的　综合练习长期股权投资业务的核算。

资料　某企业以每股 1.50 元的价格购入 A 公司发行的面值为 1 元的普通股

票 500 000 股。假设该批股票占了 A 公司股本总额的 50%。该企业用权益法核算投资收益。年末时,A 公司取得税后利润 400 000 元。1 个月后对所有股东发放股利 200 000 元。

要求 按以上资料计算该企业期初长期股权投资账户的余额、本期变动额、期末余额,并作出全部会计分录。

第 十 章

负　债

【内容提示】　本章主要阐述流动负债、或有负债和长期负债的核算。负债是企业一项重要的资金来源，是企业对债权人承担的一种债务，归还这种债务，会导致经济利益流出企业。通过学习，学生应了解负债的含义、分类和特征，明确流动负债、或有负债和长期负债的内容及三者之间的区别；掌握各负债项目的账户设置和会计处理的方法。

第一节　负债的分类与特征

负债是指过去的交易或者事项形成的、预计会导致经济利益流出企业的现时义务，负债是企业对债权人所承担的一种债务，它以货币为计量，需要以资产或劳务来偿还。故负债又称债权人权益。它和所有者权益一样都是对一个企业的资产提出主张和要求的权利，合并称为权益。在资产负债表上，权益与资产是相对称的。

一、负债的分类

在商业企业中，负债是一项重要的资金来源。负债按其流动性分类，可分为流动负债和非流动负债；按用途或产生原因分类，可分为各种借款、应付票据和应付账款、应交税费和应付利润等；按抵偿手段分类，可分为以货币偿还的负债和用商品或劳务偿还的负债。我国《企业会计准则》对负债按流动性加以分类。

二、负债的特征

（1）负债是企业在过去和现时的经济业务中所产生的，且在未来偿还的一项经济义务。它代表企业未来资金的交付或资产或劳务的提供，但未来经济业务可能发生的负债，不包括在会计负债之内。

（2）负债须以货币为计量。有些负债的金额要视经营情况而确定（如应付所得税）或需要暂时估计的（如质量"三保"费用），对其偿付金额可以作出合理的估计，但难以用货币计量的负债就不能入账。

（3）负债须有确切的债权人和到期日。对于可以作出合理估计的，应作出合理的估计;对于某些不能合理估计的,但是有可能在将来发生损失的事项,可以作为或有负债在资产负债表中用"预计负债"项目予以揭示。预计负债一般是由于某种约定的条件或允诺的责任,在将来可能成为企业的负债,但当前并不是负债。例如进行中的诉讼案件,由于可能败诉而造成赔偿,就产生或有负债。又如应收票据贴现后,可能发生出票人到期不能偿付而形成或有负债等。

第二节　流动负债的核算

流动负债是指将在1年或者超过1年的一个营业周期内偿还的债务。商业企业的流动负债包括短期借款、应付票据、应付账款、预收账款、代销商品款、应付职工薪酬、应交税费、应付股利、其他暂收(应付)款项和1年内到期的长期借款等。

一、流动负债的分类

(一)流动负债按形成来源和渠道分类

它可分为短期借款和应付及预收款项。

应付及预收款项又可分为三类:

(1)在经营过程中因购买商品、材料物资和劳务而发生的各种债务,如应付票据、应付账款和预收账款等。

(2)在经营过程中发生的非商品购销形成的债务,如应付职工薪酬和其他应付款等。

(3)企业应缴付国家财税部门和企业所有者的款项,如应交税费、应付股利等。

(二)流动负债按偿付金额是否肯定分类

它可分为以下三类:

(1)应付金额可以肯定的流动负债,即根据契约或法律规定,到期日须予归还的、有肯定金额的流动负债,如短期借款、应付票据、应付账款、应交税费等。

(2)应付金额须视经营情况而决定的流动负债,即根据会计期终时才能确定经营成果的流动负债,如应交所得税、应付股利、应付职工薪酬等。

(3)应付金额须予估计的流动负债,即经营活动已经发生,负债已确定存在,但无确切的应付金额,如商品出售后质量"三包"债务,需要根据历史经验和调查研究,估计其负债金额(如预计负债)。

二、流动负债的管理要求

(1)正确区分流动负债和非流动负债,便于反映企业的偿债能力。已列入长期负债而在下一个会计期内予以偿还的债务,在资产负债表上也应转列为流动负债。

（2）正确反映和监督流动负债的收支情况，及时筹措资金和合理调剂资金使用，遵守信贷纪律和结算纪律，以发挥资金的最佳使用效益。

（3）正确计算应计负债和应付利息。应付负债应正确计算入账。应付利息由于期限较短、金额较小，一般不估算入账。如果支付利息的金额较大，涉及期限较长，可根据权责发生制的原则，按受益期分摊利息费用。

三、流动负债的会计处理

各项流动负债应按实际发生额入账。短期借款、带息应付票据、短期应付债券应当按照借款本金或债券面值，按照确定的利率按期计提利息。

（一）短期借款

短期借款是指企业为了补充企业经营所需的各项资金需要从银行或其他金融机构借入的，期限在 1 年以下的各种借款。企业借入的期限在 1 年以下的外汇借款也在"短期借款"内核算。

目前，商业企业的短期借款有临时借款、网点借款、项目借款等，其会计处理举例如下：

短期借款核算应设置"短期借款"账户。其贷方登记借入的各种短期借款，借方登记归还的各种短期借款，期末贷方余额表示尚未偿还的短期借款的本金。该账户可按借款种类、贷款人和币种设置明细分类账。

根据"存贷分户"原则，企业借入款项后应先将借款存入银行存款户，然后在存款户中支付。借入时借记"银行存款"账户，贷记"短期借款——××××借款"账户；还款时作相反分录。银行对借款利息一般是一个季度结息一次。

【例 10-1】 某商业企业因购进商品需要，3 月 1 日向银行借入临时借款 100 000 元，借款期限为 3 个月，借款利率为年息 6%，到期后一次归还本息，作会计分录如下：

（1）取得借款时：

借：银行存款		100 000
贷：短期借款——临时借款		100 000

（2）第 3 个月到期付给本息时：

借：短期借款——临时借款　　　　　　　　　　　　　　　　100 000

财务费用——利息 $\left(100\,000\times6\%\times\dfrac{3}{12}\right)$　　　　　1 500

贷：银行存款　　　　　　　　　　　　　　　　　　　　101 500

其他短期借款的核算方法与上述相同。

境外借款取得的外汇，可以按规定在外汇指定银行开立现汇账户，借记"银行存款——外汇存款"账户，贷记"短期借款——短期外汇借款"账户，并按当日外汇牌价折合为人民币记账。借款本息偿还时，可按规定手续，用人民币向外汇指定银行购汇偿还。还款时借记"短期借款——短期外汇借款""财务费用——利息支出"账户，贷记"银行存款"账户。如月底或还款时汇率变动，应调整汇兑损益。如果向境内外汇指定银行借款，则可按当日汇率向外汇指定银行结汇。

【例 10-2】 某商业公司向境外银行借入短期外汇借款 10 000 美元，期限为 3 个月，借款利息率为年息 4％，本息到期一次归还。借款时汇率为 6.80 元，还款时汇率为 6.90 元，作会计分录如下：

(1) 借入时：

借：银行存款——外汇存款(US＄10 000×6.80)	68 000
贷：短期借款——短期外汇借款(US＄10 000×6.80)	68 000

(2) 还款时$\left[利息＝10\,000×4％×\dfrac{3}{12}＝100(美元) \right]$：

借：短期借款——短期外汇借款(US＄10 000×6.90)	69 000
财务费用——利息支出(US＄100×6.90)	690
贷：银行存款——外汇存款(US＄10 200×6.90)	69 690

(3) 还款时，汇率变动，调整汇率损益：

借：汇兑损益(69 000－68 000)	1 000
贷：短期借款——短期外汇借款	1 000

(二) 应付票据

应付票据是指企业购买商品、材料和接受劳务等而开出、承兑的商业汇票，包括银行承兑汇票和商业承兑汇票。商业汇票是以合法的商品交易为基础，由收款人或付款人签发，经付款人承兑的一种票据，可在同城或异地使用，付款期最长可达到 9 个月。

企业开出、承兑的商业汇票应设置"应付票据"账户进行核算。开出、承兑商业汇票时按票面金额记入该账户贷方；到期承付时，按票面金额记入借方；余额在贷方，表示企业持有尚未到期的应付票据本金数额。"应付票据"账户的明细核算按照其收款人的姓名或收款单位名称列账，并应按应付票据的详细资料设置"应付票据备查簿"，登记每一应付票据的种类、号数、签发日期、到期日、票面金额、合同交易号、收款人姓名或收款单位名称，以及付款日期和金额等。到期付清时，应在备查簿内逐笔注销。应付票据的会计处理如下：

(1) 商业汇票经过出票承兑以后，应借记"在途物资""库存商品""应交税费——应交增值税(进项税额)"等账户，贷记"应付票据"账户。

(2) 银行承兑汇票在承兑时要按票面金额支付手续费，以财务费用列支。企业凭银行支款凭证支付时，借记"财务费用——手续费"账户，贷记"银行存款"账户。

（3）应付票据分为带息应付票据和不带息应付票据两种。带息应付票据在到期时须按票面规定的利率支付利息，支付时，借记"财务费用"账户，贷记"银行存款"账户。

（4）承兑汇票到期时，商业承兑汇票应由付款人负责偿还，银行承兑汇票由承兑银行履行付款义务，将票款付给收款人，同时向付款人收取票款。承兑汇票到期付款时，如果付款人存款不足，付款人收到通知时，应将商业承兑汇票本息转入"应付账款"账户，将银行承兑汇票本息转入"银行借款"账户，借记"应付票据""财务费用"账户。同时银行对付款人还要收取一定的罚金，企业按通知将罚金以"营业外支出"支付，借记"营业外支出"账户，贷记"银行存款"账户。

（三）应付账款

应付账款是企业因购买商品、材料和接受劳务等经营活动而应付的款项。

企业所发生的应付账款应设置"应付账款"账户核算。发生应付账款时记入该账户贷方；偿还时记入借方；其期末余额一般在贷方，表示尚未支付的应付账款余额。其明细账按照债权人设置。企业进口商品应付的外币货款等可在"应付账款"账户中设置"应付外汇账款"明细账核算。应付账款的会计处理如下：

（1）购入商品、材料等如已验收入库但未付款，可按有关凭证实际价款，借记"在途物资""应交税费——应交增值税（进项税额）"等账户，贷记"应付账款"账户。接受供应单位提供劳务而发生的应付款项，应借记有关成本费用账户，贷记"应付账款"账户。

（2）企业偿还应付账款时，借记"应付账款"账户，贷记"银行存款"账户。如以商业汇票抵付应付账款时，借记"应付账款"账户，贷记"应付票据"账户。

（3）企业应付账款经清理后发现确实无法支付的，经批准核销时，借记"应付账款"账户，贷记"资本公积——其他资本公积"账户。

（4）企业进口商品应付客户的远期货款及运费等以"应付账款——应付外汇账款"账户核算，收到单据时按当月（或当月 1 日）汇率，借记"在途物资"账户，贷记"应付账款——应付外汇账款"账户；支付商品进价时，按支付日汇率以人民币向外汇银行办理支付，借记"应付账款——应付外汇账款"账户，贷记"银行存款"账户。付款及进口商品时的汇兑差额借记（或贷记）"财务费用——汇兑损失"账户，贷记（或借记）"应付账款——应付外汇账款"账户。

【例 10-3】 某商业公司向国外进口设备一台，价格为 10 000 美元，合同规定接单后 1 个月付款，接到单据时美元汇率为 6.80 元，到期向外汇银行购汇时汇率为 7.00 元，月底汇率不变，作会计分录如下：

（1）接到单据时：

借：固定资产 68 000

　　贷：应付账款——应付外汇账款（US＄10 000×6.80） 68 000

（2）到期付款时：

借：应付账款——应付外汇账款（US$10 000×7.00）　　　　　70 000
　　贷：银行存款　　　　　　　　　　　　　　　　　　　　　70 000

（3）结转汇兑损益时：

借：财务费用——汇兑损失　　　　　　　　　　　　　　　　2 000
　　贷：应付账款——应付外汇账款　　　　　　　　　　　　　　2 000

（四）预收账款

预收账款是企业按照合同规定向购货单位或个人预收的款项。

企业所发生的预收账款应设置"预收账款"账户核算。收入预收款时记入该账户贷方；实现商品销售时，按售价抵销预收账款时记入借方；其期末余额一般在贷方，表示尚未抵销的预收账款；如果为借方余额，则表示企业应由购货单位补付的款项。预收账款发生情况不多的企业，也可以将预收货款直接记入"应收账款"账户的贷方。企业出口商品预收国外的外汇货款和定金，也在"预收货款"账户设立"预收外汇账款"明细账核算。"预收账款"明细账按不同购货单位或个人设置。预收账款的会计处理如下：

（1）预收货款时，按预收货款金额，借记"银行存款"账户，贷记"预收账款"账户。

（2）实现商品销售时，按预收金额，借记"预收账款"账户，按销售金额，贷记"主营业务收入""应交税费——应交增值税（销项税额）"账户，按价税金额与预收金额的差额，借记"银行存款"账户。

（3）企业出口商品可以按合同预收一部分货款，收到预收款时应按当日汇率结售给外汇管理银行，借记"银行存款"账户，贷记"预收账款——预收外汇账款"账户。结算货款时，可将货款减去预收账款后的金额结售给外汇管理银行，按结汇金额，借记"银行存款"账户，按预收金额折合为人民币，借记"预收账款——预收外汇账款"账户，按销货金额折合为人民币，贷记"主营业务收入"账户。因预收账款时的汇率与支付货款时的汇率不同而发生的汇兑差额，记入"财务费用——汇兑损失"账户。

【例10-4】　某商业公司向国外出口商品，价值10 000美元，合同规定先预收货款30%，计3 000美元，1个月后发货收取货款，预收货款时的外汇汇率为6.80，收取货款时的汇率为7.00，月底汇率不变，作会计分录如下：

（1）收到预收货款时，按外汇牌价结售给外汇管理银行：

借：银行存款（US$3 000×6.80）　　　　　　　　　　　　204 000
　　贷：预收账款——预收外汇账款　　　　　　　　　　　　　204 000

（2）结算货款时：

借：银行存款(US＄7 000×7.00)　　　　　　　　　　　　　　49 000

　　预收账款——预收外汇账款(US＄3 000×7.00)　　　　　　21 000

　　贷：主营业务收入　　　　　　　　　　　　　　　　　　　　70 000

（3）结转汇兑损益时：

借：财务费用——汇兑损失(21 000—20 400)　　　　　　　　　600

　　贷：预收账款——预收外汇账款　　　　　　　　　　　　　　600

按照规定,企业因向银行结售或购入外汇而产生的银行买入价、卖出价与市场平均汇价之间的差额应记入"财务费用——汇兑损失"账户处理,此处从简(下同)。

（五）受托代销商品款

代销商品款是企业接受代销商品的价款。企业所发生的代销商品款应设置"代销商品款"账户核算。该账户的性质结构详见第四章第二节"（十二）代销商品的核算"。

（六）应付职工薪酬

应付职工薪酬是指企业根据有关规定应付给职工的各种薪酬,包括工资、职工福利费、社会保险费、住房公积金、职工教育经费,非货币性福利,辞退福利以及股份支付等。

应付职工的薪酬应设置"应付职工薪酬"账户进行核算。企业计算出应付职工薪酬数额时记入该账户贷方;实际支付时记入借方;期末一般应无余额,如果出现贷方余额,表示企业应付未付的职工薪酬数额。其会计处理如下：

（1）企业发生应付职工薪酬时,借记"管理费用""销售费用"账户,贷记"应付职工薪酬"账户。

（2）向职工支付工资、奖金、津贴、福利费时,借记"应付职工薪酬"账户,贷记"银行存款""库存现金"等账户。

（3）从应付职工工资扣还个人所得税等各种款项时,借记"应付职工薪酬"账户,贷记"其他应付款""应交税费"等账户。

（4）从应付职工薪酬中支付工会经费、职工教育经费、交纳社会保险费及住房公积金等,借记"应付职工薪酬"账户,贷记"银行存款""库存现金"等账户。

（七）其他应付款

其他应付款是指企业除应付票据、应付账款、预收账款、应付职工薪酬、应付利息、应付股利、应交税费等以外的各项应付、暂收其他单位或个人的款项,包括应付经营租入固定资产和包装物租金;职工未按期领取的工资;存入保证金(如收入包装押金等);应付、暂收所属单位、个人的款项,以及其他应付、暂收款项。

企业发生及支付的各种应付、暂收款项应设置"其他应付款"账户进行核算。

发生时记入该账户贷方;支付时记入借方;其期末贷方余额表示企业尚未支付的其他应付款项。该账户可按应付和暂收等项目和对方单位(或个人)设置明细账。其会计处理如下:

企业发生的各种应付、暂收款项,借记"银行存款""管理费用"等账户,贷记"其他应付款"账户。支付时,借记"其他应付款"账户,贷记"银行存款"等账户。

具体核算方法详见本书第十二章"费用与税金"及其他有关章节。

(八) 应交税费

应交税费是指企业按照税法规定计算应交纳的各种税费,包括增值税、消费税、企业所得税、资源税、土地增值税、城市维护建设税、房产税、城镇土地使用税、车船税、个人所得税、教育费附加等,不包括企业交纳的印花税及其他不需要预计应交数的税金。

企业的应交税费的核算,应设立"应交税费"账户。企业计算出应交纳的各种税费时记入"应交税费"账户的贷方;交纳各种税金时记入借方;其期末借方余额为多交的税金,贷方余额为未交的税金。账户的明细账应按应交税费的项目设置。其会计处理详见本书第十二章有关内容。

(九) 应付股利

应付股利是指企业经董事会或股东大会,或类似机构决议确定分配的现金股利或利润。

核算应付股利应设立"应付股利"账户,该账户贷方登记应支付的现金股利或利润;借方登记实际支付的现金股利或利润;期末贷方余额表示企业尚未支付的现金股利或利润。

企业根据股东大会或类似的机构审议批准的利润分配方案,根据应支付的现金股利或利润,借记"利润分配"账户,贷记"应付股利"账户。实际支付现金股利和利润时,借记"应付股利"账户,贷记"银行存款"等账户。

第三节 或有负债的核算

一、或有事项

或有负债与或有事项相关。或有负债是由或有事项的存在而产生。因此,要明确或有负债,必须先了解或有事项。

(一) 或有事项的概念和特征

或有事项是指过去的交易或事项形成的、其结果须由某些未来事项的发生或不发生才能决定的不确定事项。常见的或有事项有:商业票据背书转让或贴现、未决诉讼、未决仲裁、债务担保、产品质量保证等等。

或有事项的基本特征有两个方面。

1. 或有事项是过去的交易或事项形成的一种状况

例如,未决诉讼虽是在进行中的诉讼,但它是企业因过去的经济行为引起或被其他单位起诉,是现存的一种状况,是由过去的交易或事项所引起的而不是将要存在的某种状况。又如,企业对产品质量的保证是对已经售出,或已经提供劳务的质量提供的保证,而不是为尚未出售的商品或尚未提供劳务的质量的保证。因此,或有事项是现存的状况,它的结果对企业的影响只能由未来发生的交易或事项来确定,现在尚不能肯定。

2. 或有事项具有不确定性

或有事项的不确定性是指其结果具有不确定性。

(1) 或有事项的结果是否会发生具有不确定性。例如,企业为其他企业担保,如果被担保企业到期无力还款,那么担保方就要负连带责任,担保事项就要构成或有事项,但最后是否会履行连带责任,事先是不能确定的。又如,有些未决诉讼是否会败诉,也是难以预料的。

(2) 或有事项的结果即使预料会发生,但具体发生的时间、金额也是具有不确定性的。例如,企业因对由于生产经营所造成的排污治理不力给周围环境造成污染而被起诉。一般情况下,该企业可能会败诉,但是因败诉而支出的金额是多少、什么时候支出,在诉讼成立时是难以确定的。

(3) 或有事项的结果只能由未来发生的事项来确定。或有事项的结果在或有事项发生时,是难以证实的,只能由未来不确定事项的发生或不发生来证实。例如,诉讼的结果只能由判决来确定。又如,企业为其他企业担保债务,被担保企业到期能否偿还债务,要视其未来的经营状况和偿债能力而定。

(4) 影响或有事项结果的不确定因素不能由企业控制。由于或有事项结果的不确定性,其影响因素企业不能控制,仍以债务担保为例,企业将来是否会履行连带责任不是企业所能控制的,未决诉讼的最终结果,也不是企业所能控制的。

(二) 或有事项确认为负债的条件

根据《企业会计准则第 13 号——或有事项》的规定,如果与或有事项相关的义务同时符合下列条件,应将其确认为负债。

1. 企业承担的义务是现时义务

企业承担的义务是现时义务是指与或有事项相关的义务是企业承担的现时义务而不是潜在义务。例如某公司一司机因违反交通规则造成严重交通事故,为此,该公司将要承担赔偿义务。由此说明,违规事项发生后,该公司随即承担的是一项现时义务。

2. 该义务的履行很可能导致经济利益流出企业

该义务的履行很可能导致经济利益流出企业,指的是在履行因或有事项产生的现时义务时,导致经济利益流出企业的可能性超过 50％但尚未达到基本确定的程度。基本确定是指发生的可能性在 95％左右,而很可能性则大于 50％小于 95％。

企业因或有事项承担了现时义务,并不说明该现时义务很可能导致经济利益流出企业。比如,201×年 5 月 1 日,A 企业与 B 企业签订协议,为 B 企业的 2 年期银行借款提供金额担保。对于 A 企业而言,由于担保事项而承担了一项现时义务。这项义务的履行是否很可能导致经济利益流出企业,要依据 B 企业的经营情况和财务状况等因素来确定。假定 201×年年末,B 企业财务状况良好。此时,如果没有其他特殊情况,一般可以认定 B 企业不会违约,从而 A 企业履行承担的现时义务不是很可能导致经济利益流出;假定同期 B 企业的财务状况恶化,且没有迹象表明可能好转。这种情况的出现,表明 B 企业很可能违约,从而 A 企业履行承担的现时义务将很可能导致经济利益流出企业。

3. 该义务的金额能够可靠地计量

该义务的金额能够可靠地计量是指因或有事项产生的现时义务的金额能够合理地估计。由于或有事项具有不确定性,因此,因或有事项产生的现时义务的金额也具有不确定性,需要估计。要对或有事项确认一项负债,相关现时义务的金额应能可靠估计。

比如,A 企业(被告)涉及一桩诉讼案。根据过去的审判案例推断,A 企业很可能要败诉,相关的赔偿金额也可以估算出一个范围。这种情况下,可以认为 A 企业因未决诉讼所承担的现时义务的金额能够可靠地估计,从而应对未决诉讼确认为一项负债。但是,如果没有过去的案例可与 A 企业涉及的诉讼案比照,而相关的法律条文又没有明确解释,那么即使 A 企业可能败诉,在判决以前通常也不能推断现时义务的金额能够可靠估计。因此,甲企业不应对未决诉讼确认一项负债。

二、或有负债

或有负债是指过去的交易或事项形成的潜在义务,其存在须通过未来不确定事项的发生或不发生予以证实;或过去的交易或事项形成的现时义务,履行该义务不是很可能导致经济利益流出企业或该义务的金额不能可靠地计量。

(一)或有负债的特征

或有负债是过去的交易或事项形成的。比如,201×年 12 月 20 日,甲企业状告乙企业侵犯了其专利权。至年末,法院还没有对诉讼案进行公开审理,乙企业是否败诉尚难判断。对于乙企业而言,一项或有负债已经形成。它是由过去事项(乙企业"可能侵犯"甲企业的专利权并受到起诉)形成的。如果企业计划在 3 个月后购入一批原材料可能须承担支付货款的义务则不属于或有负债。

(二)或有负债的计量

当或有事项的义务符合确认为负债的条件时,应确定其金额数。根据准则规定,因或有事项而确认的负债金额,应是清偿该项负债所需支出的最佳估计数,因此或有负债的计量主要是确定最佳估计数和预计可获得补偿的处理。

1. 最佳估计数的确定

最佳估计数的确定有两种情况:

(1) 确认的负债所需支出存在一个金额范围。最佳估计数应按该范围的上、下限的平均数确定。

例如,某企业因合同违约而被起诉。根据企业的法律顾问判断,最终判决可能要败诉,但至年末尚未接到法院判决,所需赔偿金额无法确定,但根据专业人士估计,赔偿金额估计在 6 万～8 万元。根据准则规定,该企业在年末资产负债表上要确认为是一项负债,为此,该企业确认这项或有负债的金额估计为 70 000 元 [(60 000＋80 000)÷2]。

(2) 确认的负债所需支出不存在一个金额范围。最佳估计数应根据涉及项目多少来决定。

一是或有负债涉及一个项目。例如,一项债务担保、一项未决诉讼等,对这类案件,应由企业聘请的律师根据类似情况作出判断。如果一起诉讼案根据判断胜诉可能性有 40%,败诉可能性是 60%,如果败诉要赔款 10 万元,在这种情况下,该企业应确认为负债的金额最佳估计数为 10 万元。

二是或有负债涉及多个项目。或有负债涉及多个项目的情况,如企业对商品质量的保证,提出商品保修要求的可能有很多客户,企业对这些客户都负有保修义务。例如,某商店销售小型收录机 1 万台,售价每台为 200 元,根据保修规定,在售后 1 年内免费修理。该商店根据过去经验,估计因收录机的质量问题在 1 年内将发生的修理费一般约为销售额 1%,如果出现较大问题则为销售额 2%。该商店预测,本年度销售的商品中有 70% 不会发生质量问题,20% 发生一般小质量问题,10% 发生较大质量问题,由此估算该商店年末应确认的负债金额最佳估计数为:

$$(200×1\%)×20\%＋(200×2\%)×10\%＝4\,000＋4\,000＝8\,000(元)$$

2. 预计可获得补偿的处理

可获得补偿的情况一般有:

(1) 发生交通事故,企业从保险公司获得合理的赔偿。

(2) 在某些索赔诉讼中,企业通过反诉方式对索赔人或第三方另行提出赔偿要求。

(3) 在债务担保中,企业在履行担保的同时通常可以向被担保单位提出追偿要求。

或有事项准则规定,如果清偿或有事项而确认的负债,其所需支出的全部或部分预计由第三方或其他方补偿,则补偿的金额只能在基本确定能收到时,作为资产单独确认,而且确认的补偿金额不应超过所确认负债的账面价值。例如,某企业因或有事项而确认一项负债为 50 万元,同时因为该项或有事项某企业还可从第三方获得 35 万元的赔偿,这项款项已基本确定可以收到。在这种情况下,某企业应该分别确认一项 50 万元的负债和一项 35 万元的资产,而不能只确认一项 15 万元的负债。

(三)或有负债的核算

企业对确认的或有负债,应当在资产负债表中单列项目反映。核算或有负债是通过"预计负债"账户进行的。"预计负债"是负债类账户,用来核算企业各项预计的负债,包括对外提供担保,未决诉讼,产品质量保证、重组义务、亏损性合同等可能产生的负债。企业按规定的预计项目和预计金额确认的预计负债记入贷方,实际偿付的负债记入借方,期末贷方余额表示企业已预计尚未支付的债务。该账户应按预计负债项目设置明细账,进行明细核算。

企业由于对外提供担保,未决诉讼、产品质量保证、重组义务等产生的预计负债,应按确定的金额,借记"营业外支出"等账户,贷记"预计负债"账户。

【例 10-5】 甲公司欠乙公司货款 50 万元,未能按合同规定于 201×年 10 月底前付清货款,为此乙公司向法院起诉。12 月 20 日,一审判决甲公司应向乙公司全额支付货款,并按每天 5‰的利率支付延期付款利息 12 500 元,同时承担诉讼费 8 000 元,三项合计 520 500 元。甲公司不服,并以乙公司所提供货物不符合合同为由提出索赔 10 万元。截至年底此案尚在审理中。甲公司在一审判决结果后,应确认这一负债,作会计分录如下:

借:管理费用——诉讼费   8 000

营业外支出——罚息支出   12 500

  贷:预计负债——未决诉讼   20 500

【例 10-6】 201×年 1 月 10 日,甲公司因合同违约诉讼案经法院判决,甲公司应偿付乙公司货款及罚息 17 500 元,并承担诉讼费 8 000 元,所提索赔 10 万元,予以驳回,款项于判决生效后 10 天内支付,作会计分录如下:

借:营业外支出——罚息支出   5 000

预计负债——未决诉讼   20 500

  贷:其他应付款   25 500

第四节　非流动负债的核算

非流动负债是指偿还期在 1 年或者超过 1 年的一个营业周期以上的债务,主要包括长期借款、应付债券和长期应付款等。

一、非流动负债的管理要求

非流动负债与流动负债比较,主要具有金额大、偿还期长、可以分期偿还等特点,非流动负债的目的和用途都与流动负债有所不同。

(1)商业企业举借非流动负债一般是为了修建大型营业用房、购置大型设备等,所需的资金比较大,偿还的期限比较长,成为企业的一项长期性的负担。所以,企业负债必须十分注意选择负债的方式、渠道和规模,使投资具有可行性和具有经济效益。

(2)非流动负债一般需要定期支付利息,到期偿还本金。企业必须加强非流动负债的管理,认真选择计价方法,准确计算负债的现值和终值,提前准备偿债所需的货币资金,做到合理负担,恪守信誉。

(3)举借非流动负债往往附有一定的约束条件,如为债款提供担保品,设置偿债基金,发行债券的最高限额等,以保障债权人的合法利益,企业必须遵守合约的规定。

二、非流动负债的会计处理

根据筹措的方式不同,非流动负债主要分为长期借款、应付债券、长期应付款、专项应付款、预计负债以及递延所得税负债等,按制度规定,对将在1年内到期偿还的非流动负债,在资产负债表中应作为流动负债单独反映。

非流动负债应以实际发生额入账。同时按照负债本金或债券面值,按确定的利率按期计提利息,分别计入当期财务费用或工程成本。

(一)长期借款

长期借款是指企业向银行或其他金融机构借入的期限在1年以上的各种借款。

企业向银行借入款项应设置"长期借款"账户进行核算。借入的贷款及应付的借款利息记入该账户贷方;归还本息时记入借方;余额在贷方,表示尚未归还的长期借款。借入的长期外汇借款,设立"长期外汇借款"明细账进行核算,"长期借款"明细账可按贷款单位和借款种类设置。其会计处理如下:

企业借入长期借款时,借记"银行存款""在建工程""固定资产"等账户,贷记"长期借款"账户。长期借款的利息、有关费用和外币折合差额,应区别处理:在固定资产尚未交付使用或已使用但未办理竣工决算之前发生的,计入有关固定资产的购建成本,以后发生的,计入当期损益。前者借记"在建工程"账户,贷记"长期借款"账户;后者借记"财务费用"账户,贷记"长期借款"账户。

【例10-7】 某商厦于201×年4月1日向银行借入小额设备借款200 000元用于购置运输设备,借期为2年,年利率为6%,按季计息,到期一次还本。作会计分录如下:

（1）取得借款存入银行：

借：银行存款   200 000

 贷：长期借款——小额设备借款   200 000

（2）运输设备验收入库，支付设备价款及运输费共 205 000 元：

借：固定资产——运输设备   205 000

 贷：银行存款   205 000

（3）2 年到期归还本金和利息共 224 000 元：

借：长期借款——小额设备借款   224 000

 贷：银行存款   224 000

（二）应付债券

应付债券是指企业为筹集长期资金而发行的期限在 1 年以上的债券及应付的利息。与长期借款比较，债券可以向社会各单位及个人发售；可以在市场上流通和转让；可以向银行或其他金融机构申请抵押，而长期借款只能向银行或金融机构借入，不得进行交易，因此债券应用面比较广。

1. 债券的发行要求及分类

（1）企业发行债券的具体要求：① 发行债券必须经过中国人民银行审核批准。② 发行债券前必须公布章程和办法，并向中国人民银行报送规定的文件。③ 发行债券的总面值不得超过本企业自有资产的净值。④ 债券的利息率，一般可高于银行相同期限居民储蓄定期存款利率。⑤ 债券的票面应载明的内容：企业的名称、所在地；债券的票面金额；票面利率；还本期限和付款方式；利息的支付方式；债券的发行日期及编号等。

（2）公司债券的分类：① 按付息方式分为登记债券和息票债券。② 按归还期限分为一次归还和分期归还债券。③ 按有无担保分为抵押债券和信用债券。④ 按是否能转换为股票分为普通债券和可转换为股票债券等。

2. 应付债券的会计处理

企业发行债券应设置"应付债券"账户进行核算。企业发行债券的面值、溢价款、债券利息及分摊的折价款记入该账户贷方，企业发行的可转换公司债券应将负债和权益分拆，分拆后形成的负债成分记入贷方；发行债券实际收到的金额、分摊的溢价款及偿付的债券本息记入借方；该账户期末余额在贷方，反映企业尚未偿还的债券摊余成本。在"应付债券"账户下，应设置"面值""利息调整"和"应计利息"明细账户，并按债券种类进行明细核算。企业发行债券时，应将债券的票面金额、票面利率、还本期限与方式、发行总额、发行日期和编号、委托代售部门等在备查簿中进行登记。

3. 债券发行的核算

公司债券可以按面值发行,也可以溢价发行或折价发行,主要是根据债券的票面利率与市场利率的比较而决定。

(1) 按面值发行。当债券的票面利率与市场利率相同时,债券的价值与其面值相一致。

【例 10-8】 某公司发行 3 年期债券 50 000 000 元,其票面利率为 12%,与市场利率相同,按票面值发行。作会计分录如下:

借:银行存款 50 000 000
　　贷:应付债券——面值 50 000 000

(2) 溢价发行。当债券的票面利率高于市场利率时,债券的价格高于其票面金额发行,其差额可以用债券的现值来确定。

【例 10-9】 某公司发行 5 年期的公司债券 10 000 000 元,票面利率为 12%,每年付息一次,而市场利率为 10%,为溢价发行。

经查阅复利现值表,每 1 元 5 年期 10% 利率的现值系数为0.6209,从年金现值表查悉,每 1 元 5 年期 10% 利率的年金现值系数为 3.7908,计算现值如下:

到期偿还本金 1 000 万元的现值 = 10 000 000 × 0.6209 = 6 209 000(元)
按票面利率计算的 5 年期利息的年金现值 = (10 000 000 × 12%) × 3.7908 = 4 548 960(元)
债券发行价格 = 6 209 000 + 4 548 960 = 10 757 960(元)
溢价发行额 = (10 757 960 - 10 000 000) = 757 960(元)

溢价发行时,作会计分录如下:

借:银行存款 10 757 960
　　贷:应付债券——面值 10 000 000
　　　　　　——利息调整 757 960

(3) 折价发行。当债券的票面利率低于市场利率时,债券的价格低于其票面金额发行。

【例 10-10】 承[例 10-9],若市场利率为 13% 时,应折价发行。

经查阅复利现值表,每 1 元 5 年期 13% 利率的现值系数为0.5428,从年金现值表查悉,每 1 元 5 年期 13% 利率的年金现值系数为 3.5172,计算现值如下:

到期偿还本金 1 000 万元的现值 = 10 000 000 × 0.5428 = 5 428 000(元)
5 年期利息的年金现值 = (10 000 000 × 12%) × 3.5172 = 4 220 640(元)
债券发行价格 = 5 428 000 + 4 220 640 = 9 648 640(元)
折价发行额 = (10 000 000 - 9 648 640) = 351 360(元)

折价发行时,作会计分录如下:

借：银行存款   9 648 640

    应付债券——利息调整   351 360

  贷：应付债券——面值   10 000 000

（4）支付发行费用。支付债券印刷费及代理发行的手续费，分别不同用途列入工程成本或财务费用，借记"在建工程"或"财务费用"账户，贷记"银行存款"账户。

4. 债券利息和债券溢价、折价摊销的核算

企业发行的债券应按期计提利息，分别不同用途，借记"在建工程"或"财务费用"账户，贷记"应付债券——应计利息"账户。债券的溢价和折价，实际上是整个债券归还期内利息费用的调整。如溢价发行的债券应按照溢价的金额分期摊销。摊销时，借记"应付债券——债券溢价"账户，应计利息与溢价摊销的差额，借记"在建工程""财务费用"账户，贷记"应付债券——应计利息"账户。折价发行的债券，应将摊销的折价金额和应计利息之和，借记"在建工程""财务费用"等账户，将摊销的折价金额，贷记"应付债券——利息调整"账户，将应计利息，贷记"应付债券——应计利息"账户。

溢价或折价摊销额的计算分为直线法和实际利息法两种：

（1）直线法。直线法是将债券的溢价和折价平均分摊于各期，每期用相等的金额冲减（或增加）债券溢价（或折价）金额的方法。该方法计算简单易行，为大多数企业所采用，但没有考虑到溢价和折价的现值。

【例 10-11】 承[例 10-9]，5 年期 10 000 000 元溢价发行的债券，溢价金额为 757 960 元，每年应摊销 151 592 元（757 960÷5）。作会计分录如下：

借：在建工程   1 048 408

    应付债券——利息调整   151 592

  贷：应付债券——应付利息   1 200 000

【例 10-12】 承[例 10-9]，5 年期 10 000 000 元折价发行的债券，折价金额为 351 360 元，每年应摊销 70 272 元（351 360÷5）。作会计分录如下：

借：在建工程   1 270 272

  贷：应付债券——应计利息   1 200 000

        ——利息调整   70 272

（2）实际利息法。实际利息法是根据每期期初应付债券的账面价值用实际利率计算出实际利息，然后对应付债券票面价值用名义利率计算出名义利息，两者的差额即为摊销额。

【例 10-13】 如[例 10-9]中，第一期应付溢价债券的账面价值为 10 757 960 元，市场利率为 10%，实际利息为 1 075 796 元（10 757 960×10%），而名义利率为

1 200 000元(10 000 000×12%),因此第一期的债券溢价摊销额为124 204元
(1 200 000－1 075 796),作会计分录如下:

借:在建工程　　　　　　　　　　　　　　　　　　1 075 796
　　应付债券——利息调整　　　　　　　　　　　　　124 204
　　贷:应付债券——应计利息　　　　　　　　　　　　　　　1 200 000

以后各期摊销余额类推。

(三)长期应付款

长期应付款是指企业除长期借款和应付债券以外的其他各种长期应付款项,
包括应付融资租入固定资产的租赁费、以分期付款方式购入固定资产等应付款项。

1. 长期应付款

企业的各种长期应付款应设立"长期应付款"账户进行核算。企业以融资租入
固定资产租赁费或以分期付款方式购入固定资产记入该账户贷方;归还价款本息
或支付租赁费时记入借方;其期末余额在贷方,表示应付未付的各种长期应付款。
"长期应付款"账户的明细账按应付款的种类和债权人设置。

2. 采用补偿贸易方式引进国外设备价款的核算

补偿贸易是由卖方提供设备或技术,而由买方以产品、加工劳务或等值商品进
行全部或部分偿付的贸易形式。根据规定,在境外借款取得的外汇,允许在外汇指
定银行开立现汇账户。

(1)商业企业以补偿贸易方式引进国外设备时,应按设备、工具、零配件等价
款及国外运费的外币金额按结算日的国家汇率(或当月1日汇率)折合为人民币,
借记"在建工程""原材料"或"固定资产"等账户,贷记"长期应付款"账户。该项长
期应付款应在月底根据当日外汇牌价结算为人民币金额,与原来账面金额的差额,
借(或贷)记"在建工程"或"财务费用——汇兑损失"账户,贷(或借)记"长期应付
款"账户。

(2)企业以人民币支付引进设备的进口关税、国内运费和安装费时,借记"在
建工程""原材料"或"固定资产"账户,贷记"银行存款"或"长期借款"账户(注:补偿
贸易所需进口设备免征增值税)。

(3)企业计提引进设备长期应付款利息时,按规定汇率折合成人民币,借记
"在建工程"或"财务费用"账户,贷记"长期应付款"账户。长期应付款应于月底计
算汇兑损益。

(4)进口设备安装完毕并交付验收使用时,应将其全部价值,包括设备价款、
进口运费、关税、国内运费及安装费等转入"固定资产"账户,借记"固定资产"账户,
贷记"在建工程"账户。

(5)企业分期以出口物资或出口商品的价款偿还引进设备本金及利息时,借

记"应收账款"账户,贷记"主营业务收入"账户,同时借记"长期应付款"账户,贷记"应收账款"账户。结清时,差额贷记"银行存款"或"应收账款"账户,外汇结算均以规定汇率折合人民币入账,与原账面的人民币差额记入"财务费用——汇兑损失"账户。

【例 10-14】 某商业公司向国外某工厂引进高级加工设备及附件100 000美元,支付国外运费 10 000 美元。

① 收到有关单据时,汇率为 6.70 元,作会计分录如下:

借:在建工程——××设备　　　　　　　　　　　　　737 000
　　贷:长期应付款——引进设备(US＄110 000×6.70)　　737 000

② 该项设备到货时支付进口关税、国内运费及安装费共计人民币 150 000 元,作会计分录如下:

借:在建工程——××设备　　　　　　　　　　　　　150 000
　　贷:银行存款　　　　　　　　　　　　　　　　　150 000

③ 长期应付款须每月计算汇兑损益,假设工程安装期及还款期内汇率均无变动,故不计算汇兑损益。

④ 合同规定应付款利息率为 10％,6 个月计算一次,安装完毕前共支付利息5 500美元$\left(110\,000\times10\%\times\frac{6}{12}\right)$,按结息日汇率 6.70 元计算,折合人民币为 36 850 元,作会计分录如下:

借:在建工程——××设备　　　　　　　　　　　　　36 850
　　贷:长期应付款——引进设备(US＄5 500×6.70)　　36 850

⑤ 设备安装完毕,经验收后投入使用,工程的实际成本为 1 033 850 元(847 000＋150 000＋36 850),作会计分录如下:

借:固定资产——××设备　　　　　　　　　　　　1 033 850
　　贷:在建工程——××设备　　　　　　　　　　　1 033 850

⑥ 企业分期以该设备制成的出口商品偿还本息共计六期合计115 000美元,各期按结汇时汇率计算,作会计分录如下:

借:应收账款　　　　　　　　　　　　　　　　　885 500
　　贷:主营业务收入　　　　　　　　　　　　　　885 500

同时:

借:长期应付款——引进设备　　　　　　　　　　　770 500
　　贷:应收账款——×××(US＄115 000×6.70)　　770 500

⑦ 长期应付款尚有贷方余额 US＄500，计人民币 3 350 元（US＄500×6.70），系结欠外商款，应结算为人民币偿还，作会计分录如下：

借：长期应付款——引进设备（US＄500×6.70）　　　　　　　　3 350
　　贷：银行存款　　　　　　　　　　　　　　　　　　　　　　　　3 350

3. 融资租入固定资产租赁的核算

企业融资租入固定资产所支付的租赁费，实际上具有分期支付固定资产价款的性质，因此作为资本支出处理。租赁费一般要高于购置设备的费用，包括设备价款、租赁手续费及垫付资金利息。租赁期满后，一般由企业作价购入。对租入固定资产处在安装调试阶段尚未交付使用或虽已交付使用但尚未办理竣工决算之前发生的租金、利息及手续费，计入租入固定资产的成本，企业取得固定资产的所有权时，应另付一笔转让费，也计入固定资产的成本。

企业支付融资租赁费时，借记"在建工程"账户，贷记"银行存款"账户；支付安装费时，借记"在建工程"账户，贷记"银行存款"账户；安装完工交付使用时，借记"固定资产"账户，贷记"在建工程"账户；支付融资租赁费时，借记"长期应付款"账户，贷记"银行存款"账户；不需要安装即可交付使用的，可借记"固定资产"账户，贷记"长期应付款"账户。具体核算举例详见第八章。

思 考 题

1. 什么是负债？它有什么特征？

2. 流动负债按形成来源和渠道分类可分为哪几类？其核算具体有哪些账户？

3. 向境外借款所取得的外汇，在取得和偿还时如何记账？如何计算汇兑损益？

4. 债券溢、折价发行应如何进行核算？

5. 长期负债的特征是什么？

6. 采用补偿贸易方式引进国外设备的价款如何进行核算？

7. 或有事项的特征是什么？如何确认或有负债？

习 题

1. 目的　练习外汇短期借款的核算。

资料　某批发公司向中国银行借入短期外汇借款 10 000 美元，偿还结欠外商应付货款，借款时汇率为 6.70 元（汇率相同），于 2 个月后以人民币归还贷款，还款时外汇牌价为 6.90 元，年利率为 6%。

要求　编制借款时和还款时的会计分录。

2. 目的　练习商业承兑汇票的核算。

资料 某商业公司开出有息商业承兑汇票一张,金额为 5 000 元,期限为 3 个月,利率为月息 0.5%,到期时承兑付款。

要求

(1) 如利息在到期日一次入账,编制到期日应支付票据的本息分录。

(2) 根据权责发生制的原则,利息按月预提,编制预提利息时及偿还本息时的会计分录。

3. 目的 练习应付账款的核算。

资料 某企业 201×3 月 20 日购入商品 20 000 元,应付增值税 2 600 元,商品已经验收入库,但是尚未收到付款发票,4 月 2 日收到发票后以银行存款支付。

要求

(1) 编制月底估价入账时的会计分录。

(2) 编制 4 月初及付款时的会计分录。

4. 目的 练习折价发行债券的账务处理。

资料 某公司发行 5 年期长期债券,面值为 100 000 元,年利率为 8%,每半年付息一次,当时市场利率为 10%,应折价发行(每 1 元的现值系数分别为 0.5584 和 7.3601)。

要求

(1) 计算债券折价发行时的折价金额,编制会计分录。

(2) 按实际利率法编制公司债券折价摊销表。

(3) 编制用实际利率法计算的利息和折价摊销的会计分录。

5. 目的 练习应付职工薪酬和其他应付款的核算。

资料 某企业 201×年 4 月发生下列有关经济业务如下:

(1) 采购员王某因公出差,财会部门将其应领取的工资 4 500 元暂存。

(2) 出售商品时出租包装木箱 10 只,每只收取押金 30 元,该木箱账面净值为 25 元,押金收到后存入银行。

(3) 本月发放工资 39 000 元,其中:经营人员 30 000 元,管理人员 9 000 元。

(4) 以现金支付离退休金 6 500 元。

(5) 支付××医院转账支票一张,其票面 3 400 元为职工医药费支出。

(6) 医务室购入药品一批,计 1 200 元,以银行存款支付。

(7) 计算本月职工生活困难补助费为 3 000 元。

要求 编制会计分录。

第十一章

所有者权益

【内容提示】　本章主要阐述所有者权益的核算。所有者权益是所有者在企业资产中享有的经济利益。通过学习,学生应了解所有者权益的含义、分类及其特征;明确资本的投入方式和资本的计价,以及企业清算的程序;掌握实收资本、盈余公积和未分配利润等项目的账务处理知识。

第一节　所有者权益的分类及特征

所有者权益是指企业投资人对企业净资产的所有权。根据"资产＝负债＋所有者权益"的会计恒等式,所有者权益是企业的资产总额减去一切负债后的剩余资产,因此又称"净权益"。

一、所有者权益的分类

所有者权益可以按经济内容和形成渠道分类。

1. 所有者权益按经济内容划分,可分为投入资本、资本公积、盈余公积和未分配利润四项

(1) 投入资本是投资者实际投入企业经营活动的各种财产物资,包括国家投资、法人投资、个人投资和外商投资。国家投资是有权代表国家投资的部门或者机构以国有资产投入企业的资本;法人投资是企业法人或其他法人单位以其依法可以支配的资产投入企业的资本;个人投资是社会个人或者本企业内部职工以其合法的财产投入企业所形成的资本;外商投资是国外投资者以及我国香港、澳门和台湾地区投资者投入的资本。

(2) 资本公积是通过企业非营业利润所增加的净资产,包括接受捐赠、法定财产重估增值、资本汇率折算差额和资本溢价所得的各种财产物资。接受捐赠是指企业因接受其他部门或个人的现金或实物等捐赠而增加的资本公积;法定财产重估增值是指企业因分立、合并、变更和投资时资产评估或者合同、协议约定的资产价值与原账面净值的差额;资本汇率折算差额是指企业收到外币投资时由于汇率变动而发生的汇兑差额;资本溢价是指投资人缴付的出资额超出其认缴资本金的

差额,包括股份有限公司发行股票的溢价净收入及可转换债券转换为股本的溢价净收入等。

(3) 盈余公积是指企业从税后净利润中提取的公积金。盈余公积按规定可用于弥补企业亏损,也可按法定程序转增资本金。法定公积金提取率最高为 10%。

(4) 未分配利润是本年度所实现的净利润经过利润分配后所剩余的利润,等待以后分配。如果未分配利润出现负数时,即表示年末的未弥补的亏损,应由以后年度的利润或盈余公积来弥补。

2. 所有者权益按形成渠道划分,可分为原始投入的资本和经营中形成的资本两项

原始投入的资本包括投入资本和资本公积,经营中形成的资本包括盈余公积和未分配利润。

二、所有者权益的特征

所有者权益与债权人权益比较,一般具有以下四个基本特征:

(1) 所有者权益在企业经营期内可供企业长期、持续地使用,企业不必向投资人返还资本金。而负债则须按期返还给债权人,成为企业的负担。

(2) 企业所有人凭其对企业投入的资本,享受分配税后利润的权利。所有者权益是企业分配税后净利润的主要依据,而债权人除按规定取得股息外,无权分配企业的盈利。

(3) 企业所有人有权行使企业的经营管理权,或者授权管理人员行使经营管理权。但债权人并没有经营管理权。

(4) 企业的所有者对企业的债务和亏损负有无限的责任或有限的责任,而债权人对企业的其他债务不发生关系,一般也不承担企业的亏损。

第二节 投入资本的核算

一、所有者投入资本的出资方式及计价

企业根据国家法律、法规规定,可以采取货币资金、实物、无形资产或发行股票等方式筹集资本金,并按规定进行计价。

(一)货币投资

它是指投资人以货币作为投资,包括人民币投资和外币投资。货币投资一般以企业实际收到或者存入银行的日期和金额为记账依据。如果根据合同规定允许以外币作为投资,在以人民币作为记账本位币时,可以按规定的汇率折合人民币入账。如果入账时的汇率和登记实收资本账户的汇率不一致时,投资汇率折算差异

作为资本公积入账。

（二）实物投资

它是指投资人以房屋、机器、设备等固定资产或库存商品材料物资作为投资，一般应按评估确认的价值或合同协议约定的价格作为实收资本。企业对所有者投入的实物资产应列具清单登记，载明具体的名称、规格、数量和价值，由双方签章后作为记账的依据。

（三）无形资产投资

它主要包括专利权、商标权和土地使用权等，应按企业验资评估确认的价值入账。以无形资产（不包括土地使用权）投资的，其所占比例一般不得超过注册资本的 20%。因特殊情况经注册会计师验资并经工商行政管理部门审查批准，可超过 20%，但不得超过注册资金的 30%。

（四）发行股票

股份有限公司是建立现代企业制度下的一个重要组织形式。公司的全部资本划分为较多的等额股份。股份的书面凭证称为股票，企业通过对外发行股票进行筹资。所以认购股票是所有者出资的一种重要形式。

按股权性质划分，有限公司的股份可分为国家股、法人股、个人股和外资股；按股东权利划分，可分为普通股和优先股。普通股的股东有权出席股东大会行使表决权，有权享受红利和剩余财产分配权；优先股股东无表决权，但可按固定股利率优先享受股息，并可优先取得公司的剩余财产。所以优先股股东风险较少，权利也较少。股份公司的出资方式分为以货币资金入股，以实物入股和以无形及其他资产入股，所有投资均须由注册会计师验资，确定其价值后方能入账。股票的发行可以平价发行（即相等于股票面值发行）和溢价发行（即高于股票面值发行），一般不允许折价发行。上市后的股票价格根据市场供求关系自由波动。

企业筹资可以一次筹集，也可以分期筹集。第一次筹集的投资不得低于 15%，可以在营业执照签发之日起 3 个月内筹足，如果是一次筹集的，可以允许在营业执照签发之日起 6 个月内筹足。

二、投入资本的会计处理

企业的投入资本设置"实收资本"账户进行核算（股份有限公司投入的资本其核算账户可改为"股本"账户）。该账户贷方登记企业接受投资者投入企业的资本；借方登记按法定程序报经批准减少的注册资本；其期末贷方余额表示企业实收资本或股本总额。"实收资本"账户根据投资者设置"国家投资""其他单位投资""个人投资"和"外商投资"四个项目，并按投资人设立明细账。股份公司按普通股和优先股设立明细账。

所有者投入企业的资本应根据有关凭证按实际收到的数额进行账务处理，现分别说明如下。

1. 货币资金投入的账务处理

货币资金投资一般应以企业收到或者存入企业开户银行的日期和金额作为登记入账的依据。借记"银行存款"账户，贷记"实收资本"账户。投资可以是人民币，也可以是外币，以外币作为投资时，如以人民币作为记账本位币时，应按企业收到投资者的当天外汇牌价的中间价折合为人民币计算，或者按照投资方约定的汇率计算，其折算差额作为资本公积入账。

股份有限公司应当在核定的股本总额及股份总额范围内发行股票。在收到现金或银行存款时应按实际收到的金额，借记"库存现金""银行存款"等账户，按股票面值和核定的股份总额的乘积计算金额，贷记"股本"账户，按其差额，贷记"资本公积——股本溢价"账户。

【例 11-1】 某公司收到投资者投入人民币 100 万元，作会计分录如下：

借：银行存款　　　　　　　　　　　　　　　　　　1 000 000
　　贷：实收资本——×××　　　　　　　　　　　　　　　1 000 000

【例 11-2】 某公司按合同规定接受外商投资美元 200 万元，按当日美元牌价 6.80 元，折合人民币入账，作会计分录如下：

借：银行存款　　　　　　　　　　　　　　　　　　13 600 000
　　贷：实收资本——×××（US＄2 000 000×6.80）　　13 600 000

【例 11-3】 某公司按合同规定接受外商投资美元 100 万元，分两期投入，每期各 50 万美元，双方规定第二期投入资本按第一期的外汇汇率计算。第一期投入时的汇率为 6.80 元，第二期投入时的汇率为 6.90 元，作会计分录如下：

（1）第一次出资时：

借：银行存款　　　　　　　　　　　　　　　　　　3 400 000
　　贷：实收资本——×××（US＄500 000×6.80）　　3 400 000

（2）第二次出资时：

借：银行存款　　　　　　　　　　　　　　　　　　3 450 000
　　贷：实收资本——×××（US＄500 000×6.90）　　3 400 000
　　　　资本公积　　　　　　　　　　　　　　　　　50 000

2. 实物投资的账务处理

实物投资包括营业用房、机器设备和商品物资的投资。国家对企业的投资也可以用专项拨款的方式，在拨款限额内形成财产后进行投资。投入固定资产应按投资各方确认的价值入账，借记"固定资产"账户，按投资的固定资产在注册资本中所占的份额部分，贷记"实收资本"账户，按"固定资产"账户与"实收资本"账户的差额，贷记"资本公积"账户。

【例 11-4】 A 公司与 B 公司合资建立合资企业,注册资本为 2 000 万元,收到 A 公司投入的营业用房一栋,经评估后双方确定其价值为 85 万元入账,投入资金占企业注册资金 4%,B 公司投入营业设备,经评估后双方确认其价值为 60 万元入账,投入资金占企业注册资金 3%。作会计分录如下:

(1)收到 A 公司投入营业用房。

借:固定资产——房屋建筑物 850 000
　　贷:实收资本——A 公司 800 000
　　　　资本公积 50 000

(2)收到 B 公司投入营业设备。

借:固定资产——营业设备 600 000
　　贷:实收资本——B 公司 600 000

【例 11-5】 某国有公司为扩大营业,由国家拨来专项拨款 150 000 元用于营业用设备技术改造项目,作会计分录如下:

(1)收到拨款时:

借:银行存款 150 000
　　贷:专项应付款——专项拨款 150 000

(2)用于营业设备技术改造项目:

借:在建工程 150 000
　　贷:银行存款 150 000

(3)营业设备改造完成:

借:固定资产 150 000
　　贷:在建工程 150 000

(4)在办理国家资本增加手续以前:

借:专项应付款——专项拨款 150 000
　　贷:资本公积——拨款转入 150 000

(5)手续完备后转作增加资本:

借:资本公积——拨款转入 150 000
　　贷:实收资本 150 000

【例 11-6】 某公司接受投资人以货物作为投资,并附来专用发票,注明货价 200 000 元,增值税额 26 000 元。作会计分录如下:

借:应交税费——应交增值税(进项税额) 26 000
　　库存商品 200 000
　　贷:实收资本 226 000

3. 无形资产投资的账务处理

以无形资产(不包括土地使用权)投资的应按评估确认后的价值入账。

【例 11-7】 某公司收到 B 公司投入一项专利技术作为投资,经评估后确认其价值为 20 万元。作会计分录如下:

借:无形资产——专利权　　　　　　　　　　　　　　　200 000
　　贷:实收资本——B 公司　　　　　　　　　　　　　　　　200 000

第三节　资本公积的核算

资本公积是企业从筹资过程中形成的资本增值,将资本公积与实收资本相区分,有利于维护投资人按出资比例分享权益;将资本公积与经营损益相区分,则可以有效地避免将筹资过程中的资本增值当作经营利润分配,有利于资本保全。

一、资本公积的账户设置

资本公积应设置"资本公积"账户核算,企业收到投资者出资额超过其在注册资本或股本中所占份额的部分以及直接计入所有者权益的利得和损失,可以根据资本公积的来源分别设置资本(或股本)溢价、其他资本公积进行明细核算,包括企业接收投资人投入的资本,可转换公司债券持有人行使转换权利将债券转为资本等形式的资本公积等。凡是引起资本公积增加的项目记入该账户贷方;引起资本公积减少的项目记入借方;期末余额在贷方,表示资本公积的结存数。

二、资本折算差额的账务处理

企业接受的外币投资一般采用选定的外汇中间牌价折合记账本位币入账,但为了使按记账本位币计算出中外双方的出资比例,保持合同中约定的出资比例,合资企业对于实收资本可按照合同约定的合理汇率或按照企业第一次收到出资额时的国家外汇牌价折合记账本位币入账,因汇率不同而产生的差额,借记(或贷记)"资本公积——资本折价或溢价"账户,具体的账务处理已在货币资金的账务处理中说明。

三、资本溢价的账务处理

投资者缴付的出资额大于注册资本的数额时,企业应按实际收到的出资额,借记"银行存款"账户,按注册资本的金额,贷记"实收资本"账户,其差额,贷记"资本公积——资本溢价"账户。

【例 11-8】 某股份有限公司发行股票 1 000 万股,票面金额为每股 10 元,注册资本为 1 亿元,溢价 5 元出售,出资总额 1.5 亿元。作会计分录如下:

借:银行存款　　　　　　　　　　　　　　　　　　150 000 000
　　贷:实收资本　　　　　　　　　　　　　　　　　　　100 000 000
　　　　资本公积——资本溢价　　　　　　　　　　　　　50 000 000

四、法定财产重估增值的账务处理

企业因对外投资而转出各种资产或企业内部由于合并、改组需要对财产进行重估时,资产评估确认价值或者双方约定价值与原账面净值的差额应作为"资本公积"入账,借记有关资产账户,贷记"资本公积——其他资本公积"账户。

【例 11-9】 某商业企业将部分固定资产转出作为对另一企业的投资,转出时对该项固定资产进行重新评估,当时固定资产的原账面金额为 1 500 万元,累计折旧 800 万元,重新评估后确认为 1 000 万元。转出时作会计分录如下:

借:固定资产——固定资产清理(15 000 000-8 000 000)　　7 000 000

累计折旧　　8 000 000

贷:固定资产　　15 000 000

同时:

借:长期股权投资　　10 000 000

贷:固定资产清理　　7 000 000

资本公积——其他资本公积　　3 000 000

五、资本公积增值的账务处理

资本公积用于转增资本时,在办理增资手续后,借记"资本公积"账户,贷记"实收资本"账户。

第四节　盈余公积及未分配利润的核算

盈余公积和未分配利润都是企业经营过程中形成的,是所有者权益的组成部分。

一、盈余公积的核算

盈余公积是指企业按规定从净利润中提取的积累资金。盈余公积分为法定盈余公积和任意盈余公积。

法定盈余公积主要用于企业弥补亏损、转增资本及发放现金股利或利润;任意盈余公积主要用于职工集体福利设施。

法定盈余公积一般按净利润的 10% 提取,如企业提取的法定盈余公积超过注册资本 50% 时可不再提取。任意盈余公积是企业经股东大会或董事会等类似机构批准从净利润中提取的。股份有限公司要在发放优先股股利后,才能提取任意盈余公积。

(一)盈余公积账户的设置

为反映盈余公积的提取、使用和结存情况,企业应设置"盈余公积"账户进行核算,企业按规定实际提取额记入贷方,使用和转出数记入借方,期末余额在贷方,反映企业提取的盈余公积。

(二)盈余公积提取时的账务处理

盈余公积金按企业税后利润比例提取时,借记"利润分配——提取盈余公积"账户,贷记"盈余公积——法定盈余公积或任意盈余公积"账户。

【例11-10】 企业按税后利润1 000 000元提取法定盈余公积10%,作会计分录如下:

借:利润分配——提取盈余公积　　　　　　　　　　　　　100 000
　　贷:盈余公积——法定盈余公积　　　　　　　　　　　　　100 000

(三)盈余公积使用时的账务处理

(1)盈余公积金用于弥补亏损时,借记"盈余公积"账户,贷记"利润分配——盈余公积补亏"账户。

【例11-11】 企业上年亏损150 000元,从盈余公积中弥补,作会计分录如下:

借:盈余公积——法定盈余公积　　　　　　　　　　　　　150 000
　　贷:利润分配——盈余公积补亏　　　　　　　　　　　　　150 000

(2)盈余公积用于转增资本时,借记"盈余公积"账户,贷记"实收资本"账户。

【例11-12】 企业以盈余公积200 000元转作增资,增资后企业盈余公积仍不少于注册资本的25%,作会计分录如下:

借:盈余公积——法定盈余公积　　　　　　　　　　　　　200 000
　　贷:实收资本　　　　　　　　　　　　　　　　　　　　200 000

(四)股利的分配

企业分配给股东的股利一般有现金股利和股票股利两种。现金股利是以现金支付给股东的股利,企业宣布分配股利时,借记"利润分配——应付股利"账户,贷记"应付股利——普通股股利"账户。以银行存款支付股利时,借记"应付股利——普通股股利"账户,贷记"银行存款"账户。

股票股利是股份有限公司所专用的,是指公司用派送新股的形式分给股东的股利,实质上是将公司的盈余公积转增资本,可以按派送新股计算的金额,借记"盈余公积"账户,贷记"股本"账户。用盈余公积分配股票股利时,如按票面发行,则借记"盈余公积"账户,贷记"利润分配——盈余公积"账户,借记"利润分配——应付股利"账户,贷记"应付股利"账户。实际分配股票股利时,借记"应付股利"账户,贷记"实收资本"账户。如按大于票面价格发行时,按其差额,贷记"资本公积"账户。

1. 按股票票面价格发行股票股利

【例11-13】 某公司发行在外的普通股100 000股,每股面值为1元,现宣布

按面值 10％的比例分配股票股利,作会计分录如下:

(1) 宣布分配股票股利时:

借:盈余公积(100 000×10％)　　　　　　　　　　　　　　10 000

　　贷:利润分配——盈余公积　　　　　　　　　　　　　　　　10 000

借:利润分配——应付股利　　　　　　　　　　　　　　　　10 000

　　贷:应付股利——普通股股利　　　　　　　　　　　　　　　10 000

(2) 实际分配股票股利时:

借:应付股利——普通股股利　　　　　　　　　　　　　　　10 000

　　贷:实收资本——普通股　　　　　　　　　　　　　　　　　10 000

2. 按大于票面价格发行股票股利

【例 11-14】　某公司发行在外的普通股 100 000 股,每股面值为 1 元,现宣布按面值 10％分发股票股利,价格按市场价 1.4 元发行,作会计分录如下:

(1) 宣布分配股票股利时:

借:盈余公积(100 000×1.4×10％)　　　　　　　　　　　　14 000

　　贷:利润分配——盈余公积　　　　　　　　　　　　　　　　14 000

借:利润分配——应付股利　　　　　　　　　　　　　　　　14 000

　　贷:应付股利——普通股股利　　　　　　　　　　　　　　　10 000

　　　　资本公积　　　　　　　　　　　　　　　　　　　　　　 4 000

(2) 实际分配股票股利时:

借:应付股利——普通股股利　　　　　　　　　　　　　　　10 000

　　贷:实收资本——普通股　　　　　　　　　　　　　　　　　10 000

分发股利后,股东权益总额不变,但股东权益结构发生了变化。如[例11-14],该公司原有资本公积 10 000 元,盈余公积 25 000 元,分配股票股利前后的股东权益变化情况如表 11-1 所示。

表 11-1　　　　　　　　分配股票股利前后的股东权益变化情况

	分配股票股利前	分配股票股利后
普通股	100 000	110 000(100 000＋10 000)
资本公积	10 000	14 000(10 000＋4 000)
盈余公积	25 000	11 000(25 000－14 000)
股东权益	135 000	135 000

二、未分配利润的核算

未分配利润是指"利润分配——未分配利润"账户的期末余额。年度终了，企业将全年实现的净利润，自"本年利润"账户转入"利润分配——未分配利润"账户贷方；如为净亏损，则作相反的会计分录，同时将"利润分配"内的其他明细账户转入"利润分配——未分配利润"账户的借方。结转后，"未分配利润"明细账户的借方余额即为未弥补的亏损；贷方余额为未分配的利润。

具体核算方法详见第十三章"利润与利润分配"。

第五节　企业清算及投入资本的归还

企业在经营期内，投资者对其投入的资本金，除依法转让外，不得以任何方式抽走，只有在企业进行清算后，才能将剩余财产归还给投资者。

一、企业清算的含义

企业清算是指企业按照国家法律、法规和企业章程规定解散、破产或其他原因经批准宣布终止时，对企业财产、债权、债务进行清理，并偿还债务和对投资者发还企业剩余财产的工作。

企业清算有下列几种原因：

(1) 合营、合作、联营企业合约期满，而投资各方又无意继续经营，经董事会决定申请解散的。

(2) 企业发生严重亏损，无力继续经营。

(3) 投资一方不履行协议、合同或章程规定的义务，致使企业无法继续经营。

(4) 因自然灾害、战争等不可抗力，遭受严重损失，无法继续经营。

(5) 企业未达到其经营目的，同时又无发展前途。

(6) 企业合同、章程所规定的其他解散原因及其他客观条件已经出现。

二、清算的基本程序

企业清算一般应经过以下程序：

(1) 由董事会作出决议宣告解散。

(2) 按国家及企业章程规定组成清算机构，负责对企业的财产、债权、债务进行全面清查。

(3) 编制解散日的各种会计报表、财产目录和债权债务清单，清理财产，收取企业的债权，偿还企业的债务，提出财产作价的依据。

(4) 宣布企业清算终了，分配企业的剩余财产。

(5) 编制企业清算报告和收支报表，经注册会计师验证后，向工商行政管理部门和主管财政机关办理注销登记。

三、企业清算及归还资本金的核算

企业清算及归还资本金的方式有两种:一是产权转让方式,即将投资一方的投资,经清算后转让给另一方企业继续经营;二是完全解散方式,就是将全部财产变卖,将净收入分配给投资各方作为归还资本金。

企业的清算可暂设"清算损益"账户进行核算。该账户借方登记清算过程中为进行清算工作而发生的各项支出,包括清算机构的开支,聘请会计师、律师的费用,财产处理损失等;贷方登记清算收益,包括财产变现收益等;差额转入"利润分配——未分配利润"账户,最后将未分配利润按投资各方出资比例进行分配。

(一)产权转让的核算

产权转让可以以账面净值为依据,也可以以重估价值为依据。如果以重估价值为依据,在清算时应先调整财产价值,借记(或贷记)"存货""固定资产"账户,贷记"累计折旧"账户,贷记(或借记)"清算损益"账户。下一步的工作是将"清算损益"转入"未分配利润";将"未分配利润""资本公积""盈余公积"账户,按各方出资比例转入"实收资本"账户;并将出让方应收的资本由受让方发还给出让方。现举例说明如下:

【例 11-15】 某联营公司解散时的实收资本 1 000 000 元,其中甲、乙方各投资 500 000 元,资本公积为 50 000 元,未分配利润为 20 000 元,经过清算发生清算损失净额 80 000 元,清算后乙公司的股权转让给甲公司,作会计分录如下:

(1)结转清算损失。

借:利润分配——未分配利润	80 000
贷:清算损益	80 000

(2)按出资比例将"资本公积"及"未分配利润"转入"实收资本"。

借:实收资本——甲方投资	5 000
——乙方投资	5 000
资本公积	50 000
贷:利润分配——未分配利润	60 000

(3)由甲方将转让产权应得款项 495 000 元(500 000-5 000)支付给乙方,归还剩余资本金。

借:实收资本——乙方投资	495 000
贷:银行存款	495 000

企业存款不足,可由甲方投入现金,增加新的资本。

(二)完全解散的核算

企业完全解散应收回各种应收款项,偿付各项负债,变卖所有财产物资,最后将剩余的现金按出资比例分配给所有投资人。举例说明如下：

【例 11-16】 某联营公司解散时的实收资本 1 000 000 元，其中甲方、乙方各投资 500 000 元，资本公积 50 000 元，未分配利润 20 000 元。经过清算和变卖全部剩余资产净损失 200 000 元（其中包括清算费用、财产溢缺、变卖损失等），清算后将剩余资本归还给投资双方，作会计分录如下：

(1) 结转清算损失。

借：利润分配——未分配利润		200 000
贷：清算损益		200 000

(2) 按出资比例将"资本公积"及"未分配利润"转入"实收资本"。

借：实收资本——甲方投资		65 000
——乙方投资		65 000
资本公积		50 000
贷：利润分配——未分配利润		180 000

(3) 归还各方剩余资本各 435 000 元（500 000－65 000）。

借：实收资本——甲方投资		435 000
——乙方投资		435 000
贷：银行存款		870 000

资本金转让或偿还以后，清理工作即告结束。企业清算终了如果清算收益大于清算损失的部分，应依法交纳所得税。股份有限公司应按优先股股份面值对优先股进行分配，分配后剩余部分按普通股股东的持股比例进行分配。中外合作企业按合同中约定在合作期内一方先行收回投资的，必须按照法律规定或合同约定承担企业的债务责任。在交纳所得税前收回投资的，须报经主管财政机关审批。

思 考 题

1. 企业所有者权益按经济内容和形成渠道可分为哪几类？其主要内容是什么？

2. 所有者对企业投入资本有哪几种出资方式？

3. 为什么要将投入资本划分为实收资本和资本公积入账？试举例说明。

4. 企业用盈余公积分配股票股利时，如何进行核算？

5. 企业清算有哪些原因？投资人投入企业的资本在什么情况下才能全部收回？

习 题

1. 目的 练习投入资本的核算。

资料 某公司接受以下投资业务：

（1）接受甲公司专用设备一台作为投资，其账面原值为 152 000 元，已提折旧 50 000 元，经双方协商，估价 85 000 元。

（2）接受乙公司仓库一座作为投资，其账面原值为 248 000 元，已提折旧 12 000 元，经双方协商，估价 130 000 元。

（3）接受国家投入运输设备一台，计价 180 000 元，已提折旧 30 000 元。

（4）国家通过建设单位拨付仓库一幢，已交付使用，全部造价为 450 000 元。

（5）联营单位甲公司投入非专利技术资料，计价 80 000 元。

（6）甲公司投入营业用房一幢，已验收使用，原始价值为 500 000 元，已提折旧 100 000 元，双方协商按评估作价 450 000 元作为投资额。

（7）收到甲公司拨入商品一批，库存账面价值为 70 000 元，应交增值税为 9 100 元。商品验收入库。

（8）国家拨入现金 100 000 元，存入银行，作为经营资金。

（9）甲公司按法定程序报经批准，减少投资 100 000 元，转让给乙公司，办理转资手续。

（10）本公司与甲公司合同期满，甲公司收回其全部投资，予以转账。

要求 编制会计分录。

2. 目的 练习资本公积和盈余公积的核算。

资料 某公司发生下列有关经济业务：

（1）接受 A 单位捐赠旧汽车一辆，市场价格为 160 000 元，按新旧程度，评估确定其价值为 120 000 元，予以转账。

（2）收到外商汇入美元 180 000 元，作为投入资本金，当日汇率为 6.70 元。合营合同规定外商投资的汇率为 6.50 元。

（3）接受某单位赠送特种检验设备一套，其原始价值为 25 000 元，已提折旧 5 000 元，经评估确定其价值为 25 000 元。

（4）以资本公积 50 000 元和盈余公积 40 000 元用于新增资本，办好增资手续后进行转账。

（5）本年税后利润为 680 000 元，按 10% 比例提取法定盈余公积。

（6）经董事会研究决定，以盈余公积弥补上年度亏损 35 000 元。

要求 编制会计分录。

3. 目的 练习发放股票股利的核算。

资料 某公司发行在外的普通股股票为 20 万股，每股面值为 10 元。该公司宣布按面值 10% 的比例分配股票股利，按市场价每股 12 元发行，于 1 个月后实际分配。

要求

（1）编制宣布发放股利时的会计分录。

（2）编制实际分配时的会计分录。

（3）说明分配股利后的股东权益的变化情况。

4. 目的　练习企业清算及发还投资各方资本的核算。

资料　某联营公司因经营亏损宣布清理变卖,其解散日的资产负债表如表 11-2 所示。

表 11-2

资 产 负 债 表（简表）

201×年 10 月 31 日（解散日）　　　　　　　单位：人民币元

资　产	金　额	负债和所有者权益	金　额
流动资产：		流动负债：	
库存现金	20 000	短期借款	200 000
银行存款	52 000	应付账款	180 000
应收账款	150 000	流动负债合计	380 000
存货	200 000	所有者权益：	
流动资产合计	422 000	实收资本	250 000
非流动资产：		其中:甲公司	150 000
		乙公司	100 000
固定资产	55 000	未分配利润	−128 000
无形资产	25 000		
非流动资产合计	80 000	所有者权益合计	122 000
资产总计	502 000	负债和所有者权益总计	502 000

该公司在清理过程中发生下列有关经济业务：

（1）支付清算费用 4 500 元,收回应收账款 140 000 元,其余 10 000 元无法收回。

（2）变卖存货 180 000 元,其余 20 000 元为变价损失。

（3）变卖固定资产,净收入 60 000 元,比原净值增加 5 000 元。

（4）无形资产 25 000 元注销。

（5）偿还全部借款及应付账款,并支付利息 1 000 元。

要求

（1）编制清算过程的会计处理分录,包括结转清算损益,甲、乙双方按比例分摊亏损额,及归还剩余资本。

（2）编制清算损益表及盈亏分配资本净额表,格式如表 11-3 和表 11-4 所示。

表 11-3

清 算 损 益 表

201×年 10 月 31 日至 12 月 31 日   单位：人民币元

清 算 损 失	金 额	清 算 收 益	金 额
清算费用		变卖固定资产溢价	
坏账损失			
变卖存货损失			
注销无形资产			
支付银行借款利息			
清算损失合计		清算收益合计	

表 11-4

盈亏分配资本净额表

201×年 12 月 31 日   单位：人民币元

盈 亏 分 配	金 额	投资人权益净额	金 额
清算前未弥补亏损		甲方资本	
加：清算损失		减：分配亏损额	
合　计		净　额	
分配：		乙方资本	
甲公司		减：分配亏损额	
乙公司		净　额	

第十二章

费用与税金

【内容提示】 本章主要阐述商品流通费和税金的核算。通过学习,学生应了解商品流通费的概念和开支范围,税金的种类,以及对商品流通费的审核要求;明确商品流通费各项目的内容和明细账户的设置,以及主要税种的计算和核算方法;掌握商品流通费的支付方式,各项期间费用和各种税金的计算和账务处理等方面的知识。

第一节 费用概述

商业企业的费用又称商品流通费,它是企业在商品流通过程中耗费的活劳动和物化劳动的货币表现。

商品流通费是商品从生产领域向消费领域转移过程中的必要投入,然而该费用支出多少,是节约还是浪费,却直接影响企业的经营效益。从这个意义上来说,商业企业费用水平的高低,是综合反映企业管理质量的一项重要指标。因此努力降低费用支出,是商业企业提高经济效益的重要途径。

一、费用的开支范围

为了正确组织费用的核算,加强费用管理,商业企业必须明确规定费用的开支范围,划清哪些开支属于费用,哪些开支不属于费用,防止乱挤费用,挪用经营资金,侵占国家税利现象的发生。

(一)属于费用开支的范围

(1)支付给商业企业工作人员的工资、福利费、工资性的津贴和奖金。

(2)支付给国民经济其他部门的劳务报酬,如运杂费、邮电费、广告费、手续费、水电费、修理费等。

(3)商品在进、销、存过程中发生的自然损耗。

(4)商业企业在业务经营过程中发生的各种物资消耗,如包装物、低值易耗品的摊销,以及固定资产的折旧等。

(5)企业在经营期间发生的利息净支出、汇兑净损失、支付给金融机构的手续费等。

（6）商品流通过程中发生的各项管理费用及其他必要的开支。

（二）不属于费用开支的范围

凡是与商品流通过程没有直接关系的支出，都不能作为费用开支，以下支出不属于费用的开支范围：

（1）为购置和改造固定资产，购入无形资产和其他资产的支出。

（2）对外投资的支出。

（3）赞助和捐赠支出。

（4）支付的赔偿金、违约金、罚款和滞纳金等。

（5）被没收的财产物资，与商业企业经营无直接关系的各项支出，等。例如，固定资产盘亏、处置固定资产净损失、非常损失等，都不能在费用中列支。

费用虽然是商业企业在实现商品流通过程中所必需的开支，但它毕竟是社会财富的一种扣除，费用开支越大，被扣除的社会财富亦越多。因此，每个商业企业都应当在保证商品流通需要和提高服务质量的前提下，厉行节约，加强经济核算，以尽可能少的劳动耗费实现尽可能多的利润，不断提高企业的经济效益，为我国建设提供更多的资金积累。

二、加强对费用的审核和控制

为了加强费用的管理和分析，需对开支的费用进行审核与控制。对于合法、合理、合规的有利于提高经济效益的费用开支，应给予保证，并且积极支持；反之，对于那些不合法、不合理的开支，则要严格控制，坚决制止。

费用审核的基本要求如下：

（1）认真审核费用开支凭证，审核的依据是国家有关的方针、政策、法令和制度。对于一切违反规定的超支和浪费，应坚决予以制止；如果当时已无法制止，事后应追究责任，采取措施，防止以后再发生。

（2）严格划清费用的开支范围，凡不属于费用范围的开支，不得列入费用；不属于本单位负担的费用也不得列入费用，应作为应收款项向有关单位收回。

（3）应按照权责发生制的原则，划清费用的归属期，以便正确反映各报告期的费用支出和财务成果。

商业企业应加强对费用的审核和控制。对于费用的控制，主要是指在费用发生过程中，对各种耗费进行指导、限制和监督，使费用支出被控制在原先规定的范围内。费用控制的依据是费用定额或费用计划，对于脱离定额或计划的差异，要加强核算与分析。属于实际耗费中不应有的超支和浪费，应予以制止；属于定额或计划不当而发生的差异，则应按规定重新进行修订。

<h1 style="text-align:center">第二节 费用账户的设置</h1>

一、费用的分类

商业企业的费用包括销售费用、管理费用、财务费用等期间费用。

（1）销售费用是指商业企业在购销环节中所发生的各项费用，包括进货运输费、装卸费、包装费、保险费、展览费、广告费、商品维修费为销售本企业商品而设立的销售机构职工的工资、福利费和业务费等。

进口商品的销售费用是指进口商品到达目的地港口以后到销售以前所发生的上述费用。

（2）管理费用是指企业为组织和管理企业经营活动所发生的费用，包括企业在筹建期间内发生的开办费、董事会和行政管理部门在企业经营管理中发生或由企业统一负担的经费（包括管理人员工资及福利费、物料消耗、低值易耗品摊销、办公费和差旅费等），以及业务招待费、研究费、董事会费、工会经费、诉讼费、技术转让费、折旧费、房产税、城镇土地使用税、印花税、车船税、聘请中介机构费、咨询费、矿产资源补偿费、排污费等。

（3）财务费用是指企业为筹集业务经营所需资金而发生的费用，包括利息净支出、汇兑损失（减汇兑收益）和金融机构的手续费等。

二、费用总分类账户的设置

根据费用的分类，商业企业对费用开支分别设置总分类账户进行总的核算，设置"销售费用""管理费用""财务费用"三个总分类账户。这三个账户属于损益类账户，借方登记支付、预提、分摊当期应负担的费用；期末，将这些账户的余额从贷方转入"本年利润"账户，结转后这些账户应无余额。

三、费用明细分类账户的设置

费用应根据财政部统一规定，设置明细分类账户。

（一）"销售费用"账户

该账户主要核算企业商品经营过程中发生的费用，可按以下主要项目设置明细账户：

（1）进货运输费：主要核算企业在商品，购销过程中使用车船、畜力、人力和空运所支付的运费，以及与运输有关的各项杂费，包括调车费，放空费，车船清扫费，站台、码头、专用线租赁等费用。

（2）装卸费：主要核算商品由起运车站至装上运输工具或由运输工具卸入到达站或码头、仓库以及市内商品运输、装卸搬运的费用。

（3）商品维修费、整理费：主要核算商品在挑选、整理、维修过程中支付的费用。

（4）包装费：主要核算包装用品费、包装物折损费与修补费、包装物租用费，以及不能计入包装物进价的包装物运杂费。

（5）保险费：核算企业向保险公司投保资产所支付的保险费用。

（6）展览费：核算企业为扩大商品购销业务所支付的展览会会务费以及展销品折价损失。

（7）仓储保管费：主要核算商品在储存过程中支付的保管费用，包括倒库、晾晒、冷藏、保暖、委托保管，以及商品畜禽的饲料费用。

（8）检验费：主要核算商品检验、化验所支付给商品检验部门的费用。

（9）广告费：核算为扩大商品购销业务支付的广告费和样品费。

（10）商品损耗：核算商品在运输、保管、销售过程中发生的自然损耗。

（11）进出口商品累计佣金：核算商品进口、出口时通过中间商进行交易时所付给的佣金，按一定时期内各笔交易累计金额计算的累计佣金。

（12）职工薪酬费：核算按规定支付给直接从事商品经营人员工资和工资性质的各项补贴，以及按照规定标准提取的福利费、社会保险费、住房公积金等。

（13）差旅费：主要核算因经营业务需要出差人员的住宿费、交通费以及伙食补贴等费用。

（14）手续费：主要核算企业委托其他单位代销、代购、代储、代运等业务支付的手续费。

（二）"管理费用"账户

该账户主要核算企业为组织和管理经营所发生的费用，按以下主要项目设置明细账户：

（1）职工薪酬费：核算企业行政管理部门人员的工资和工资性质的各种补贴，以及按规定标准提取的福利费、社会保险费、住房公积金等。

（2）业务招待费：核算企业为扩展业务经营的需要，按规定支付的交际费。

（3）研究费用：核算企业研究新技术等而发生的各项费用。

（4）董事会会费：核算企业最高权力机构及其成员为履行职能而发生的各项费用，包括差旅费、会议费等。

（5）工会经费：核算按企业职工工资总额规定的比例计提工会的经费。

（6）职工教育经费：核算企业为职工学习先进技术和提高文化水平而支付的费用，按职工工资总额规定的比例计提。

（7）社会劳动保险费：核算离退休职工的离退休金、价格补贴、医药费、易地安家补助费、职工退职金、抚恤费、按规定支付给离休职工的各项经费，以及实行社会保险提取的退休基金。

（8）待业保险费：核算企业按规定交纳的职工待业保险费。

（9）租赁费：核算企业租赁办公用房、集体宿舍、营业用房的租赁费支出。

（10）咨询费：核算企业为取得科技、信息资料支付给咨询机构的咨询费、顾问费。

（11）诉讼费：核算企业用法律手段解决与外单位的经济纠纷，因起诉或应诉支付给法院的费用。

（12）技术转让费：核算企业为使用专利技术所支付的费用。

（13）低值易耗品摊销：核算企业按规定摊销的低值易耗品价值。

（14）折旧费：核算企业按规定计提的固定资产折旧费。

（15）修理费：核算企业固定资产和低值易耗品等财产的修理费用。

（16）聘请中介机构费：核算企业聘请中介机构进行查账验资以及进行资产评估等发生的各项费用。

（17）排污费：核算企业按规定支出的环境保护费用。

（18）其他费用：核算企业除上列各项明细账户以外的管理费用。包括水电费、邮电费、书报费、文具费、差旅费等办公费用。

（三）"财务费用"账户

该账户按以下项目设置明细账户：

（1）利息支出：核算支付的银行借款利息、商业汇票贴现利息，以及企业为筹集经营资金发行债券所支付的利息。为购建固定资产而筹集资金所发生的利息支出，在固定资产尚未完工交付使用或虽已投入使用但尚未办理竣工决算之前发生的，应计入有关固定资产价值内，不在本账户核算；在此之后发生的记入本账户。

企业存款利息收入，应冲减本项目。

（2）手续费：核算企业支付给金融机构的手续费。

（3）汇兑损失：核算企业因外币兑换、汇率变动而产生的损失（或汇兑收益）。

第三节　费用支出的核算

在商业企业中，费用支出有各种不同的情况。从费用发生和支付的角度看，有本期发生本期支付的费用，有本期发生下期支付的费用，也有本期预付下期发生的费用等。企业应按照权责发生制的原则来组织费用支出的核算。费用支付的方式可分为直接支付、转账摊销、预付待摊等。

一、直接支付费用的核算

直接支付费用是指本期支付应由本期负担的费用，如直接支付本月的工资、运杂费、保管费等。

直接支付费用的方式有两种：一是当费用发生时，直接由财会部门支付；二是以备用金的方式预先支付，后报账。

（一）由财会部门直接支付

当费用发生时，开支部门持费用凭证直接向财会部门报账。财会部门收到费用单据经审核无误，便可据以付款，作会计分录如下：

　　借：销售费用——××费用　　　　　　　　　　　　　　　　　×××
　　　　贷：银行存款（或库存现金）　　　　　　　　　　　　　　　×××

在直接支付的费用中，职工薪酬占有较大的比重，包括工资、奖金、工资性津贴、福利费、社会保险费、住房公积金、工会经费、职工教育经费、非货币性福利、股份支付等。其中尤以工资为最，全部都是直接支付。

在每月发放工资前，财会部门应根据人事劳动工资部门转来的职工考勤、调动、工资级别调整通知单，各种津贴变动通知单和有关部门转来的代扣款通知单进行计算，编制"工资表"，计算出每一个职工的应发工资和实发工资数额。如果是实行日工资制度的企业，对缺勤职工工资按下列计算公式予以扣除：

　　　　　　日工资＝月标准工资÷30 天（或平均每月实际工作日）
　　　　　　事假应扣工资＝事假日数×日工资
　　　　　　病假应扣工资＝日工资×病假天数×病假应扣工资的比例
　　　　　　应发工资＝标准工资＋附加工资＋各项补贴－扣除的病事假工资
　　　　　　实发工资＝应发工资－代扣款项

每月编制的工资表是工资核算的根据，并据以向银行提取现金发放工资以及进行账务处理。工资表经过职工签收以后，就是支付工资的原始凭证。

【例 12-1】　某企业计算出 201×年 10 月应发给职工的工资总额28 000元（其中经营人员工资 22 000 元，管理人员工资6 000 元），另外，为房管部门代扣商业职工中经营人员的本月房租 3 500 元，扣回职工王文明的欠款 360 元，代扣住房公积金2 576 元，养老保险金 940 元，医疗保险金 2 728 元，失业保险金 364 元，计算实发工资额，并提现发工资，以及结算代扣的房租款项。作会计分录如下：

（1）计算实发工资额，向银行提取现金。

　　借：库存现金　　　　　　　　　　　　　　　　　　　　　17 532
　　　　贷：银行存款（28 000－3 500－360－940－2 728－364－2 576）　　17 532

（2）发工资及处理代扣款项。

　　借：应付职工薪酬——经营人员工资　　　　　　　　　　　22 000
　　　　　　　　　　　——管理人员工资　　　　　　　　　　　6 000
　　　　贷：库存现金　　　　　　　　　　　　　　　　　　　17 532
　　　　　　其他应收款——王文明　　　　　　　　　　　　　　360
　　　　　　其他应付款——代扣房租　　　　　　　　　　　　3 500
　　　　　　　　　　　　——养老保险金　　　　　　　　　　　940
　　　　　　　　　　　　——医疗保险金　　　　　　　　　　2 728
　　　　　　　　　　　　——待业保险费　　　　　　　　　　　364
　　　　　　　　　　　　——住房公积金　　　　　　　　　　2 576

借：其他应付款   10 108

    贷：银行存款   10 108

（3）月份终了将本月应发的工资进行分配。

借：销售费用——经营人员工资   22 000

    管理费用——管理人员工资   6 000

    贷：应付职工薪酬——经营人员工资   22 000

            ——管理人员工资   6 000

（二）以备用金支付

采用这种方法，一般是按费用项目由企业内部有关职能部门实行分别负责管理，预先提取一定数额的备用金，定期凭费用单据向财会部门报账，经审核无误后补足备用金。财会部门拨给有关部门备用金时，在"其他应收款——备用金"账户进行核算。现举例说明如下：

【例 12-2】 某企业规定运费由储运部门负责管理，预先领取定额备用金，定期向财会部门报账，并按报销额补足金额。

（1）财会部门根据储运部门领款收据，支付备用金 3 000 元，作会计分录如下：

借：其他应收款——备用金（储运部门）   3 000

    贷：银行存款   3 000

（2）储运部门定期将所支付的运费凭单据向财会部门报账，本月报销 365 元，经审核无误，签发现金支票补足备用金，作会计分录如下：

借：销售费用——运费   365

    贷：银行存款   365

二、转账摊销费用的核算

转账摊销费用是指企业的各种财产物资的耗费，通过转账摊入本期应负担的费用。这类费用是按规定的标准进行摊销的，如包装物和低值易耗品的摊销，固定资产的折旧等；转账摊销费用的账务处理，在有关章节已作了介绍，在此不再赘述。

三、预付待摊费用的核算

预付待摊费用是指本期支付，应由以后各期负担的费用。采用这种方法，就是按照权责发生制的原则来划分费用的归属期，将应由 1 年以上各期负担的费用，先记入"长期待摊费用"账户，以后再分期摊销，这样可以均衡各期费用的负担，保持各期财务成果的稳定性。例如，支付数额较大的修理费，如果全部列入当期的费用，会影响当期的费用水平和财务成果，因而必须采用分期摊销的方法。

【例 12-3】　某商业企业经批准对营业用房进行大修理,共计支付费用 18 000 元,确定分 18 个月进行摊销,作会计分录如下:

(1) 支付修理费:

借:长期待摊费用　　　　　　　　　　　　　　　　　　　　　180 000

　　贷:银行存款　　　　　　　　　　　　　　　　　　　　　　　180 000

(2) 按月摊销:

借:管理费用——修理费　　　　　　　　　　　　　　　　　　10 000

　　贷:长期待摊费用　　　　　　　　　　　　　　　　　　　　　10 000

第四节　大类商品费用的核算

为了改善经营管理,加强经济核算,详细考核各大类商品的经营成果,凡具备条件的商业批发企业,均应实行大类商品核算。

根据新会计制度的规定,批发企业的各项费用都列入期间费用,实行大类商品核算的商业企业,除"主营业务收入""主营业务成本""库存商品"等账户要按商品大类进行明细分类核算外,期间费用中的"销售费用"账户也应按商品大类分户,进行明细分类核算,以便计算各大类商品的经营成果,为考核和分析大类商品的经营情况提供完备的资料。

费用按大类商品进行核算,可根据具体情况,分别采取直接认定法和比例分摊法两种方法。

一、直接认定法

直接认定法是指在费用发生以后,根据有关费用凭证,直接确定该项费用应该由哪类商品负担的方法。此类费用一般有运费、保管费、包装费、商品损耗等直接费用。在核算时,应按商品大类的分类口径,在费用明细账有关子目下,设置三级明细账进行核算;也可以在有关子目账页内设置专栏登记。费用按大类商品核算的费用明细账。

【例 12-4】　某食品批发企业发运生猪一批,支付运费 285 元,财会部门根据运输部门开来的运费收据,直接认定是生猪的运费,作会计分录如下:

借:销售费用——运费——生猪　　　　　　　　　　　　　　285

　　贷:银行存款　　　　　　　　　　　　　　　　　　　　　　　285

编制记账凭证时,在"摘要"栏注明"生猪运费";登记明细账时,根据记账凭证"摘要"栏的记载,记入"运费"子目下的"生猪"栏。

二、比例分摊法

比例分摊法是指在费用发生以后,不能根据有关费用凭证直接认定应由哪类商品负担,而需要按照某种比例,通过计算才能确定各类商品应分摊的费用额的方法。这类费用一般有保险费、经营人员的工资及其他各项间接费用等。为了减少繁重的分摊计算手续,平时无须逐笔分摊计算,可在计算经营成果时,采用一定的方法一次性进行分摊。如按本期各商品大类销售收入(或销售成本)占全部商品销售收入(或销售成本)总额的比例,乘以本期发生的不能直接认定的费用总额,即可算出各大类商品应分摊的费用。把各大类商品能直接认定的各项费用,加上按比例摊入的费用,就是大类商品的费用总额。

比例分摊的计算步骤如下:

(1) 先计算各大类商品的销售额占全部商品销售额的百分比:

$$\text{某大类商品销售额占全部商品销售额的百分比} = \frac{\text{某大类商品销售额}}{\text{商品销售总额}} \times 100\%$$

(2) 再计算某类商品本期应摊的费用额。

$$\text{某大类商品本期应摊的费用} = \text{本期发生的共同费用总额} \times \text{某大类商品销售额占商品销售总额的百分比}$$

【例 12-5】 某食品公司 10 月份销售总额为 200 万元,其中:生猪类销售额 80 万元,蛋品类销售额 70 万元,家禽类销售额 50 万元,全月共同性费用 16 万元。各大类商品应分摊的费用计算如下:

$$\text{生猪类商品销售比例} = \frac{80}{200} \times 100\% = 40\%$$

$$\text{蛋品类商品销售比例} = \frac{70}{200} \times 100\% = 35\%$$

$$\text{家禽类商品销售比例} = \frac{50}{200} \times 100\% = 25\%$$

$$\text{生猪类商品应摊的共同费用} = 16 \times 40\% = 6.4 (\text{万元})$$

$$\text{蛋品类商品应摊的共同费用} = 16 \times 35\% = 5.6 (\text{万元})$$

$$\text{家禽类商品应摊的共同费用} = 16 \times 25\% = 4 (\text{万元})$$

将各大类商品直接计入的各项费用,加上分配计入的各项费用,就是各大类商品的费用总额,并可据以编制大类商品经营情况表。

第五节　税金的核算

商业企业的税金是依照税法规定向国家交纳的一部分纯收入。它由物质资料生产部门所创造,由商业企业通过商品货币交换而实现,并以货币资金的形式上缴给国家,是国家预算收入的一项重要来源。

一、商业企业纳税的主要种类及其计算方法

商业企业交纳的税金主要有增值税、消费税、城镇土地使用税、房产税、车船税、企业所得税等。各种税金的课税对象、计税依据和方法不尽相同,简要介绍如下。

(一)增值税

增值税是对在中华人民共和国境内销售货物或者加工、修理修配劳务,销售服务、无形资产不动产以及进口货物的单位和个人征收的一种税。增值税是以商品生产和流通中各环节的新增价值或者商品附加值为征税对象的一种流转税,也是国际上公认的一种透明度比较高的"中性"税收。

税制改革后的流转税,由增值税和消费税所组成。它统一适用于内资企业和外商投资企业。在此同时,取消对外商投资企业征收的工商统一税,而对商品交易和进口普遍征收增值税,并选择部分消费品交叉征收消费税。

自 2016 年 5 月 1 日起,我国全面推开营改增试点,将建筑业、房地产业、金融业、生活服务业全部纳入营改增试点,至此,营业税退出历史舞台,增值税制度更加规范。这是自 1994 年分税制改革以来,我国财税体制的又一次深刻变革。营改增的最大特点是减少重复征税,可以促使社会形成更好的良性循环,有利于降低企业税负。营改增主要涉及的范围是交通运输业和部分现代服务业。

1. 增值税税制模式的要点

(1)增值税的征收范围,包括从事销售货物或者加工、修理修配劳务,销售服务、无形资产、不动产以及货物进口的单位和个人。

(2)增值税实行价外计征的办法,即以不包含增值税额的商品价格为税基计算征收,纳税人从购货方取得一切收入均应并入经营收入中计征增值税。

(3)增值税的税率的适用范围按货物、品种划定,不以流通环节划定。对于兼营不同税率的货物或应税劳务,应适用不同的税率计税。但如果纳税人不能分别核算销售额,或者不能准确提供销售额的话,则一律按高税率征税。

(4)纳税人销售货物或者应税劳务,应当向购买方开具增值税专用发票,并在上面分别注明销售额和销项税额,根据发票上注明的税金进行税款抵扣。凡是发票上未注明增值税额的,以及所用发票不合规定的,不予税款抵扣。但为了照顾我国消费者的习惯,商品零售环节的发票不单独注明税金,应开具普通发票。

2. 增值税的计算

增值税计算的基本公式如下:

$$应纳税额 = 当期销项税额 - 当期进项税额$$

(1) 销项税额。其计算公式如下:

$$销项税额 = 销售额 × 税率$$

销售是指有偿转让货物或提供应税劳务的行为,包括自销、进口、代销某销售行为。

销售额是指纳税人销售货物或者提供应税劳务,从购买方所收取的全部价款,包括收取的一切价外费用,但不包括应收取的增值税额。如果纳税人以外汇结算销售额的,应折合人民币计算。

零售环节的收入是含增值税的,销售额的计算公式如下:

$$销售额 = \frac{含税收入}{1 + 增值税税率或征收率}$$

(2) 进项税额。进项税额是指纳税人购进的货物或者应税劳务已交纳增值税额。取得进项税额包括下列三种情况:一是纳税人购进货物或者应税劳务,从销售方取得的增值税专用发票上注明的增值税额;二是纳税人进口货物,从海关取得的免税凭证上注明的增值税额;三是购进免税农业产品的进项税额,按买价依照扣除率计算。

(二) 消费税

消费税是指在中华人民共和国境内,从事生产、委托加工和进口应税特定消费品的单位和个人,所取得的销售收入而征收的一种税。

消费税的征税范围如下:特殊消费品,奢侈品,非生活必需品;不能再生和替代的石油类消费品;为配合产品结构调整需要,在某个特定时期内要加以限制的长线产品等。消费税设置了 15 个税目,其税率(税额)高低不同。具体税目有:烟,酒,高档化妆品,贵重首饰及珠宝玉石,鞭炮、焰火,成品油,摩托车,小汽车,高尔夫球及球具,高档手表,游艇,木制一次性筷子,实木地板,电池,涂料等。

(三) 城镇土地使用税

城镇土地使用税原来是对城市、县城、建制镇、工矿区范围内使用土地的单位和个人以实际占用的土地面积为计税依据,从量计征的一个税种。除城镇、工矿区外,对农村的非农业生产经营用地也征收城镇土地使用税。

(四) 房产税

房产税是以房产的价值为课税对象,向房产所有者计算征收的一种财产税。房产税的征收范围扩大到农村的非农业生产经营用房,以房产评估的价值或原值为计税依据。

（五）车船税

车船税是以我国境内行驶的车船为课税对象，从量计征的一种财产行为税。应纳税款以计税标准按年计征分期交纳。

（六）企业所得税

企业所得税是指在中华人民共和国境内的企业就其生产经营所得和其他所得征收的一种税。企业所得税是从企业所实现的利润中交纳的，具体计税方法留待利润分配中阐述。

二、税金的核算

商业企业交纳的税金，有的是在商品销售环节交纳的，有的是在管理费用中列支的，有的是列入商品的进价成本的，也有的是从实现的利润中交纳的。现将核算方法分述如下。

（一）设置"应交税费"账户

企业按规定交纳的各种税金（除印花税以及其他不需预计应交数的税金以外）都通过"应交税费"账户核算，包括增值税、所得税、土地增值税等。该账户是负债类账户，贷方主要登记企业应交的税金；借方主要登记企业已交的税金；年终时，企业与税务机关结算或清算后补交的税金记入其借方，退回多交的税金记入其贷方；期末，贷方余额为未交的税金，借方余额为多交的税金。该账户可按应交税费项目进行明细核算，设置有"应交增值税""未交增值税""应交所得税"等明细账户。

（二）商品销售环节税金的核算

企业应纳的销售税金包括增值税、出口关税等。其中，企业应纳的增值税应在"应交税费"账户下设置"应交增值税"明细账户。"应交税费——应交增值税"账户的借方发生额反映企业购进货物或接受应税劳务支付的进项税额和实际已交纳的增值税；贷方发生额反映销售货物或提供应税劳务应交纳的增值税额、出口货物退税、转出已支付或应分担的增值税；期末借方余额反映企业多交或尚未抵扣的增值税；期末贷方余额反映企业尚未交纳的增值税。在"应交增值税"明细账中，应设置"进项税额""销项税额""出口退税""进项税额转出""已交税金"等专栏进行核算。

1. 应交增值税五个专栏的核算要求

（1）进项税额：记录企业购入货物或接受应税劳务而支付的，准予从销项税额中抵扣的增值税额。企业购入货物或接受应税劳务支付的进项税额，用蓝字登记；退回所购货物应冲销的进项税额，用红字登记。

（2）销项税额：记录企业销售货物或提供应税劳务应收取的增值税额。企业销售货物或提供应税劳务应收取的销项税额，用蓝字登记；退回销售货物中应冲销的销项税额，用红字登记。

（3）出口退税：记录企业出口适用零税率的货物，向海关办理报关出口手续后,凭出口报关单等有关凭证,向税务机关申报办理出口退税而收到退回的税款。出口货物退回的增值税额,用蓝字登记;出口货物办理退税后发生退货或者退关而补交已退的税款,用红字登记。

(4)进项税额转出:记录企业购进的商品、材料物资等发生非正常损失以及其他原因而不应从销项税额中抵扣,按规定转出的进项税额。

(5)已交税金:记录企业已交纳的增值税额。企业已交纳的增值税额用蓝字登记;退回多交的增值税额用红字登记。

2. 企业在购销环节有关增值税的账务处理

(1)企业进货时,按增值税专用发票注明的增值税额,作会计分录如下:

借:在途物资等账户 　　　　　　　　　　　　　　×××
　　应交税费——应交增值税(进项税额) 　　　　×××
　　贷:银行存款等账户 　　　　　　　　　　　　　×××

购入货物发生的退货,作相反会计分录。

(2)企业接受投资转入的商品,按照增值税专用发票上注明的增值税额,作会计分录如下:

借:库存商品 　　　　　　　　　　　　　　　　　×××
　　应交税费——应交增值税(进项税额) 　　　　×××
　　贷:实收资本 　　　　　　　　　　　　　　　×××

(3)企业接受捐赠转入的商品、物资等,按照增值税专用发票上注明的增值税额,作会计分录如下:

借:库存商品等账户 　　　　　　　　　　　　　　×××
　　应交税费——应交增值税(进项税额) 　　　　×××
　　贷:营业外收入 　　　　　　　　　　　　　　×××

(4)企业接受应税劳务,按照增值税专用发票上注明的增值税额,作会计分录如下:

借:其他业务成本 　　　　　　　　　　　　　　　×××
　　委托加工物资 　　　　　　　　　　　　　　　×××
　　销售费用 　　　　　　　　　　　　　　　　　×××
　　管理费用 　　　　　　　　　　　　　　　　　×××
　　应交税费——应交增值税(进项税额) 　　　　×××
　　贷:银行存款 　　　　　　　　　　　　　　　×××
　　　　应付账款等 　　　　　　　　　　　　　　×××

(5)企业销售商品或提供应税劳务,按照实现的销售收入和按规定收取的增值税额,作会计分录如下:

借：应收账款 ×××
    银行存款等 ×××
    贷：应交税费——应交增值税（销项税额） ×××
        主营业务收入 ×××
        其他业务收入等 ×××

发生的销售退回，作相反会计分录。

（6）企业出口适用零税率的货物，不计算销售收入应交纳的增值税。企业向海关办理报关出口手续后，凭出口报关单等有关凭证，向税务机关申报办理该项出口货物的进项税额的退税。企业在收到出口货物退回的税款时，作会计分录如下：

借：银行存款 ×××
    贷：应交税费——应交增值税（出口退税） ×××

出口货物办理退税后发生的退货或者退关补交已退回税款的，作相反的会计分录。

（7）企业将自产或委托加工的货物用于非应税项目，应视同销售货物计算应交增值税，作会计分录如下：

借：在建工程等账户 ×××
    贷：应交税费——应交增值税（销项税额） ×××

（8）企业将自产、委托加工或购买的货物作为投资，提供给其他单位或个体经营者，应视同销售货物计算应交增值税，作会计分录如下：

借：长期股权投资 ×××
    贷：应交税费——应交增值税（销项税额） ×××

（9）企业将自产、委托加工或购买的货物无偿赠送他人，应视同销售货物计算应交增值税，作会计分录如下：

借：营业外支出 ×××
    贷：应交税费——应交增值税（销项税额） ×××

（10）企业购进的商品、材料物资发生非正常损失，以及购进的货物改变用途等原因，其进项税额，应相应转入有关账户，作会计分录如下：

借：待处理财产损溢 ×××
    在建工程 ×××
    应付职工薪酬等 ×××
    贷：应交税费——应交增值税（进项税额转出） ×××

属于转作待处理财产损失的部分,应与遭受非正常损失的购进货物的成本一并处理。

(11) 企业上交增值税时,作会计分录如下:

借:应交税费——应交增值税(已交税金)　　　　　　　　　　×××
　　贷:银行存款　　　　　　　　　　　　　　　　　　　　　×××

收到退回多交的增值税,作相反的会计分录。

3. 商品销售税金及附加的账务处理

商品销售环节应纳的税金及附加除增值税以外,其余的都在"税金及附加"账户内核算,包括消费税、城市维护建设税、资源税、城镇土地使用税和教育费附加等相关税费。该账户属损益类账户,借方主要登记应由主营业务负担的税金及附加;期末应将本账户余额结转至"本年利润"账户;结转后,该账户应无余额。

商品销售环节交纳的"教育费附加"是指国家为了发展我国的教育事业,提高人民文化素质而征收的一种费用。这项费用按照企业交纳销售税金的一定比例计算,并与销售税金一起交纳。教育费附加一般按实际交纳的增值税、消费税的3%计算交纳。其核算步骤如下:

(1) 计算出应交的税金及附加时,作会计分录如下:

借:税金及附加——××税　　　　　　　　　　　　　　　　×××
　　贷:应交税费——应交××税　　　　　　　　　　　　　　×××
　　　　　　　　——应交教育费附加　　　　　　　　　　　　×××

(2) 交纳税金时,作会计分录如下:

借:应交税费——应交××税　　　　　　　　　　　　　　　　×××
　　　　　　——应交教育费附加　　　　　　　　　　　　　　×××
　　贷:银行存款　　　　　　　　　　　　　　　　　　　　　×××

(3) 期末将余额结转"本年利润"账户时,作会计分录如下:

借:本年利润　　　　　　　　　　　　　　　　　　　　　　　×××
　　贷:税金及附加——××税　　　　　　　　　　　　　　　×××

思 考 题

1. 什么是费用?商业企业费用的开支范围包括哪些?哪些支出不能列作费用?

2. 什么是销售费用、管理费用、财务费用?它们各包括哪些内容?

3. 商业企业的费用应设置哪些总账账户?明细账户又是如何设置的?

4. 费用有哪些列支方式?怎样对其进行账务处理?

5. 什么是税金？商业企业应交纳哪几种税金？各种税金怎样计算？如何对不同的税金进行核算？

习　题

1. 目的　练习商品流通费的范围。

资料　某企业 201×年×月发生的有关经济业务如表 12-1 所示：

表 12-1　　　　　　　　**经 济 业 务 表**

经 济 业 务 内 容	科目和子目
(1) 交纳房地产税	
(2) 交纳职工待业保险金	
(3) 领用自有不独立核算车辆燃料	
(4) 领用运输用牲畜的饲料	
(5) 支付仓库租赁费	
(6) 支付办公用房租赁费	
(7) 支付固定资产租赁费	
(8) 支付购入固定资产的运费	
(9) 支付不列入包装物购进成本的运费	
(10) 定额范围内的商品损耗	
(11) 支付短期借款利息	
(12) 支付固定资产建造期间借款利息	
(13) 支付固定职工的各项补贴	
(14) 咨询费	
(15) 支付挑选整理库存商品的临时人员工资	
(16) 提取职工福利费	
(17) 支付职工医药费	
(18) 支付固定资产修理费	
(19) 支付招待客户的费用	
(20) 支付给会计师事务所财产评估费	

要求　分析上列项目经济内容是否属于费用范围，并列明适用的科目和子目。

2. 目的　练习商品流通费的核算。

资料　某企业 201×年×月份发生下列有关经济业务：

(1) 计算本月应发职工工资，业务部门经营人员 148 000 元，管理人员 10 000 元，行政部门管理人员 28 000 元。

（2）从银行提取现金 186 000 元。

（3）现金支付本月职工工资。

（4）根据政府规定,按工资总额提取 10％医疗保险费,8％住房公积金,2％工会经费,15％职工教育经费。

（5）从银行存款中支付商品运费 608 元,支付仓库租赁费 400 元,支付办公楼租赁费 900 元。

（6）采购员王某出差回来报销,其中商品运费 108 元,车船费 360 元,住宿费 260 元,出差补贴 60 元,合计 788 元,余款 212 元交回现金。

（7）以现金购进当月耗用的包装用纸 50 元,办公用纸 45 元。

（8）以现金支付修理费 550 元,其中修理包装用麻袋 25 元,修理办公室门窗 105 元,修理办公桌椅 40 元,修理汽车 380 元。

（9）用银行存款支付下 1 年房屋租金 3 000 元。

（10）支付本季度商品周转借款利息 7 652 元。前 2 个月已预提借款利息 4 980 元。

（11）购入电子秤 2 台,每台价格为 160 元,当即交营业组使用,以现金支付（用五成摊销法）。

（12）总务部门报账:自行车修理费 20 元,食堂购置炊具 85 元,当即以现金补足其备用金。

（13）仓库报账:支付清仓整理费 80 元,灭火剂药品 60 元(已使用),包装油桶洗涤费 31 元,商品包扎用绳 18 元(已使用),以现金支付补足其备用金。

（14）以转账支票预付下一年度保险费 2 400 元。

（15）提取本季坏账损失准备 750 元。

（16）以现金支付退休职工医药费 112 元。

（17）以支票支付商品展览费 560 元。

（18）以现金购买水果、茶叶、点心 120 元招待客户。

（19）本月全部商品销售收入为 5 000 000 元,其中食品 1 200 000 元,百货 2 400 000 元,服装 1 400 000 元。全月应分配的经营费用为 229 500 元,计算各类商品应分配的费用数额。

要求 编制会计分录。

3. 目的 练习税金的核算。

资料 某企业 201×年×月有关进销业务资料如下:

零售商品销售收入	1 368 900 元(含增值税)
批发商品销售收入	580 000 元
其他业务收入	35 000 元
同期购进商品	900 000 元

要求

(1) 计算已销商品应交增值税的销项税额。

(2) 计算增值税专用发票上注明的增值税进项税额。

(3) 计算本期应交增值税额(销项税扣减进项税)。

(4) 按上列计算资料编制会计分录。

注:增值税进项税、销项税的税率均为13%。

第十三章

利润与利润分配

【内容提示】 本章主要阐述利润和利润分配的核算。通过学习,学生应了解利润的构成因素、利润分配的主要内容和分配程序;明确利润核算前的准备工作及利润分配明细账户的设置和核算内容;掌握利润和利润分配的账务处理知识。

第一节 利润的构成及核算

商业企业的利润是企业在一定时期内各项收入抵偿各项支出后的净额。利润是衡量企业经营管理水平的一项综合性指标,有关经营业务的大小,费用水平的高低,资本金使用的效益等,都在一定程度上通过利润体现出来。所有商业企业都应在提高服务质量的前提下,不断开拓经营,改善管理,加强经济核算,提高经济效益,努力实现利润目标,为企业的发展和国家的建设积累更多的资金。

一、利润的构成

商业企业的利润总额由营业利润、营业外收支净额构成。利润总额扣减所得税后为净利润。

(一)营业利润

营业利润是商业企业从商品的购销主营业务收入和其他业务收入中取得的利润形成,是构成商业企业利润的主要内容。它由主营业务收入、主营业务成本、其他业务收入、其他业务成本、税金及附加、销售费用、管理费用、财务费用、投资收益等因素构成。其计算公式如下:

营业收入=主营业务收入+其他业务收入

营业成本=主营业务成本+其他业务成本

$$营业利润=营业收入-营业成本-税金及附加-销售费用-管理费用-财务费用+投资收益$$

核算营业收入、营业成本的账户有:

(1)"主营业务收入"账户。该账户是损益类账户,用来核算企业确认的销售商品、提供劳务等主营业务收入。其贷方登记销售商品、提供劳务实现的收入;借方登记销售退回、销售折让的金额;期末贷方余额转入"本年利润"账户;结转后,该账户应无余额。

（2）"主营业务成本"账户。该账户是损益类账户,用来核算企业确认销售商品、提供劳务等主营业务收入时应结转的成本。其借方登记计算结转的销售商品、提供劳务的实际成本;贷方登记冲减发生的销售退回的成本;期末借方余额转入"本年利润"账户;结转后,该账户应无余额。该账户可按收入类别进行明细核算。

（3）"其他业务收入"账户。该账户是损益类账户,用来核算企业确认的除主营业务活动以外的其他经营活动实现的收入,包括出租固定资产、出租无形资产、出租包装物和商品、销售材料、用材料进行非货币性交换或债务重组等实现的收入。其贷方登记各项其他业务收入;期末将该账户的余额转入"本年利润"账户,结转后,应无余额。该账户可按收入项目进行明细核算。

（4）"其他业务成本"账户。该账户是损益类账户,用来核算企业确认的除主营业务活动以外的其他经营活动所发生的支出,包括销售材料成本、出租固定资产折旧额、出租无形资产摊销额、出租包装物的成本或摊销额。其借方登记企业发生的其他业务成本;期末将该账户余额转入"本年利润"账户;结转后,该账户应无余额。该账户可按支出项目进行明细核算。

（二）营业外收支净额

营业外收支净额是指企业发生的各项与经营业务无直接关系的利得和损失,包括营业外收入和营业外支出两部分。

1. 营业外收入的内容

（1）非流动资产处置利得。

（2）资产交换利得。

（3）债务重组利得。

（4）政府补助。

（5）盘盈利得、捐赠利得。

营业外收入通过"营业外收入"账户核算,该账户是损益类账户,用来核算与企业经营业务无直接关系的各项收入。其贷方登记各项收入数;期末将该账户余额转入"本年利润"账户的借方;结转后,该账户应无余额。该账户应按各项收入项目进行明细核算。

2. 营业外支出的内容

（1）非流动资产处置损失。

（2）非货币性资产交换损失。

（3）债务重组损失。

（4）公益性捐赠支出。

（5）非常损失。

（6）盘亏损失。

营业外支出通过"营业外支出"账户进行核算，该账户是损益类账户，用来核算与企业经营业务无直接关系的各项支出。其借方登记各项支出数；期末将转入"本年利润"账户数记入贷方；结转后，该账户应无余额。该账户可按支出项目进行明细核算。

（三）以前年度损益调整

以前年度损益调整是指企业本年度发生的调整以前年度损益的事项以及本年度发现的重要前期差错更正涉及以前年度损益的事项，通过"以前年度损益调整"账户进行核算。该账户为损益类账户。调整增加的以前年度利润或调整减少以前年度亏损记入贷方；调整减少以前年度利润或增加以前年度亏损记入借方；调整后的余额转入"利润分配——未分配利润"账户后，该账户无余额。作会计分录如下：

（1）调整增加的以前年度利润或调整减少的以前年度亏损：

　　借：有关账户　　　　　　　　　　　　　　　　×××
　　　　贷：以前年度损益调整　　　　　　　　　　　×××

（2）调整减少的以前年度利润或调整增加的以前年度亏损：

　　借：以前年度损益调整　　　　　　　　　　　　×××
　　　　贷：有关账户　　　　　　　　　　　　　　　×××

（3）由于调整增加或减少以前年度利润或亏损而相应增加的所得税：

　　借：以前年度损益调整　　　　　　　　　　　　×××
　　　　贷：应交税费——应交所得税　　　　　　　　×××

（4）由于调整减少或增加以前年度利润或亏损而相应减少的所得税：

　　借：应交税费——应交所得税　　　　　　　　　×××
　　　　贷：以前年度损益调整　　　　　　　　　　　×××

（5）结转余额：

如为贷方余额：

　　借：以前年度损益调整　　　　　　　　　　　　×××
　　　　贷：利润分配——未分配利润　　　　　　　　×××

如为借方余额：

　　借：利润分配——未分配利润　　　　　　　　　×××
　　　　贷：以前年度损益调整　　　　　　　　　　　×××

综上所述，利润总额及净利润的计算公式如下：

利润总额＝营业利润＋营业外收入－营业外支出

净利润＝利润总额－所得税费用

二、利润的核算

（一）利润核算前的准备工作

企业财会部门除正确组织日常经营过程的收入与支出的核算外，还需要在月末、季末、年末综合计算反映一定时期的财务成果。它是企业在某一时期内各项收入抵补各项支出的差额，即利润或亏损，反映企业经营的最终结果。为了真实正确地计算企业的利润，在利润核算前必须做好以下各项准备工作。

1. 核对账目

正确的账簿记录是保证财务成果真实的前提条件。在计算利润总额之前，必须核实账簿记录，做到账账相符，如核对总分类账的资产总额与负债和所有者权益的总额是否平衡；总分类账户余额与其各明细分类账户余额之和是否相等；有关商品及财产物资明细分类账与保管、管理、使用部门的账卡是否相符；银行存款日记账与银行对账单余额经调整后是否相符；各应收、应付款明细账与对方账项余额是否相符。核对结果如果不符，应及时查明原因进行更正，以保证账账相符。

2. 清查财产

对财产物资进行清查盘点是会计核算的基本方法之一。商业企业在月、季、年终结账前，应按规定对库存商品、原材料、包装物、材料物资、低值易耗品以及货币资金、有价证券和固定资产等财产物资进行清查盘点。盘点中如发现盈余、残损变质等情况，应报请批准及时查明原因，调整处理。

3. 调整账项

在计算利润总额之前，对本期内应该入账的一切经济业务，按照权责发生制原则都应入账，需要调整的账项主要有以下各种：

（1）本期内发生的一切经济业务均应记入有关账户内。

（2）本期应负担支付的税金和费用，如应交税费、应付银行借款利息、应付手续费等都应根据预提应付数额入账。

（3）本期应负担的待摊费用应进行摊销转账。

（4）本期耗用的材料应办理转账。

（5）本期使用的包装物、低值易耗品磨损费应进行摊销。

（6）本期清查财产发现的溢余和短缺应查明原因，调整转账。

（7）对已挂账的"待处理财产损溢"应积极与有关方面联系，敦促其按审批权限抓紧处理。

（8）对已发生的各种债权债务应当按合同规定收回或偿付。

（9）已售商品的进价成本或进销差价应及时计算结转。

（10）按规定提取的福利基金、盈余公积应计提转账。

（二）利润核算的账务处理

商业企业一般采用账结的方法，通过"本年利润"账户来核算本年度实现的利润(或亏损)总额。期末,企业应将各收益类账户的余额转入该账户的贷方;将各成本、费用、支出类账户的余额转入该账户的借方;转账以后该账户余额如在贷方,反映本年度自年初开始累计实现的利润总额;如果该账户的余额在借方,则反映本年度自年初开始累计发生的亏损总额。年度终了时,企业应将所得税账户的余额转入该账户的借方,然后将该账户的全年累计余额(即本年实现的净利润),转入"利润分配"账户。作会计分录如下:

借:本年利润   ×××
　　贷:利润分配——未分配利润   ×××

如为亏损,则应作相反的分录。年度结账后,本账户应无余额。

【例 13-1】 利华公司在 201×年度决算时,各损益类账户 12 月份余额如表 13-1 所示。

表 13-1 　　　　　　　　　　　损益类账户余额表
201×年 12 月

账 户 名 称	结 账 前 余 额
主营业务收入	92 000 元(贷)
税金及附加	4 700 元(借)
主营业务成本	50 000 元(借)
销售费用	2 200 元(借)
管理费用	8 300 元(借)
财务费用	2 100 元(借)
其他业务收入	9 600 元(贷)
其他业务成本	7 400 元(借)
投资收益	1 800 元(贷)
营业外收入	3 600 元(贷)
营业外支出	1 800 元(借)

根据 12 月 31 日各损益类账户余额,作转账会计分录如下:

(1) 借:主营业务收入   92 000
　　　　其他业务收入   9 600
　　　　投资收益   1 800
　　　　营业外收入   3 600
　　　　贷:本年利润   107 000

（2）借：本年利润 76 500

　　　贷：税金及附加 4 700

　　　　　主营业务成本 50 000

　　　　　销售费用 2 200

　　　　　管理费用 8 300

　　　　　财务费用 2 100

　　　　　其他业务成本 7 400

　　　　　营业外支出 1 800

经过以上账务处理，一方面结平了各项收入与支出账户；另一方面可以在"本年利润"账户中计算出本月利润。结转后，"本年利润"账户登记情况如表 13-2 所示。

表 13-2　　　　　　　　　　　　　"本年利润"账户

201×年		凭证号数	摘　　要	借　方	贷　方	借或贷	金　额
月	日						
11	30		承前页			贷	260 000
12	31		主营业务收入		92 000		
	31		其他业务收入		9 600		
	31		投资收益		1 800		
	31		营业外收入		3 600		
	31		税金及附加	4 700			
	31		主营业务成本	50 000			
	31		销售费用	2 200			
	31		管理费用	8 300			
	31		财务费用	2 100			
	31		其他业务成本	7 400			
	31		营业外支出	1 800			
12	31		合　　计	76 500	107 000	贷	290 500

从"本年利润"账户可见，12 月份贷方合计数为 107 000 元，借方合计数为 76 500 元，借贷相抵后的差额为 30 500 元，即为 12 月份的利润额。12 月份利润加上 1~11 月余额 260 000 元，合计为 290 500 元，就是本年的全部利润总额。在年度终了时，扣减所得税 72 625 元（290 500×25%）后的金额为 217 875 元，即为净利润，应转入"利润分配"账户。

借：本年利润   217 875

 贷：利润分配——未分配利润   217 875

（三）所得税的账务处理

1. 所得税的计算和交纳

所得税是对从事工商业经营的经济单位和个人，就其利润所得征收的一种税。商业企业的所得税，以实行独立核算的企业为纳税单位，以会计年度内实现的利润额为依据。其计算公式如下：

$$应纳所得税额＝应纳税所得额×所得税税率$$

$$应纳税所得额＝利润总额－弥补以前年度亏损±调整项目$$

商业企业的所得税实行按年计征，分期预交，年终汇算清缴，多退少补的办法。由于会计处理与税法规定的纳税所得额并不一致，在计算所得税时，应将当年计税所得额进行调整。如若没有扣减（或增加）调整项目，则计税所得额就是利润总额。作会计分录如下：

（1）预交所得税时，借记"应交税费——应交所得税"账户，贷记"银行存款"账户。

（2）年终计算出全年应交所得税时，借记"所得税费用"账户，贷记"应交税费——应交所得税"账户。

（3）年终汇算清缴，多退少补。补交时，借记"应交税费——应交所得税"账户，贷记"银行存款"账户。退回多交税款时，作相反会计分录。

【例 13-2】 利华公司本年利润为 290 500 元，最近 5 年没有弥补亏损事项，也没有扣减调整项目，所得税税率为 25%，每季度预交所得税18 000元，4 个季度共预交 72 000 元。作会计分录如下：

（1）预交时：

借：应交税费——应交所得税   18 000

 贷：银行存款   18 000

（2）年终清缴时：

借：所得税费用(290 500×25%)   72 625

 贷：应交税费——应交所得税   72 625

（3）补交时：

借：应交税费——应交所得税(72 625－72 000) 625

 贷：银行存款   625

2. 清算所得税

会计利润总额与计税所得额之间的差额，通常有两种情况：一是永久性差异，是由于会计收益和应税收益的收入和支出在确认范围的不同而形成。即税前会计利润与纳税所得之间的差异永久存在,今后不会消除是一种绝对性差异。例如,企业的各种罚款、滞纳金以及公益救济性质以外的捐赠支出等,在会计上都是作为营业外支出处理的,已在利润总额中扣除,但在计税利润中却不能扣除,两者出现永久性差额。二是暂时性差异,即企业的某些收入或支出,虽然在计算会计收益和应税收益时,计算口径一致,但由于两者确认的时间不同,也会产生差异。例如,企业的某些固定资产,会计上规定按直线法每年提取 10% 的折旧,但因各种原因,规定可以采取加速折旧法,每年提取 20% 的折旧,两者存在着时间性差异,其差异可以在以后一期或若干期冲回。

(1) 永久性差异在会计核算上一般采用应付税款法,即将本期税前会计利润与纳税所得之间的差异所造成的影响纳税的金额直接记入当期损益,而不递延计入以后各期。

【例 13-3】 某公司在年终决算时,账面利润为 600 000 元,本年度已交罚款 5 000 元,滞纳金 6 000 元,作为营业外支出入账。税务机关按规定剔除这两项开支,核算计税所得额为 611 000 元,所得税税率为 25%,应交所得税计 152 750 元。会计分录如下:

借: 所得税费用　　　　　　　　　　　　　　　　　　　 152 750
　　贷: 应交税费——应交所得税　　　　　　　　　　　　　　 152 750

(2) 暂时性差异在会计核算上采用纳税影响会计法,即将本期税前会计利润与纳税所得之间的时间性差异造成的影响纳税的金额递延和分配到以后各期。纳税影响会计法又可以具体分为递延法和债务法两种。

递延法是指把本期由于时间性差异而产生的影响纳税的金额,保留到这一差异发生相反变化的后期予以转销。当税率变更或开征新税时,不需要调整由于税率变更或新税征收时对递延税款余额的影响。发生在本期的时间性差异影响纳税的金额,用现行税率计算,以前各期发生的而在本期转销的金额,按照原发生的税率计算转销。

【例 13-4】 某公司税前会计利润为 500 万元,某项设备原值为 40 万元,按税法规定使用期为 10 年,如不考虑残值因素,每年摊销折旧费 4 万元(40÷10);自己选定使用年限为 8 年,每年摊销折旧费为 5 万元(40÷8),暂时性差异为每年 1 万元(5-4),所得税税率为 25%,根据会计所得额计算,应交所得税 125 万元(500×25%);根据纳税所得额计算,应交所得税 125.25 万元[(500+1)×25%],暂时性差异影响本期纳税金额 2 500 元(125.25-125)。作会计分录如下:

借: 所得税费用——当前所得税费用　　　　　　　　　　 1 250 000
　　　　　　　——递延所得税费用　　　　　　　　　　　　　 2 500
　　贷: 应交税费——应交所得税　　　　　　　　　　　　 1 252 500

3年后共计提取递延税款7 500元(2 500×3),分2年摊销,每年3 750元(7 500÷2)。如果在摊销期内,税率有变化,其转销金额仍按原发生的税率计算。如果调整时间性差异后税前会计利润大于纳税所得额,纳税影响的递延税款就为贷项。企业采用纳税影响法时,一般应按递延法进行账务处理。

债务法是指把本期由于时间差异而产生影响纳税的金额,保留到这一差额发生相反变化时转销(这一点与递延法相同)。在税率变更或开征新税,递延税款的金额要按照税率的变动或开征新税的税款进行调整(递延法不需要调整)。递延税款的余额也可按预期今后税率的变更进行调整(递延法规定仍按原发生税率计算,也不需要调整)。

【例13-5】 承[例13-4],所得税税率原为25%,第3年后改为20%,则递延税款账面金额应按新税率调整,计1 000元[(10 000×2)×(25%-20%)],作会计分录如下:

借:所得税费用——当前所得税费用 1 000
　　贷:所得税费用——递延所得税费用 1 000

第3年的递延税款也按20%的税率计算,计2 000元(10 000×20%),3年共计6 000元,以后每年按2 000元摊销。

注:上市公司应按《企业会计准则第18号——所得税》规定核算会计收益与应税收益的差异,不能采用应付税款法。对于暂时性差异要视其资产或负债的账面价值与计税基础之间的差额,分清属于应纳税暂时性差异或可抵扣暂时性差异,确认"递延所得税负债"或"递延所得税资产"进行核算。

第二节　利润分配的核算

商业企业取得的净利润,应当按照国家的有关规定或各方投资人的决议进行分配。商业企业的利润分配经过了一系列的改革,由全额上交到企业基金、利润留成、利改税等形式,改变为按利润总额计交所得税。目前,企业在交纳所得税以后的净利润,按国家有关规定分配税后利润。无论企业是否实现了预期效益,企业一律不许用税前利润还贷。

利润分配的核算是企业核算的重要一环。利润分配的过程和结果,关系到所有者的合法权益是否得到保护,最终必将关系到企业能否长期稳定发展的大问题。

一、利润分配核算的内容

企业当年实现的税后净利润,应按国家规定的顺序进行分配。如果企业发生亏损,应按规定程序进行弥补,如属年度亏损可以用下一年度的利润进行弥补。下一年度利润不足弥补的,可以在5年内延续税前弥补;5年内不足弥补的,应当用税后利润弥补。企业发生的年度亏损以及超过用利润抵补5年期限的,还可以用企业的公积金弥补。如果企业以前年度亏损未弥补完,不得提取法定盈余公积;在提取盈余公积以前,不得向投资者分配利润。

利润分配核算的主要内容有:

(1) 按照国家有关规定,弥补以前年度的亏损。

(2) 按照国家有关规定或投资人的决议,提取盈余公积。

(3) 向投资者分配并支付利润。

(4) 预留未分配利润。

二、利润分配的账户设置

为了反映利润分配的过程和结果,应设置"利润分配"账户进行核算。"利润分配"账户是所有者权益类账户,它用来核算企业利润的分配(或亏损的弥补)和历年分配(或弥补)后的结存数额。该账户分别设置以下各明细账户:

(1) 提取法定盈余公积。

(2) 应付现金或股利。

(3) 提取任意盈余公积。

(4) 转作股本的股利。

(5) 盈余公积补亏。

(6) 未分配利润。

(7) 提取储备基金(外商投资企业设立)。

(8) 提取企业发展基金(外商投资企业设立)。

(9) 提取职工奖励及福利基金(外商投资企业设立)。

(10) 利润归还投资(外商投资企业设立)。

年度终了,企业将全年实现的净利润,自"本年利润"账户转入"利润分配"账户。同时,将"利润分配"账户下的其他明细账户余额转入"未分配利润"明细账户中。年终结转后,其他明细账户应无余额。"未分配利润"明细账户的贷方余额等于"利润分配"总账户的贷方余额,表示企业可供分配的利润;如果该明细账期末出现借方余额,则说明该企业存在未弥补的亏损。

三、利润分配的主要会计事项账务处理

(1) 用盈余公积弥补亏损:

借:盈余公积——提取法定盈余公积或任意盈余公积　　　　×××

　　贷:利润分配——盈余公积补亏　　　　×××

(2) 提取法定盈余公积和任意盈余公积:

借:利润分配——提取法定盈余公积　　　　×××

　　　　——提取任意盈余公积　　　　×××

　　贷:盈余公积——法定盈余公积　　　　×××

　　　　　——任意盈余公积　　　　×××

（3）外商投资企业提取"三项基金"（储备基金、企业发展基金、职工奖励及福利基金）：

借：利润分配——提取储备基金 　　　　　　　　　　　×××
　　　　　　——提取企业发展基金 　　　　　　　　　×××
　　　　　　——提取职工奖励及福利基金 　　　　　×××
　　贷：盈余公积——储备基金 　　　　　　　　　　　×××
　　　　　　　　——企业发展基金 　　　　　　　　　×××
　　　　应付职工薪酬 　　　　　　　　　　　　　　　×××

（4）分配给股东的现金股利或利润：

借：利润分配——应付股利或利润 　　　　　　　　　×××
　　贷：应付股利 　　　　　　　　　　　　　　　　　×××

（5）外商投资企业用利润归还投资：

借：利润分配——利润归还投资 　　　　　　　　　　×××
　　贷：盈余公积——利润归还投资 　　　　　　　　　×××

（6）股份公司经股东大会批准分派股票股利或办妥转增资本手续后：

借：利润分配——转作股本的股利 　　　　　　　　　×××
　　贷：实收资本（或股本） 　　　　　　　　　　　　×××

【例 13-6】 利华公司本年实现利润 290 500 元，交纳所得税 72 625 元，按规定提取 10％的盈余公积 21 787.50 元，提取 5％的任意盈余公积 10 893.75 元，作会计分录如下：

借：利润分配——提取盈余公积 　　　　　　　　32 681.25
　　贷：盈余公积——法定盈余公积 　　　　　　　21 787.50
　　　　　　　　——任意盈余公积 　　　　　　　10 893.75

假设利华公司经批准用 6 000 元盈余公积作为转增资本。其会计分录如下：

借：盈余公积——转增资本 　　　　　　　　　　　6 000
　　贷：实收资本 　　　　　　　　　　　　　　　　6 000

增加的实收资本，应按现有投资人的资本比例分配，分别确定每个投资人增资的数额，记入有关的"实收资本"账户的明细账。

（7）向投资者分配利润。企业的利润，在交纳所得税、提取盈余公积之后，才能向投资者分配利润。这里的投资者应包括向企业投资的国家、其他单位和个人。制度规定，企业当年无利润时，不得向投资者分配利润，但股份有限公司在用盈余公积金弥补亏损后，经股东大会特别决议，可按不超过股票面值 6％的比率以盈余公积分配股利。分配股利后，企业法定盈余公积不得低于注册资金的 25％。

在利润分配中,企业要坚持稳健原则,留有余地,不能将本期的利润全部分光,而需预留一定数额的利润参与企业的资金周转,以减少贷款,做到以丰补歉。

【例 13-7】 利华公司董事会决定向投资人分配利润 40 000 元,应作分录如下:

借:利润分配——应付现金股利或利润　　　　　　　　　　40 000

　　贷:应付股利　　　　　　　　　　　　　　　　　　　　40 000

在实际发放利润时,作会计分录如下:

借:应付股利　　　　　　　　　　　　　　　　　　　　40 000

　　贷:银行存款　　　　　　　　　　　　　　　　　　　　40 000

四、利润分配账户的年终结转

年度终了时,企业应将"利润分配"账户的明细账户进行结转,即将"其他转入""提取法定盈余公积"等明细账户的本年余额全部转入"未分配利润"明细账户,结账后只有"未分配利润"明细账户仍然有期末余额。

【例 13-8】 利华公司年终结账前"利润分配"账户的各项明细账余额如〔例 13-6〕和〔例 13-7〕所示,结转时,作会计分录如下:

借:利润分配——未分配利润　　　　　　　　　72 681.25

　　贷:利润分配——提取法定盈余公积　　　　　　21 787.50

　　　　　　　　——提取任意盈余公积　　　　　　10 893.75

　　　　　　　　——应付现金股利或利润　　　　　　40 000.00

结转后,利华公司的"利润分配"账户的余额就是该企业未分配利润的余额。

思　考　题

1. 什么是利润? 商业企业的利润是由哪些内容构成的?

2. 利润核算前应做好哪些准备工作? 各项准备工作包括哪些具体内容?

3. 什么是利润分配? 利润分配应怎样核算?

4. 什么是所得税?

5. 商业企业的所得税应怎样计算和交纳?

6. 什么是盈余公积? 盈余公积应怎样提取和核算?

7. 年终时,"本年利润"账户和"利润分配"账户应如何处理?

8. 商业企业的年度利润为什么要清算? 如何对其进行清算?

习　　题

1. 目的　练习利润和利润分配的核算。

资料　某公司 201×年 1 月 31 日有关损益类账户余额如表 13-3 所示。

表 13-3　　　　　　　　　　　　损益类账户余额表

账户名称	借方余额	账户名称	贷方余额
主营业务成本	660 000	主营业务收入	870 300
销售费用	23 000	其他业务收入	47 000
其他业务成本	25 000	投资收益	9 000
管理费用	21 500	营业外收入	1 200
财务费用	1 080		
营业外支出	1 120		

1 月底需要调整的账项如下：

(1) 查明"待处理财产损溢——待处理流动资产损溢"账户中，商品盘缺 50 元系自然损耗，作费用处理，予以转账。

(2) 预提应由本月负担的短期借款利息 3 300 元。

(3) 应计本月银行存款利息 120 元。

(4) 摊销本月负担的固定资产修理费 420 元。

(5) 计算调整本月费用。

(6) 将调整后各损益账户余额结转至"本年利润"账户，结出本月利润总额。

(7) 按利润的 25％计算应交所得税。

(8) 按税后利润的 10％分别计提法定盈余公积和任意盈余公积。

(9) 按税后利润的 30％计提应分配给投资者的利润。

要求　编制会计分录。

2. 目的　练习年度利润清算的核算。

资料　某公司 201×年 11 月底有关账户余额如下：

"本年利润"账户贷方余额 　　　　　　　　　　　　　　　　　　　　320 000 元

"应交税费——应交所得税"账户借方余额 　　　　　　　　　　　　　80 000 元

该公司 12 月份利润为 45 000 元，次年 1 月发生下列经济业务：

(1) 以银行存款上交上年应交所得税。

(2) 以银行存款支付年终清算应付给投资者利润。

(3) 发现上年重复计提固定资产折旧费 750 元。

(4) 发现上年错计商品进价，多计成本 2 000 元。

(5) 按 25％税率计算 12 月份应交所得税。

(6) 将"本年利润"账户净利润转入"利润分配——未分配利润"账户。

(7) 按全年税后净利的 10％分别提取法定盈余公积和任意盈余公积。

(8) 按税后净利 30％分配投资者利润。

要求　编制会计分录。

第十四章

财务会计报告

【内容提示】 财务会计报告是各种会计核算专门方法运用的最终成果。通过学习,学生应了解财务会计报告的概念和作用;明确会计报表的分类和编制会计报表的要求;掌握资产负债表、利润表和现金流量表等主要报表的结构内容和编制方法,以及对会计资料分析利用的基础知识和技能。

第一节 财务会计报告的含义和作用

一、财务会计报告的含义

财务会计报告是指企业对外提供的反映企业某一特定日期的财务状况和某一会计期间的经营成果、现金流量等会计信息的文件。财务会计报告包括会计报表及其附注和其他应当在财务会计报告中披露的相关信息和资料。会计报表至少应当包括资产负债表、利润表、现金流量表等报表。财务会计报告分为年度和中期。中期是指短于一个完整的会计年度的报告期,包括半年度、季度和月度。年度、半年度财务会计报告内容包括会计报表和会计报表附注,以及财务状况说明。季度、月度的财务会计报告通常仅指会计报表。

会计报表包括资产负债表、利润表、现金流量表及所有者权益变动表。

会计报表附注是指对在会计报表中列示项目所作的进一步说明,以及对未能在这些报表中列示项目的说明等,是会计报表的重要组成部分(详细内容见本章第六节)。

因此,编制财务会计报告是对会计核算工作的全面总结,也是及时提供合法、真实、准确、完整会计信息的重要环节,特别是在市场经济发展的条件下对企业的会计信息使用者(包括企业内外有关部门和有关人员)有着密切的关联。

二、财务会计报告的作用

(一)对企业本身来说

财务会计报告所提供的资料,可以反映企业管理层受托责任履行情况,帮助企业领导和管理人员分析、检查企业的经营活动是否符合制度规定;考核企业资金、成本、利润等计划指标完成程度;分析、评价经营管理中的成绩和不足,采取措施,提高经济利益;运用财务会计报告的资料和其他资料进行分析,为编制下期计划提供依据。同时,通过财务会计报告在本企业职工代表大会公布,可以进一步发挥职工主人翁的作用,从各方面提出改进建议,促进企业增产节约措施的落实。

(二)对主管部门来说

利用财务会计报告,考核所属单位的经营业绩以及各项经济政策贯彻执行情况,并通过所属单位同类指标的对比分析,总结成绩,推广先进经验;对所发现问题,分析原因,采取措施,克服薄弱环节;同时,通过财务会计报告汇总所提供的资料,可以在一定范围内反映国民经济计划执行情况,为国家宏观管理提供依据。

(三)对财政、税收、银行、审计部门来说

利用财务会计报告所提供的资料:一是财政、税收部门可以了解企业资金筹集和运用是否合理,检查企业税收、利润计划的完成与解交情况,以及有无违反税法和财经纪律的现象,以更好地发挥财政、税收的监督职能;二是银行部门可以考查企业流动资金的使用情况,分析企业银行借款的物质保证程度,研究企业资金的正常需要量,了解银行借款的归还以及信贷纪律的执行情况,充分发挥银行经济监督和经济杠杆作用;三是审计部门可以了解企业财务状况和经营情况及财经政策、法令和纪律执行情况,从而为进行财务审计和经济效益审计提供必要的资料。

(四)对投资人、债权人和其他利害相关人来说

财务会计报告可以提供企业财务状况和偿债能力,作为投资、贷款和贸易的决策依据。

第二节　会计报表的分类及编制要求

一、会计报表的分类

会计报表是企业财务会计报告的主要组成部分。会计报表可以根据不同标准进行分类,以区别其性质和内容。

(一)会计报表按反映的经济内容分

按会计报表反映的经济内容,会计报表可分为三种类型:

(1)反映一定日期企业资产、负债和所有者权益等财务状况的会计报表,如资产负债表。

(2)反映一定时期内企业经营成果的会计报表,如利润表。

(3)反映一定时期内企业财务状况变动情况的会计报表,如现金流量表、所有者权益变动表。

以上三类报表可以划分为静态报表和动态报表,前者为资产负债表,后者为利润表、现金流量表和所有者权益变动表。

（二）会计报表按提供对象分

按会计报表提供的对象,会计报表可分为向外提供的会计报表和内部会计报表。向外提供的会计报表主要是资产负债表、利润表、现金流量表和所有者权益变动表,其格式和内容由财政部规定;内部财务报表是为了满足企业内部管理的需要,其内容由企业自行规定。但两者都必须遵守会计核算的基本原则,保证会计信息的真实、可靠。

（三）会计报表按编报的时期分

按会计报表编报的时期,会计报表可分为年报、半年报、季报和月报,其中半年报、季报和月报称为中期会计报表。资产负债表和利润表一般均报送月度、季度、中期报表和年度报表,现金流量表及所有者权益变动表为年度报表。

（四）会计报表按编报的单位分

按会计报表编报的单位,会计报表可分为单位会计报表、汇总会计报表和合并会计报表。其中:单位会计报表是指独立核算的基层企业的会计报表;汇总会计报表是指上级企业或上级单位对所属企业汇总编制的会计报表;合并会计报表是指企业对外投资占被投资企业资本总额半数以上,或者实质上拥有被投资企业控制权所编制的合并报表。在编制合并会计报表时,应当将合营企业按照比例合并方法进行合并。本章重点是阐述独立核算企业编制的单位会计报表。

（五）会计报表的分类格式

会计报表的分类格式(参照《企业会计准则应用指南》)如表14-1所示。

表14-1　　　　　　　　　　　　　　　会计报表的分类格式

编　　号	会 计 报 表 名 称	编 报 期
会企01表	资产负债表	中期报告、年度报告
会企02表	利润表	中期报告、年度报告
会企03表	现金流量表	（至少）年度报告
会企04表	股东权益增减变动表	年度报告

二、编制会计报表的基本要求

（一）会计报表列报的基本要求

1. 列报基础

（1）企业应在持续经营基础上编报会计报表。

（2）企业正式决定或被迫在当期或将在下一个会计期间进行清算或停止营业的。应采用其他基础编报会计报表,并在附注中声明未以持续经营为基础列报的原因。

2. 重要性判断

（1）判断项目性质的重要性应考虑项目的性质是否属于企业日常活动等

因素。

（2）判断金额大小的重要性，应通过单项金额占资产总额、负债总额、所有者权益总额，营业收入总额、营业成本总额、净利润总额等直接相关项目金额的比重加以确定。

3. 正常营业周期

判断流动资产，流动负债所指的一个正常营业周期，通常是指企业从购买用于加工的资产起至实现现金或现金等价物的期间。

正常营业周期通常短于1年，也有长于1年的。如正常营业周期不能确定的，应当以1年（12个月）作为正常营业周期。

（二）会计报表编制的质量要求

为了充分发挥会计报表在经营管理中的重要作用，必须保证会计报表的质量。

1. 数字真实

企业应当根据真实、正确、完整的会计资料，按照国家统一的会计制度规定编制会计报表，以保证会计报表的真实性。不能用估计数代替实际数，更不能弄虚作假，篡改数字，隐瞒谎报。

账簿记录是编制会计报表的主要依据，在编制会计报表时，必须做到：

（1）按期结账。在结账之前，所有已经发生的收入、支出、债权、债务，应该摊销或预提费用以及其他已经完成的经营活动和财务收支事项，都应全部登记入账。

（2）认真对账和进行财产清查。对于各种账簿记录，在编表之前，必须认真地审查和核对，对有关财产物资进行盘点和清查，对应收、应付款项和银行存（借）款进行查询核对，以达到账证相符、账账相符、账实相符、账款相符。在清查中应对会计报表中各项会计要素进行合理的确认和计量，不得随意更改。

（3）在结账、对账和财产清查的基础上，通过编制总分类账户本期发生额试算平衡表以验算账目有无错漏，为正确编制会计报表提供可靠的数据。在编报以后，还必须认真复核，做到账表相符，报表与报表之间有关数字衔接一致。

2. 内容完整

每个单位都必须按照国家统一会计制度规定的报表种类、格式和内容编制会计报表，以保证会计报表的完整性。对不同的会计期间（月、季、半年、年）应当编报的各种会计报表，必须编报齐全；应当填列的报表指标，无论是表内项目，还是补充资料，必须全部填列；应汇总编制的所属各单位的会计报表，必须全部汇总，不得漏编、漏报。

3. 说明清楚

会计报表需要加以说明的问题，在会计报表附注中用简要的文字加以说明，对会计报表中主要指标的构成和计算方法，本报告期发生的特殊情况，如经营范围变化、经营结构变更以及本报告期经济效益影响较大的各种因素都必须加以说明。

4. 报送及时

会计报表必须遵照国家或上级主管部门规定的期限和程序，及时编制，及时报送，以保证报表的及时性。要保证会计报表编报及时，必须加强日常的核算工作，认真做好记账、算账、对账和财产清查，调整账面工作；同时加强会计人员的配合协作，使会计报表编报及时。但不能为赶编会计报表而提前结账，更不应为了提前报送而影响报表质量。

此外，会计报表应当由单位负责人和主管会计工作的负责人、会计机构负责人签名并盖章；设置总会计师的单位还须由总会计师签名并盖章。分别对会计报表的真实性、合法性负责。单位负责人是本单位会计行为的第一责任人，对本单位的会计报表的真实性、合法性负责；有关会计负责人员也应承担相应的责任。

以上各点必须同时做到，才能发挥会计报表应有的作用。

第三节　资产负债表的编制

一、资产负债表的结构和内容

资产负债表是指反映，企业在某一特定日期的财务状况的会计报表。企业须按月、按季、按半年、全年编制资产负债表，及时为有关部门和有关人员提供企业会计信息，作为企业投资人、债权人、国家管理部门和各级管理人员投资、信贷及经营决策的依据。

（一）资产负债表的结构

资产负债表的格式一般有两种：一是账户式，其结构分为左、右两方，左边列示资产项目，右边列示负债和所有者权益项目，根据"资产＝负债＋所有者权益"这一会计平衡公式，左、右两方的总额是相等的；二是报告式，其结构分为上、下两方，上方列示资产项目，下方列示负债和所有者权益项目，上、下两方的合计数相等。我国会计制度规定，企业一律采用账户式格式。其中，"上年年末余额"栏内各项数字应根据上年年末资产负债表"期末余额"栏内所列数字填列。如果本年度项目的名称和内容与上年度不相一致，应将上年年末的名称和数字按本年度的规定进行调整。

（二）资产负债表的内容

资产负债表的内容分为资产、负债和所有者权益三类，各类项目分别排列。

资产类项目按流动性强弱顺序排列，一般分为流动资产和非流动资产。其中，流动资产项目是按照变现能力强弱顺序排列的，如货币资金、交易性金融资产、应收账款、预付款项和存货等；非流动资产项目是流动资产项目以外的资产项目，应按其性质分类列示，如债权投资、其他债权投资、长期应收款、长期股权投资、固定资产、无形资产、长期待摊费用等。

负债类项目按照偿还期的长短顺序排列,一般分为流动负债和非流动负债。其中,流动负债项目按照债期不超过 1 年的项目先后排列,如短期借款、应付票据、应付账款、应付职工薪酬、应交税费等;非流动负债如长期借款、应付债券、长期应付款等。

所有者权益项目以其永久性程度高低排列,一般按实收资本、资本公积、盈余公积和未分配利润等项目分列。

以上这种排列方式比较清楚地反映出了企业资产的流动性和负债的变现性,用来分析企业的财务状况和偿债能力。

二、资产负债表的编制方法

资产负债表中的数据主要来自会计账簿记录,有的可以根据相关科目的期末余额填列,有的应按有关科目合并分析或调整后填列,现分别说明如下:

资产负债表各项目的"上年年末余额",应按上年各有关项目"年末余额"填列。各项目的期末余额应根据相关科目的期末余额填列,具体方法如下。

(一) 根据总账科目期末余额直接填列

如应收票据、应收股利、固定资产清理(如为贷方余额,以"-"号填列)、短期借款、应付票据、应付职工薪酬(如为借方余额以"-"号填列)、应交税费(如为借方余额以"-"号填列)、其他应付款、预计负债、其他流动资产(如待转资产价值余额可转入)、长期借款、应付债券、实收资本、资本公积、盈余公积等项目,均根据总账科目期末余额直接填列。

(二) 根据同类总账科目期末余额合并计算填列

如货币资金项目,应根据"库存现金""银行存款""其他货币资金"科目的期末余额合计数计算填列。

如存货项目,应根据"在途物资""原材料""低值易耗品""库存商品""包装物""发出商品""委托加工物资""委托代销商品""受托代销商品""生产成本"等科目的期末余额合计数,减去"代销商品款""存货跌价准备"科目期末余额后的金额填列。材料采用计划成本核算和库存商品采用售价核算的企业,还应加或减"材料成本差异""商品进销差价"科目余额后的金额填列。

(三) 根据总账科目余额减去其备抵项目后的净额填列

如在建工程项目,根据"工程物资"科目期末余额减去"工程物资减值准备"备抵科目余额后的净额填列;如无形资产项目,根据"无形资产"科目期末余额减去"无形资产减值准备"备抵科目余额后的净额填列;如固定资产项目,根据"固定资产"科目期末余额减去"累计折旧"科目和"固定资产减值准备"备抵科目余额的净额填列;"应收账款""长期股权投资"等科目的期末余额,均应减去其备抵科目余额后的净额填入相应项目。

（四）根据结算科目的有关明细科目期末余额调整填列

如"应收账款"科目所属明细科目的期末余额为贷方余额时，应调整为"预收账款"科目的贷方余额，填入预收账款项目；如"预付账款"科目所属明细科目的期末余额为贷方余额时，应调整为"应付账款"科目的贷方余额，填入应付账款项目；如"应付账款"科目所属各明细科目的期末余额为借方余额时，应调整为"预付账款"科目的借方余额，填入预付账款项目等。

三、资产负债表编表举例

【例 14-1】 甲公司 201×年年末有关会计科目余额如表 14-2 所示。

表 14-2　　　　　　　　　　甲公司有关科目余额表

201×年 12 月 31 日

账户名称	借方		账户名称	贷方	
	期初余额	期末余额		期初余额	期末余额
库存现金	3 210	6 210	短期借款		35 000
银行存款	30 000	75 000	应付票据		4 500
其他货币资金	10 000	15 000	应付账款	21 000	28 000
交易性金融资产	5 000	5 000	其他应付款	13 900	33 500
应收票据		3 500	应交税费	10 990	14 770
应收账款	23 000	31 000	应付股利	17 000	13 400
其他应收款	3 500	4 500	长期借款	10 000	75 000
库存商品	198 090	362 640	实收资本	500 000	500 000
包装物	18 000	30 000	资本公积	60 000	60 000
低值易耗品	6 000	9 000	盈余公积	18 270	29 680
长期股权投资	35 000	70 000	坏账准备	2 000	3 000
固定资产	350 000	406 000	累计折旧	35 000	74 900
在建工程		23 000	长期股权投资减值准备		20 000
无形资产	28 000	25 200	应付职工薪酬	20 000	30 000
长期待摊费用	2 000	1 500	利润分配	10 640	145 800
预付账款	7 000				
合　　计	718 800	1 067 550	合　　计	718 800	1 067 550

说明：以上科目中，期末有"应收账款"科目明细科目贷方余额 1 000 元，应在列表时按规定予以调整。

现将上列资料经归纳分析后填入资产负债表，如表 14-3 所示。

表 14-3 　　　　　　　　　　资 产 负 债 表(简表)

会企 01 表

编制单位:甲公司 　　　　　　　　201×年12月31日 　　　　　　　　　单位:元

资 产	期末余额	上年年初余额	负债和所有者权益(或股东权益)	期末余额	上年年初余额
流动资产:			流动负债:		
货币资金	96 210	43 210	短期借款	35 000	
交易性金融资产	5 000	5 000	交易性金融负债		
应收票据	3 500		应付票据	4 500	
应收账款	29 000	21 000	应付账款	28 000	21 000
预付款项		7 000	预收款项	1 000	
其他应收款	4 500	3 500	应付职工薪酬	30 000	20 000
存货	401 640	222 090	应交税费	14 770	10 990
一年内到期的非流动资产			其他应付款	46 900	30 900
其他流动资产			持有待售负债		
流动资产合计	539 850	301 800	一年内到期的非流动负债		
非流动资产:			其他流动负债		
债权投资			流动负债合计	160 170	82 890
其他债权投资			非流动负债:		
长期应收款			长期借款	75 000	10 000
长期股权投资	50 000	35 000	应付债券		
投资性房地产			长期应付款		
固定资产	331 100	315 000	预计负债		
在建工程			递延收益		
工程物资	23 000		递延所得税负债		
生产性生物资产			其他非流动负债		
油气资产			非流动负债合计	75 000	
无形资产	25 200	28 000	负债合计	235 170	92 890
开发支出			所有者权益(或股东权益):		
商誉			实收资本(或股本)	500 000	500 000
长期待摊费用	1 500	2 000	资本公积	60 000	60 000
递延所得税资产			减:库存股		
其他非流动资产			其他综合收益		
非流动资产合计	430 800	380 000	盈余公积	29 680	18 270
			未分配利润	145 800	10 640
			所有者权益(或股东权益)合计	735 480	588 910
资产总计	970 650	681 800	负债和所有者权益(或股东权益)总计	970 650	681 800

（1）将"库存现金""银行存款""其他货币资金"科目余额合并列入货币资金项目[列入行次（1）]96 210 元（6 210＋75 000＋15 000）。

（2）将坏账准备项目从应收账款项目中减去；将应收账款科目所属明细科目中的贷方余额作为预收款项项目。计算结果：应收账款项目的期末余额为 29 000元，上年年初余额为 21 000 元；预收款项项目期末余额为 1 000 元。

（3）将"库存商品""包装物""低值易耗品"等存货科目余额合并为存货项目期末余额 401 640 元（上年年初余额为 222 090 元）。

（4）从"长期股权投资"科目中减去"长期股权投资减值准备"20 000 元，长期债权投资项目的期末余额为 50 000 元（上年年初余额为 35 000 元）。

（5）"固定资产"科目余额减去"累计折旧"科目余额后期末余额为 331 100 元，上年年初余额为 315 000 元。

（6）其余各项目按科目余额表列数字直接填入报表。

第四节　利润表的编制

一、利润表的结构和内容

利润表是指反映企业在一定会计期间的经营成果的会计报表。当前国际上常用的利润表格式有单步式和多步式两种。单步式是将当期收入总额相加，然后将所有费用总额相加，一次计算出当期收益的方式，其特点是所提供的信息都是原始数据，便于理解；多步式是将各种利润分多步计算求得净利润的方式，便于使用人对企业经营情况和盈利能力进行比较和分析。当前我国采用的是多步式利润表，对利润的形成分以下层次展开：

营业收入＝主营业务收入＋其他业务收入

营业成本＝主营业务成本＋其他业务成本

$$营业利润＝营业收入－营业成本－税金及附加－销售费用－管理费用－财务费用＋投资收益$$

$$利润总额＝营业利润＋营业外收入－营业外支出$$

净利润＝利润总额－所得税费用

利润表的格式如表 14-4 所示。

利润表分为"本期金额"和"上期金额"两栏。"本期金额"栏反映各项目的本期实际发生数；"上期金额"栏反映上期实际发生数。如果上期利润表与本期利润表的项目名称、内容和数字不相一致，应对上年度利润表项目的名称和数字按本年度的规定进行调整，填入"上期金额"栏。

二、利润表各项目的填列方法

"本期金额"栏应根据"主营业务收入""主营业务成本""其他业务收入""其他业务成本""税金及附加""销售费用""管理费用""财务费用""投资收益""营业外收入""营业外支出""所得税费用"等账户的发生额分析填列。营业利润、利润总额、净利润等项目,如分析计算结果为损失或亏损时,应以"—"号填列。

三、利润表编表举例

【例 14-2】 甲公司 201×年度利润表有关科目的累计发生额如表 14-4 所示。

表 14-4　　　　　　　　利润表有关科目累计发生额

科 目 名 称	借方发生额	贷方发生额
主营业务收入		12 500 000
其他业务收入		230 000
投资收益		3 200 000
营业外收入		2 850 000
主营业务成本	8 320 000	
税金及附加	550 000	
其他业务成本	180 000	
销售费用	200 000	
管理费用	1 050 000	
财务费用	1 000 000	
营业外支出	2 000 000	
所得税费用	1 370 000	

根据上列资料,计算各项目内容如下:

营业收入＝主营业务收入＋其他业务收入＝
12 500 000＋230 000＝12 730 000(元)

营业成本＝主营业务成本＋其他业务成本＝
8 320 000＋180 000＝8 500 000(元)

$$\frac{营业}{利润}＝\frac{营业}{收入}－\frac{营业}{成本}－\frac{税金}{及附加}－\frac{销售}{费用}－\frac{管理}{费用}－\frac{财务}{费用}＋\frac{投资}{收益}＝$$

12 730 000－8 500 000－550 000－200 000－

1 050 000－1 000 000＋3 200 000＝4 630 000(元)

$$\frac{利润}{总额}＝\frac{营业}{利润}＋\frac{营业外}{收入}－\frac{营业外}{支出}＝$$

4 630 000＋2 850 000－2 000 000＝5 480 000(元)

净利润＝利润总额－所得税费用＝5 480 000－1 370 000＝4 110 000(元)

现编制利润表,如表14-5所示。

表14-5

利　润　表(简表)

会企02表

编制单位:甲公司　　　　　　　　　201×　年度　　　　　　　　　单位:元

项　　　目	本期金额	上期金额
一、营业收入	12 730 000	12 250 000
减:营业成本	8 500 000	8 200 000
税金及附加	550 000	500 000
销售费用	200 000	180 000
管理费用	1 050 000	980 000
财务费用	1 000 000	940 000
加:投资收益(损失以"－"号填列)	3 200 000	2 000 000
二、营业利润(亏损以"－"号填列)	4 630 000	3 450 000
加:营业外收入	2 850 000	800 000
减:营业外支出	2 000 000	700 000
三、利润总额(亏损总额以"－"号填列)	5 480 000	3 550 000
减:所得税费用	1 370 000	887 500
四、净利润(净亏损以"－"号填列)	4 110 000	2 662 500

第五节　现金流量表的编制

现金流量表是指反映企业在一定会计期间的现金和现金等价物流入和流出的会计报表,是一张动态报表。在资产负债表和利润表已经反映企业财务状况和经营成果信息的基础上,现金流量表进一步提供财务状况的变动信息,以便于企业的投资者、债权人和其他的会计报表使用者了解企业如何获得现金和现金等价物,评价企业支付能力、偿债能力和周转能力,准确预测企业未来的现金流量,分析企业收益质量及影响现金净流量的因素。

一、现金流量表的结构及内容

现金流量表所指的现金一般包括现金及现金等价物。其中,现金是指企业库存现金以及可以随时用于交付的银行存款和其他货币资金;现金等价物是指企业持有的期限短、流动性强、易于转换为已知金额现金、价值变动风险很小的投资。如从购买日起3个月内到期的可以在市场流通的短期债券投资等。凡不能随时支付的定期存款和长期性投资均不能作为现金。企业的现金流量是指某一时期内现金流入流出的数量。

现金流量表的结构包括基本报表和补充资料。

基本报表的内容有六项：一是经营活动产生的现金流量，主要包括销售商品、提供劳务、税费返还、购买商品、接受劳务、支付工资、支付税费等；二是投资活动产生的现金流量，主要包括收回投资、取得投资收益、处置固定资产、无形资产和其他长期资产收支等；三是筹资活动产生的现金流量，主要包括吸收投资、取得借款、偿还债务、分配股利等；四是汇率变动对现金的影响；五是现金及现金等价物净增加额；六是期末现金及现金等价物余额。

补充资料有三项：一是将净利润调节为经营活动产生的现金流量；二是不涉及现金收支的投资和筹资活动；三是现金及现金等价物净增加情况。

基本报表与补充资料两者的关系如下：一是基本报表中的第一项经营活动产生的现金流量净额与补充资料中的第一项经营活动产生的现金流量净额，应当核对相符。二是基本报表中的第五项与补充资料中的第三项存在钩稽关系，金额应当一致。三是基本报表中的数字是现金流入与现金流出的差额，补充资料中的数字是现金与现金等价物期末数与期初数的差额，其计算依据不同，但结果应当一致，两者应核对相符。

二、现金流量表的编制方法

现金流量表的编制方法有直接法和间接法两种。直接法通过现金收入和支出的主要类别，反映来自企业经营活动的现金流量；间接法根据利润表中的净收益，调整为现金流量，即从净收益中加上未支付现金的支出，如折旧、摊销等，再减去未收到现金的销货应收款等项目，求出实际的现金流量。《企业会计准则第 31号——现金流量表》要求企业采用直接法报告经营活动的现金流量，同时要求在补充资料中用间接法来计算现金流量。

现将其主要项目填表方法简述如下。

（一）经营活动产生的现金流量

（1）"销售商品、提供劳务收到的现金"。它一般应包括当期销售商品或提供劳务所收到的现金收入（包括增值税销项税额）；当期收到前期销售商品、提供劳务的应收账款或应收票据；当期的预收账款；当期因销货退回而支付的现金或收回前期核销的坏账损失。当前收到的货款和应收、应付账款，原规定不包括应收增值税销项税额，现为简化手续，将收到的增值税销项税款并入"销售商品、提供劳务收到的现金"及"应收""应付"项目中，并对报表有关项目作相应修改。

【例 14-3】 甲公司本期收到商品销售收入现金 120 万元；支付客户退货价款 5 万元；应收账款期初余额为 10 万元，期末余额为 8 万元；应收票据期初余额为 15

万元,期末余额为 6 万元(均包括增值税款)。根据以上各项目,可计算出该公司销售商品、提供劳务收到的现金为 126 万元[120+(10-8)+(15-6)-5]。

(2)"收到的税费返回"。它包括收到的增值税、消费税、所得税、关税和教育费附加的返还等。

【例 14-4】　甲公司本期收到出口产品增值税退还 5 万元,收到消费税退还 2 万元。由此,可计算出该公司收到的税费返还为 7 万元(5+2)。

(3)"收到其他与经营活动有关活动的现金"。它反映企业除了上述各项以外收到的其他与经营活动有关的现金流入。

(4)"购买商品、接受劳务支付的现金"。它一般包括当期购买商品、接受劳务支付的现金;当期支付前期的购货应付账款或应付票据(均包括增值税进项税额);当期预付的账款,以及购货退回所收到的现金。

【例 14-5】　甲公司当期购买原材料支付现金 30 万元;当期支付前期进货应付账款 20 万元;当期预付购货款 3 万元(均包括增值税)。由此,可计算出甲公司当期购买商品、接受劳务所支付的现金为 53 万元(30+20+3)。

(5)"支付给职工以及为职工支付的现金"。它包括本期实际支付给职工的工资、奖金、各种津贴和补贴等,以及经营人员的养老金、保险金和其他各项支出。

【例 14-6】　甲公司支付给经营人员的工资、奖金等支出 5 万元。由此可知甲公司当期经营活动所支付给职工以及为职工支付的现金为 5 万元。

(6)"支付的各种税费"。它反映企业按规定支付的各项税费,包括本期发生并支付的税费,以及本期支付以前各期发生的税费和预交的税金。

【例 14-7】　甲公司当期向税务机关交纳各项税款 42 万元。由此可知甲公司当期支付的其他与经营活动有关的现金为 10 万元。

(7)"支付其他与经营活动有关的现金"。它反映企业除了上述各项以外的其他与经营活动有关的现金流出。

【例 14-8】　根据[例 14-3]至[例 14-7]资料,可计算出甲公司当期经营活动所产生的现金流入为 133 万元(126+7),现金支出为 110 万元(53+5+42+10);经营活动所产生的现金流量净额为 23 万元(133-110)。

(二)投资活动产生的现金流量

(1)"收回投资收到的现金"。它反映企业出售转让或到期收回除现金等价物以外的短期投资、长期股权投资而收到的现金,以及收回长期债权投资本金而收到的现金,按实际收回的投资额填列。

【例 14-9】　甲公司出售权益性投资本金为 20 万元。由此可知甲公司当期收回的投资收到的现金为 25 万元。

(2)"取得投资收益收到的现金"。它反映企业因股权性投资和债权性投资而取得的现金股利、利息,以及从子公司、联营企业或合营企业分回利润而收到的现金。到期收回的本金应在"收回投资所收到的现金"项目中反映。

【例 14-10】 甲公司收回到期债券本金 20 万元;债券利息 6 万元。由此可知甲公司当期收回投资收到的现金为 20 万元,取得投资收益收到的现金为 6 万元。

(3)"处置固定资产、无形资产和其他长期资产收回的现金净额"。它反映企业为处置这些资产所取得的现金,扣除为处置这些资产而支付的有关费用后的净额。

【例 14-11】 甲公司出售设备一台,收到价款 5 万元,支付设备拆卸费用等 0.5 万元。由此可知甲公司当期收到处置固定资产的现金净额为 4.5 万元(5-0.5)。

(4)"收到其他与投资活动有关的现金"。它反映企业除了上述各项以外收到的其他与投资活动有关的现金流入。

(5)"购建固定资产、无形资产和其他长期资产支付的现金"。它包括企业购买、建造固定资产,取得无形资产和其他长期资产所支付的现金,不包括为购建固定资产而发生的借款利息资本化的部分以及融资租赁租入固定资产所支付的租金和利息。

【例 14-12】 甲公司购入机器一台,支付价款 30 万元(含增值税)。由此可知甲公司当期购建固定资产、无形资产和其他长期资产支付的现金为 30 万元。

(6)"投资支付的现金"。它反映企业进行权益性投资和债权性投资支付的现金,包括短期股票、短期债券投资、长期股权、债权投资所支付的现金及佣金、手续费等附加费用。

(7)"支付其他与投资活动有关的现金"。它反映企业除上述各项以外,支付的其他与投资活动有关的现金流出。

【例 14-13】 根据[例 14-9]至[例 14-12]资料,可计算出甲公司投资活动产生的现金流入为 55.5 万元(25+20+6+4.5),现金流出为 30 万元,现金流量净额为 25.5 万元(55.5-30)。

(三)筹资活动产生的现金流量

筹资活动是指导致企业资本及债务规模和构成发生变化的活动。

(1)"吸收投资收到的现金"。它反映企业收到的投资者投入的资金,包括发行股票、债券所实际收到的款项净额(发行收入减去支付的佣金等发行费用后的净额)。在一般企业中,发行股票、债券的业务比较少,这里不另举例。

(2)"取得借款收到的现金"。它是指企业举借各种短期、长期借款所收到的现金,根据收入时的实际借款金额计算。企业因借款而发生的利息列入"分配股利、利润或偿付利息支付的现金"。

【例 14-14】 甲公司向银行借到长期借款收到的现金 20 万元。由此可知甲公司当期取得借款收到的现金为 20 万元。

(3)"收到其他与筹资活动有关的现金"。它是指企业除上述各项目外,收到其他与筹资活动有关的现金流入,如接受现金捐赠等。

(4)"偿还债务支付的现金"。它包括归还金融企业借款,偿付企业到期的债券等,按当期实际支付的偿债金额填列。

(5)"分配股利、利润或偿付利息支付的现金"。它是指企业实际支付的现金股利和付给其他投资单位的利润以及支付的债券利息、借款利息等。

【例 14-15】 甲公司归还部分金融企业借款 10 万元,偿付利息 3.5 万元。由此可知甲公司当期偿还债务支付的现金为 10 万元,分配股利、利润或偿付利息支付的现金为 3.5 万元。

(6)"支付其他与筹资活动有关的现金"。它是指企业除上述各项外,支付的其他与筹资活动有关的现金流出,如捐赠现金支出及融资租入固定资产所支付的租赁费等。

【例 14-16】 根据[例 14-14]至[例 14-15]资料,计算出甲公司筹资活动产生的现金流入为 20 万元,现金流出为 13.5 万元(10+3.5),现金流量净额为6.5万元(20-13.5)。

(四)汇率变动对现金及现金等价物的影响

这是指企业的外币现金流量以及境外子公司的现金流量折算为人民币时,所采用的现金流量发生日的汇率或平均汇率折算的人民币金额,与"现金及现金等价物净增加额"中外币现金净增加额按期末汇率折算的人民币金额之间的差额。

(五)现金及现金等价物净增加额

这是指经营活动产生的现金流量净额、投资活动产生的现金流量净额、筹资活动产生的现金流量净额三项之和。

【例 14-17】 根据[例 14-8][例 14-13][例 14-16]资料,可计算出甲公司现金及现金等价物净增加额为 55 万元(23+25.5+6.5)。

【例 14-18】 根据[例 14-3]至[例 14-17]资料,编制甲公司现金流量表,如表 14-6 所示。

三、现金流量表补充资料披露格式

企业应当采用间接法在现金流量表附注中披露净净利润调节为经营活动现金流量的信息(见表 14-7)。

表 14-6   **现 金 流 量 表**   会企 03 表

编制单位：甲公司   201×年度   单位：元

项　　　目	本期金额	上期金额
一、经营活动产生的现金流量：		
销售商品、提供劳务收到的现金	1 260 000	（略）
收到的税费返还	70 000	
收到其他与经营活动有关的现金		
经营活动现金流入小计	1 330 000	
购买商品、接受劳务支付的现金	530 000	
支付给职工以及为职工支付的现金	50 000	
支付的各项税费	420 000	
支付其他与经营活动有关的现金	100 000	
经营活动现金流出小计	1 100 000	
经营活动产生的现金流量净额	230 000	
二、投资活动产生的现金流量：		
收回投资收到的现金	450 000	
取得投资收益收到的现金	60 000	
处置固定资产、无形资产和其他长期资产收回的现金净额	45 000	
处置子公司及其他营业单位收到的现金净额		
收到其他与投资活动有关的现金		
投资活动现金流入小计	555 000	
购建固定资产、无形资产和其他长期资产支付的现金	300 000	
投资支付的现金		
支付其他与投资活动有关的现金		
投资活动现金流出小计	300 000	
投资活动产生的现金流量净额	255 000	
三、筹资活动产生的现金流量：		
吸收投资收到的现金		
取得借款收到的现金	200 000	
收到其他与筹资活动有关的现金		
筹资活动现金流入小计	200 000	
偿还债务支付的现金	100 000	
分配股利、利润或偿付利息支付的现金	35 000	
支付其他与筹资活动有关的现金		
筹资活动现金流出小计	135 000	
筹资活动产生的现金流量净额	65 000	
四、汇率变动对现金的影响		
五、现金及现金等价物净增加额	550 000	
加：期初现金及现金等价物余额	100 000	
六、期末现金及现金等价物余额	650 000	

表 14-7　　　　　　　　　现金流量表补充资料披露格式

补　充　资　料	本期金额	上期金额
1. 将净利润调节为经营活动现金流量：		
净利润		
加：资产减值准备		
固定资产折旧、油气资产折耗、生产性生物资产折旧		
无形资产摊销		
长期待摊费用摊销		
处置固定资产、无形资产和其他长期资产的损失(收益以"－"号填列)		
固定资产报废损失(收益以"－"号填列)		
公允价值变动损失(收益以"－"号填列)		
财务费用(收益以"－"号填列)		
投资损失(收益以"－"号填列)		
递延所得税资产减少(增加以"－"号填列)		
递延所得税负债增加(减少以"－"号填列)		
存货的减少(增加以"－"号填列)		
经营性应收项目的减少(增加以"－"号填列)		
经营性应付项目的增加(减少以"－"号填列)		
其他		
经营活动产生的现金流量净额		
2. 不涉及现金收支的重大投资和筹资活动：		
债务转为资本		
一年内到期的可转换公司债券		
融资租入固定资产		
3. 现金及现金等价物净变动情况：		
现金的期末余额		
减：现金的期初余额		
加：现金等价物的期末余额		
减：现金等价物的期初余额		
现金及现金等价物净增加额		

现金流量表的补充资料的填制方法从略。

第六节 会计报表附注的内容

附注是指对在会计报表中列示项目所作的进一步说明,以及对未能在这些报表中列示项目的说明等。它是会计报表的重要组成部分。企业应当按照规定披露附注信息,主要包括下列内容。

一、企业的基本情况

(1)企业注册地、组织形式和总部地址。

(2)企业的业务性质和主要经营活动。

(3)母公司和集团最终母公司的名称。

(4)财务会计报告的批准报出者和财务报告批准报出日。

二、会计报表的编制基础

企业应当以持续经营为基础,根据实际发生的交易或事项,按照《企业会计准则——基本准则》和其他各项会计准则的规定进行确认和计量,在此基础上编制会计报表。

三、遵循企业会计准则的声明

企业应当声明编制的会计报表符合企业会计准则的要求,真实、完整地反映了企业的财务状况、经营成果和现金流量等有关信息。

四、重要会计政策和会计估计

企业应当披露采用的重要会计政策和会计估计,不重要的会计政策和会计估计可以不披露。在披露重要会计政策和会计估计时,应当披露重要会计政策的确定依据和会计报表项目的计量基础,以及会计估计中所采用的关键假设和不确定因素。

五、会计政策和会计估计变更以及差错更正的说明

企业应当按照《企业会计准则第 28 号——会计政策、会计估计变更和差错更正》及其应用指南的规定,披露会计政策和会计估计变更以及差错更正的有关情况。

六、报表重要项目的说明

企业对报表重要项目的说明,应当按照资产负债表、利润表、现金流量表、所有者权益变动表及其项目列示的程序,采用文字和数字描述的方式进行披露,报表重要项目的明细金额合计,应当与报表项目金额相衔接。

(1)交易性金融资产。

(2)应收款项。

(3)存货。

(4)其他流动资产。

(5)可供出售金融资产。

（6）持有至到期投资。

（7）长期股权投资。

（8）投资性房地产。

（9）固定资产。

（10）生产性生物资产和公益性生物资产。

（11）油气资产。

（12）无形资产。

（13）商誉的形成来源、账面价值的增减变动情况。

（14）递延所得税资产和递延所得税负债。

（15）资产减值准备。

（16）所有权受到限制的资产。

（17）交易性金融负债。

（18）职工薪酬。

（19）应交税费。

（20）其他流动负债。

（21）短期借款和长期借款。

（22）应付债券。

（23）长期应付款。

（24）营业收入。

（25）公允价值变动收益。

（26）投资收益。

（27）资产减值损失。

（28）营业外收入。

（29）营业外支出。

（30）所得税费用。

（31）企业取得政府补助的种类和金额。

（32）每股收益。

（33）按费用性质分类的利润表。

（34）非货币性资产交换。

（35）股份支付。

（36）债务重组。

（37）借款费用。

（38）外币折算。

（39）企业合并。

（40）租赁。

（41）终止经营。

（42）分部报告。

以上 42 项重要项目的内容包括了一般企业所有经营活动的内容,对于部分企业,特别是目前尚不执行《企业会计准则》及应用指南的企业,其经营活动不一定会全部涉及上述所有内容。

第七节 会计资料的分析利用

会计资料的分析利用是根据会计报表的有关指标资料,对企业的生产经营过程和结果进行分析的一种方法,它是财务会计报告的重要组成部分。通过会计资料分析,我们可以评价企业的财务状况和经营成果、预测企业的发展前景。

一、会计资料分析的作用

对会计资料进行分析利用,其目的主要在于动态地使用会计报表,满足企业内部和外部投资者的特定要求。其作用主要有三个方面。

（一）为企业管理者提供财务状况信息,促进企业内部管理

对企业管理者来说,通过会计资料分析,能及时了解企业财务状况和经营成果,规范企业财务行为,评价各种投资方案,测定管理效率,预测经济效益,指导企业生产经营的开发。

（二）为企业外部投资者提供决策依据

对企业外部投资者来说,包括潜在的、现在的投资者和融资者,通过会计资料分析能了解有关企业财务状况和经营成果各方面的信息,帮助有关投资者进行投资分析和选择,有利于作出正确的决策。

（三）为社会提供企业财务信息,促进证券市场正常运行

股票上市企业经营的优劣、投资风险的大小、盈利的高低等因素,对证券市场颇有影响,通过企业定期向社会公布会计分析资料,能及时地、真实地反映企业财务状况和经营成果,以稳定证券投资者的心态,促进证券市场的正常运转。

二、会计资料分析指标

（一）营运能力分析指标

营运能力是指企业经营的效率高低。即资金周转的速度快慢及其有效性。营运能力的分析评价指标主要有:总资产周转率(次数)、流动资金周转率(次数)、存货周转率(次数)、应收账款周转率(次数)、不良资产比率、资产损失比率等。

1. 总资产周转率（次数）

总资产周转率(次数)是企业一定时期销售收入净额与平均资产总额之比,它是衡量资产投资规模与销售水平之间的配比情况的指标。其计算公式如下:

$$总资产周转率（次数）=\frac{销售收入净额}{平均资产总额}$$

计算公式中的销售收入净额是指当期销售总额减去销售折扣与折让以后的数额，平均资产总额是指企业全部资产的年初数与年末数的平均值。

运用总资产周转率（次数）分析评价资产使用效率时，还要结合销售利润一起分析。对资产总额中的固定资产应按净值与原值分别计算分析。

总资产周转率（次数）越高，说明企业销售能力越强，资产投资的效益越好。

【例 14-19】　某企业 201×年销售收入净额为 450 万元，平均资产总额为 150 万元。其资产周转率的计算如下：

$$资产周转率（次数）=\frac{450}{150}=3（次）$$

2. 流动资产周转率（次数）

流动资产周转率（次数）是企业一定时期销售收入净额与平均流动资产总额之比，是指企业在一定时期内流动资产可以周转的次数。流动资产周转率（次数）是分析评价企业资产利用效率的又一基本指标，其基本公式如下：

$$流动资产周转率（次数）=\frac{销售收入}{平均流动资产总额}$$

计算公式中，平均流动资产总额是指企业流动资产总额的年初数与年末数的平均值。这个指标的周转次数越多，说明流动资产周转速度越快，利用效率越高。

分析评价企业流动资产周转速度（次数）还可用流动资产周转期（天数）指标，它是指流动资产周转一次需要的时间。其计算公式如下：

$$流动资产周转期（天数）=\frac{平均流动资产总额}{日销售收入}$$

这个指标表明流动资产周转一次的天数。天数越少，说明流动资产周转速度越快，利用效果越好。

【例 14-20】　某企业 201×年销售收入为 1 800 万元，平均流动资产为 450 万元。其流动资产周转次数和天数的计算如下：

$$流动资产周转率（次数）=1\,800÷450=4（次）$$
$$流动资产周转期（天数）=450÷（1\,800÷360）=90（天）$$

在使用这个指标时，平均流动资产的值一般为"（期初＋期末）÷2"，企业内部使用时，应按月、按旬平均计算。

3. 存货周转率（次数）

在分析流动资产周转率、了解企业流动资产总的周转速度的基础上，要进一步分析流动资产中个别项目的周转速度，可以增强对企业经营效率的了解程度。特别是其中存货周转率(次数)尤为重要,因为存货在流动资产中占有极大的比重。

存货周转率(次数)是对流动资产周转率(次数)的补充说明,是衡量企业销售能力及存货管理水平的综合性指标。它是销售成本与平均存货之比,其计算公式如下:

$$存货周转率(次数)＝销售成本÷平均存货$$

计算公式中,销售成本是指企业销售商品或提供劳务等业务的实际成本。平均存货是指企业在经营过程中为销售或用于储备商品等年初数与年末数的平均值。

同流动资产周转率(次数)一样,存货周转率(次数)越高,表示存货周转速度越快,利用效率越好。

分析存货周转速度也可以用存货周转期(天数)来表示,其计算公式如下:

$$存货周转期(天数)＝平均存货÷日销售成本$$

存货周转期(天数)越短,说明存货周转速度越快,利用效率也就越好。

虽然评价存货周转速度快慢取决于周转次数和周转天数的多少,周转次数越多,周转天数越少,存货的周转速度就越快。但这并不是说周转次数越多越好,周转天数越少越好。因为出现这种情况,可能是存货太少或库存经常不足所致。这样就会导致商品脱销,丧失销售机会。因此,我们在对存货周转率(次数)的评价应注意两点:一是要注意存货的结构,有否存在积压、滞销的存货;二是要注意其他企业和行业水平。

在使用和计算存货周转率指标时,存货的计价方法(如加权平均法、移动加权平均法、先进先出法、个别计价法等)在一个年度内必须保持一致,只能用一种计价方法,不能更换,否则会掩盖成本的真相。

4. 应收账款周转率(次数)

应收账款是企业流动资产除存货外的另一重要项目。应收账款周转率(次数)是企业一定时期内赊销净收入与平均应收账款余额之比。应收账款周转率(次数)是对流动资金周转率(次数)的补充说明,它是衡量企业应收账款周转速度及管理效率的指标。其计算公式如下:

$$应收账款周转率(次数)＝\frac{赊销收入净额}{平均应收账款余额}$$

一般来说,应收账款周转率(次数)越高越好,它反映收回货款速度快,资产流动性强,可以减少和避免坏账损失。在使用和计算这个指标时应注意以下几点:

(1) 应收账款应为扣除坏账准备后的净值。

(2) 平均应收账款以"(期初＋期末)÷2"进行计算。

（3）销售收入以赊销净收入计算，也可按总销售收入计算。

评价应收账款的周转速度还可以用应收账款回收期（天数）指标来进行分析。其计算公式如下：

$$应收账款回收期（天数）=\frac{平均应收账款余额}{平均日赊销收入}$$

或：

$$应收账款回收期（天数）=\frac{360}{应收账款周转率}$$

应收账款回收期（天数）也是表明应收账款平均变现速度的指标。它反映收回应收账款所用的时间。回收期越短，说明收回贷款的速度越快，资产流动性越强；反之，回收期越长，说明收回贷款速度越慢，收款情况越差，产生坏账可能性越大。

【例 14-21】　某企业 201× 年商品赊销净额为 36 000 元，平均应收账款余额为 7 200 元。其周转速度的计算如下：

$$应收账款周转率（次数）=36\ 000÷7\ 200=5（次）$$
$$应收账款回收期（天数）=360÷5=72（天）$$

5. 不良资产比率

不良资产比率是企业年末不良资产总额占年末资产总额的比重。不良资产比率是从企业资产管理角度对企业资产营运状况进行分析的补充指标。其计算公式如下：

$$不良资产比率=\frac{年末不良资产总额}{年末资产总额}×100\%$$

计算公式中，年末不良资产总额是指企业资产中难以参加正常生产经营运转的部分，主要包括 3 年以上的应收账款、积压商品物资和不良投资等；年末资产总额是指企业全部资产的年末总数。

一般来说，不良资产比率越小越好，0 是最好水平。这个指标越高，表示企业不能正常参加经营运转的资金越多，资金利用效率越差。

【例 14-22】　某企业 201× 年年末资产总额为 300 万元，其中不能正常参加经营运转的资金为 15 万元，其不良资产比率的计算如下：

$$不良资产比率=\frac{15}{300}×100\%=5\%$$

6. 资产损失比率

资产损失比率是企业一定时期待处理资产损失净额占资产总额的比重。资产损失比率是分析判断企业资产损失对资产营运状况的直接影响的指标。也是对企业资产营运状况分析的补充指标。其计算公式如下：

$$资产损失比率=\frac{待处理资产损失净额}{年末资产总额}×100\%$$

计算公式中,待处理资产损失净额是指企业待处理流动资产净损失、待处理固定资产净损失及固定资产毁损、待报废三项的合计数。

这个指标也是越小越好,0是最好水平。

(二)盈利能力分析指标

盈利能力是企业获取利润的能力。它是衡量企业经营效果的重要指标。分析企业盈利能力,可以从各个不同角度进行。常用的指标有:总资产报酬率、净资产收益率、资本保值增值率、销售利润率、成本和费用利润率、产权比率等。

1. 总资产报酬率

总资产报酬率是以投资报酬为基础来分析评价企业获利能力,是指企业一定时期内获得的投资报酬与资产总额之间的比率。总资产报酬率是评价企业通过投资,包括净资产和负债在内的全部资产的总体获利能力的,也是分析评价企业资产运营效益的基本指标。其计算公式如下:

$$总资产报酬率 = \frac{利润总额 + 利息支出}{平均资产总额} \times 100\%$$

计算公式中的利润总额是指企业实现的全部利润,即税前利润,利息支出是指企业在生产经营过程中实际支出的借款利息、债券利息等,平均资产总额是指企业资产总额年初数与年末数的平均值。

对总资产报酬率的评价,一般是越高越好,它表明企业获利能力强,运用全部资产所获得的经济效益好。

为了正确计算总资产报酬率,对资产总额及利润的数据,也可作适当调整。资产总额可根据资产负债表中的资产总额剔除一些不能为本期带来效益的资产,如积压滞销的存货、闲置的固定资产、在建工程等;对利润的计算可按未扣除所得税以前的收益计算;固定资产应按净值计算。

【例14-23】 某企业201×年税前利润为25万元,利息支出为5万元,年平均资产总额为200万元。其总资产报酬率的计算如下:

$$总资产报酬率 = \frac{25 + 5}{200} \times 100\% = 15\%$$

总资产报酬率越高,说明资产盈利能力越强,资产的利用效益越好。在运用这个指标时,一般可作自身的纵向比较,也可与同行业先进水平进行横向比较。

2. 净资产收益率

净资产收益率是企业一定时期内的净利润与平均净资产之比。它是衡量投资者投入资本的获利能力与企业资本运营的综合效益的基本指标。其计算公式如下:

$$净资产收益率 = \frac{净利润}{平均净资产} \times 100\%$$

净资产收益率反映了自有资本的获利能力,表示每元净资产所获取的净利润。一般来说,净资产收益率越高,说明资本带来的利润越多,利用效果越好。如果净资产收益率高于银行利息率,则适当举债对投资者是有利的;反之,低于银行利率,则过多负债会影响投资者利益。

【例 14-24】 某企业 201×年实收资本总额为 150 万元,净利润为 18 万元;上年年实收资本总额为 140 万元,净利润为 15.4 万元。比较资本收益率情况如下:

$$上年资本收益率 = \frac{15.4}{140} \times 100\% = 11\%$$

$$201×年资本收益率 = \frac{18}{150} \times 100\% = 12\%$$

3. 资本保值增值率

资本保值增值率是指企业本年年末所有者权益扣除客观增减因素后同年初所有者权益的比率。它反映了当年资本的实际增减变动情况,是分析评价国有和国有控股企业经营效益的补充指标。其计算公式如下:

$$资本保值增值率 = \frac{年末所有者权益}{年初所有者权益} \times 100\%$$

计算公式中的年末所有者权益扣除客观增减因素是指国家资本金及其权益因客观因素增加额和国家资本金及其权益因客观因素减少额两大类。

这个指标反映了资本的保全性和增值性,指标数值越高,表明企业的资本保全状况越好,所有者权益增长越快,债权人的债务越有保障,企业发展的后劲越足。

4. 销售利润率

销售利润率是企业一定时期利润与销售净额之间的比率,它是以营业收入为基础分析评价企业获利能力,反映销售净收入的收益水平,分析评价企业经营效益的补充指标。销售利润率是指每元销售额所获得的利润,一般来说,销售利润率越高,企业获利能力越强,销售净收入的收益水平越高。其计算公式如下:

$$销售利润率 = \frac{销售利润}{销售净收入} \times 100\%$$

这个指标的分解式如下:

$$销售利润率 = 毛利率 - 销售税金率 - 销售成本率 - 费用率$$

计算公式中,销售利润是指企业销售收入扣除销售成本、销售费用、税金及附加后的利润,不包括其他业务利润、长期投资收益、营业外收支等因素。

分析企业销售净收入的收益水平,一般使用销售利润率,如果企业投资收益或营业外收支大时,则可使用营业利润率,如果企业其他业务利润过大时,则可使用主营业务利润率。其计算公式如下：

$$营业利润率 = \frac{营业利润}{销售净收入} \times 100\%$$

$$主营业务利润率 = \frac{主营业务利润}{销售净收入} \times 100\%$$

【例 14-25】 某企业有关损益资料如表 14-8 所示,试计算毛利率、销售利润率、营业利润率、净利润率。

表 14-8　　　　　　　　　　**某企业损益资料表**

项　　目	全年累计数(万元)
营业收入	410
减:营业成本	270
毛利	140
减:税金及附加	7
销售费用	22
管理费用	21
财务费用	6
加:投资收益	6
营业利润	90
加:营业外收入	3
减:营业外支出	1
利润总额	92
减:所得税费用	23
净利润	69

$$毛利率 = \frac{140}{410} \times 100\% = 32.44\%$$

$$销售利润率 = \frac{84}{410} \times 100\% = 20.05\%$$

$$营业利润率 = \frac{90}{410} \times 100\% = 21.95\%$$

$$净利润率 = \frac{69}{410} \times 100\% = 16.83\%$$

5. 成本和费用利润率

成本和费用利润率是企业一定时期利润总额与成本和费用总额的比率。它是反映企业为取得利润而付出的代价,是从企业成本和费用支出方面补充评价企业收益能力的指标。

其计算公式如下:

$$成本利润率 = \frac{利润总额}{成本总额} \times 100\%$$

$$费用利润率 = \frac{利润总额}{费用总额} \times 100\%$$

计算公式中成本总额是指企业销售成本,费用总额是指商品流通费用总额,包括销售费用、管理费用和财务费用。

【例 14-26】　设某企业费用总额为 49 万元,利润额为 69 万元,其费用利润率的计算如下:

$$费用利润率 = \frac{69}{49} \times 100\% = 140.82\%$$

6. 产权比率

产权比率又称负债权益比率,是企业负债总额与所有者权益之比。它反映了债权人提供的资本与所有者提供的资本相对的关系,说明企业的财务结构与债权人投入的资本受所有者权益的保障程度,其计算公式如下:

$$产权比率 = \frac{负债总额}{所有者权益}$$

【例 14-27】　某公司 201×年年末负债总额为 300 万元,所有者权益为 240 万元,其产权比率的计算如下:

$$产权比率 = \frac{300}{240} = 1.25$$

产权比率越低,表示企业的长期偿债能力越强,债权人就有安全感;反之,比率越高,企业长期偿债能力越弱,债权人就不安全。这个指标的评价标准一般应小于 1,此例比率较大,债权人受所有者权益保障程度较低。

(三)偿债能力分析指标

企业偿债能力是指企业对各种到期债务偿付的能力。如果到期不能偿付债务,则表示企业偿债能力不足,财务状况不佳。偿债能力分短期偿债能力和长期偿债能力,其评价指标也各有侧重。

衡量一个企业的偿债能力,主要是对资产和负债的分析,资产大于负债,说明企业具有偿债能力;反之,则偿债能力不足。资产越多,偿债能力越强。

分析评价偿债能力的主要指标有资产负债率、流动比率、速动比率、现金流动负债比率、长期资产适合率。

1. 资产负债率

资产负债率亦称负债比率或杠杆比率,是分析评价企业效绩的基本指标,是企业一定时期负债总额与资产总额之比,即每元资产所承担负债的数额。资产负债率是国际公认的衡量企业负债偿还能力和经营风险的重要指标。其计算公式如下:

$$资产负债率=\frac{负债总额}{资产总额}\times100\%$$

计算公式中负债总额是指企业承担的各项短期负债和长期负债的总和。资产总额是指企业拥有的各项资产价值的总和。

【例14-28】 某企业的年末负债总额为100万元,资产总额为180万元,其资产负债率的计算如下:

$$资产负债率=\frac{100}{180}\times100\%=56\%$$

这个指标反映了在企业总资产中债权人所提供的比重。因此比率越大,说明在企业总资产中由债权人提供的部分越多,企业负债就多,举债就困难。如果比率较小,说明在企业总资产中由债权人提供的部分越少,企业财力较强,债权保障程度较高,但也反映了企业利用债权人提供资金进行生产经营从而增强获利能力的机会较少。因此,评价这个指标的标准,一般以50%左右为好。国际上一般公认60%比较好。

2. 流动比率

流动比率是企业一定时期流动资产与流动负债之比。即企业用于偿付每1元流动负债所具有的流动资产。它是衡量企业短期偿债能力的常用比率。其计算公式如下:

$$流动比率=\frac{流动资产}{流动负债}$$

计算公式中的流动资产是指企业可以在1年或超过1年的一个营业周期内变现或耗用的资产。

流动负债是指企业偿还期在1年或超过1年的一个营业周期以内的债务。

【例14-29】 某企业201×年12月31日流动资产总额为180万元,流动负债总额为100万元。其流动比率的计算如下:

$$流动比率=\frac{180}{100}=1.8$$

评价流动比率的标准,一般以2∶1左右较好。流动比率过高,虽然表示企业流动性大,有足够的变现资产来偿债,但并不说明有足够的现金可以还债,也可能存货积压,应收账款增多,因此还要结合现金流量进行分析。如果现金不足,则说明企业资金过多滞留在流动资产形态上,未能参加生产经营运转,流动比率过低则说明企业资金不足,偿债能力低下。国际上公认的标准比率为200%,我国较好的水平是150%左右。在运用这一指标时,要因行业而异,只有与同行业比较,或与本企业历史水平进行比较,才能知道这个比率的高低,同时还要结合资产结构、周转及现金流量。如果周转性差,则评价标准还可适当降低。

3. 速动比率

速动比率是企业一定时期速动资产(流动资产－存货)与流动负债之比。即企业用于偿付每元流动负债所具有的速动资产。它是衡量企业近期偿债能力、评价企业流动资产变现能力强弱的指标,又称酸性测验比率。其计算公式如下:

$$速动比率=\frac{流动资产}{流动负债}\times100\%$$

计算公式中速动资产是企业在较短时间内能变为现金的流动资产,但不包括存货,因为存货要通过销售经应收款项后才能变现,其流动性相对较差。所以,速动资产变现能力强,具有较强的偿债能力。

【例 14-30】　如[例 14-11]中,设流动资产总额 180 万元中,存货为 75 万元。其速动比率的计算如下:

$$速动比率=\frac{180-75}{100}\times100\%=\frac{105}{100}\times100\%=105\%$$

对速动比率的评价,一般认为是 1:1 较妥当,表示企业有较好的偿债能力,比率过高,资金往往滞留在应收款项形态上;而比率过低,则又表示支付能力不足,运用这个指标时,也要因行业各异,没有统一标准。

4. 现金流动负债比率

对短期偿债能力的评价,除流动比率、速动比率指标外,还要结合现金流动负债比率指标一起进行综合评价。

现金流动负债比率是企业一定时期经营现金净流入对流动负债的比率。现金类资产包括现金及其等价物。它是衡量企业即期偿债能力的比率。其计算公式如下:

$$现金流动负债比率=\frac{年经营现金净流入}{年末流动负债}\times100\%$$

计算公式中,年经营现金净流入是指一定时期内,由企业经营活动所产生的现金及其等价物的流入量与流出量的差额。

现金流动负债比率高,说明企业经营活动产生的现金净流入较多,企业应急能力也就强,具有较大的举债能力。但是,闲置过多的现金也是不经济的。比率过低,说明企业经营活动产生的现金净流入较少,应急能力越差。一般认为,评价现金比率的标准以适度为好。

5. 长期资产适合率

长期资产适合率是企业所有者权益与长期负债之和同固定资产与长期投资之和的比率。这个指标从企业资源配置结构方面反映企业的偿债能力,是分析评价企业偿还负债能力的补充指标。其计算公式如下:

$$长期资产适合率=\frac{所有者权益+长期负债}{固定资产+长期投资}\times100\%$$

计算公式中的所有者权益是指所有者权益总额的年末数,长期负债是指偿还期在1年或超过1年的一个营业周期以上的债务,固定资产是企业固定资产总额的年末数,长期投资是指投资期限在1年或超过1年的一个营业周期以上的投资。

长期资产适合率在反映企业偿债能力的同时,还反映了企业资金使用的合理性。该指标一般以数值较高为好,但是过高则会导致融资成本增加的问题。从理论上分析,该指标以≥100%较好,但究竟多少合适,要结合企业具体情况,参照行业水平确定。

第八节 财务会计报告的报送和汇总

为了充分发挥财务会计报告的作用,各个单位在编制财务会计报告后,应按规定的期限和程序及时报送上级主管部门和其他有关单位。上级主管部门对上报的财务会计报告应及时组织审查和汇总。由于各单位隶属关系不同、业务活动性质不同及经济管理要求不同,对于财务会计报告的报送、审批和汇总的办法也不同。

一、财务会计报告的报送

企业在报送财务会计报告之前,必须由本单位会计主管人员和企业负责人进行认真复核,主要是复核报表的项目是否填列齐全,补充资料填列是否完整,是否附有必要的编制说明,报表与报表的有关指标是否衔接一致。经复核无误后,会计人员应将会计报表依次编定页数,加具封面,装订成册,加盖公章。封面上应注明企业的名称、地址、开业年份、报表所属年度月份、送出日期等。企业财务会计报告必须由企业领导、总会计师(或代行总会计师职权的人员)和会计主管人员签名并盖章。外商投资企业、股份有限公司等财务会计报告还须经注册会计师签证。

财务会计报告报送的单位,主要是根据企业管理体制,同时考虑国家综合平衡工作需要以及增强财政、信贷监督的要求而定。基层企业一般报送上级主管部门、财税部门、开户银行和投资人。财政、审计、税务、人民银行、证券监管等部门应依照有关法规规定的职责,对有关单位的会计资料实施监督检查。

财务会计报告报送的期限,一方面,应考虑需要财务会计报告的有关单位对报表的需要程度;另一方面,又要考虑编报单位的机构、组织形式、编报工作量大小以及编报单位所在地的交通条件等因素,正确规定财务会计报告的报送期限。这样有利于各编表单位如期报送,便于及时汇总和利用财务会计报告,以发挥其应有的作用。根据《企业会计制度》规定,月报应于月份终了后6天内报出,半年度报应于年度中期结束后60天内报出,年报于年度终了后4个月内报出。

二、财务会计报告的审核

财务会计报告应当根据经过审核的账簿记录和有关资料编制,并符合我国《会

计法》和国家统一的会计制度的规定,上级主管部门单位对会计报表的审核包括:

(1)审核财务会计报告的编制是否符合会计制度的有关规定,如报表的种类、份数是否按规定报送,报表的项目、指标是否填列齐全,报表的编制人员和企业领导、总会计师、会计主管人员是否已经签章,相关的报表及相关的项目之间的钩稽关系是否衔接一致等。

(2)审核财务会计报告的内容,主要是查明财务会计报告所提供的各项指标是否真实可靠,查明企业在编制财务会计报告前是否全面清查财产、核实账务,对发现的问题是否按制度规定进行处理,是否按照会计核算的一般原则进行确认和计量。审查各项计划指标完成情况,查明完成或未完成的原因,检查有无违反国家法令和财经纪律等情况。

经过审核,如果发现财务会计报告填报错误或手续不全,应通知编报单位更正或补办手续。如果发现违反国家法令和财经纪律,应查明原因,严肃处理。

三、财务会计报告的汇总与合并

(一)汇总财务会计报告

汇总财务会计报告是各级企业主管部门对所属单位逐级编报的财务会计报告汇总编制的财务会计报告。

各级企业主管部门对所属单位上报的财务会计报告应该逐级编报汇总财务会计报告。

各级主管部门在汇编时,必须注意汇编的单位是否齐全,对所属各单位的财务会计报告必须全面地加以汇编,不得漏编、漏报。在汇编以前还必须对所属企业财务会计报告进行审核,经审核认为正确后才能汇编。

汇总财务会计报告是根据所属各企业财务会计报告和汇编单位本身的财务会计报告加以整理、汇总而成的。

汇总财务会计报告的编制方法基本上与前述编制方法相同。大部分项目都可以按照所属单位的报表资料加以汇总,但有一部分项目不能简单地加计总数,而应在日常核算资料的基础上重新计算分析。

(二)合并财务会计报告

合并财务会计报告是指母公司和其全部子公司形成的企业集团整体财务状况、经营成果和现金流量的财务会计报告。

母公司是指有一个或一个以上子公司的企业。子公司是指被母公司控制的企业。合并财务会计报告的基础是"控制",即一个企业能决定另一个企业的财务和经营政策,并据以从其经营活动中获取利益。

合并财务会计报告由母公司编制,至少合并资产负债表、利润表、现金流量表和所有者权益变动表及附注等内容。编制时应抵销母公司与子公司相互之间发生的内部交易对企业资产、负债、所有者权益、利润、现金流量等方面变动的影响,从而可以对外提供母公司组成的企业集团的整体经营情况的会计信息。

思 考 题

1. 财务会计报告有什么作用？编制会计报表的基本要求是什么？
2. 会计报表有哪些种类？它们的作用是什么？它们的基本内容是什么？
3. 如何编制现金流量表？
4. 财务会计报告应如何报送和审核？

习 题

1. 目的 练习资产负债表的编制。

资料

（1）某商业企业 201×年 12 月 31 日各账户余额如表 14-9 所示。

表 14-9   **账 户 余 额 表**

借方余额账户	年初数	年末数	贷方余额账户	年初数	年末数
库存现金	525	600	坏账准备	570	600
银行存款	114 810	123 100	商品进销差价	63 000	67 500
其他货币资金	3 600	3 000	存货跌价准备	3 492	3 524
交易性金融资产	45 000	62 500	短期借款	330 000	360 000
应收票据	16 200	21 000	应付票据	41 700	51 000
应收账款	119 340	180 000	应付账款	25 410	26 250
其他应收款	4 410	4 820	预收账款	7 860	8 400
在途物资	84 000	96 840	其他应付款	8 640	9 480
库存商品	950 940	964 500	应付职工薪酬	25 935	27 810
原材料	14 970	15 150	累计折旧	37 170	45 000
包装物	14 760	13 390	应交税费	23 910	30 315
低值易耗品	19 905	19 050	应付股利	31 980	46 755
长期股权投资	82 500	112 500	交易性金融负债	25 152	30 542
固定资产	270 000	300 000	应付利息	5 031	4 386
在建工程	33 300	46 000	长期借款	30 000	54 000
工程物资	3 620	4 200	实收资本	1 080 000	1 080 000
无形资产	20 500	12 000	资本公积	13 830	13 830
长期待摊费用	9 900	9 000	盈余公积	54 600	123 600
			未分配利润	—	4 660

（2）有关明细账户余额如表 14-10 所示。

表 14-10　　　　　　　　　　明细账户余额表

项目	年初数	年末数
（1）"应收账款"账户借方余额	124 340	188 000
"应收账款"账户贷方余额	5 000	8 000
（2）"应付账款"借方余额	2 000	3 000
"应付账款"贷方余额	27 410	29 250
（3）"长期股权投资"账户中一年内到期的股权	22 000	30 000

要求　编制资产负债表。

2. 目的　练习利润表的编制。

资料　某商业企业 201×年 1～12 月各损益类账户净发生额如表 14-11 所示。

表 14-11　　　　　　　　　　损益类账户净发生额

账　　　户	12 月数	1～11 月数
主营业务收入	981 100	8 829 900
其他业务收入	19 500	175 500
投资收益	1 500	13 500
营业外收入	2 320	20 880
主营业务成本	875 300	7 877 700
销售费用	19 310	173 790
税金及附加	10 230	92 070
其他业务成本	12 500	112 500
管理费用	11 200	100 800
财务费用	4 170	37 530
营业外支出	2 110	18 990
所得税费用	17 400	156 600

要求　编制 201×年度利润表。

3. 目的　练习财务状况分析。

资料　参见上述习题 1 和习题 2 的资产负债表、利润表的有关资料。

要求　分析该商业企业的流动比率、速动比率、资本保值增值率及存货周转率。

4. 目的　练习现金流量表的编制。

资料 甲批发企业在201×年有关账户的收支和结存情况如下：

1) 经营活动产生的现金流量

(1) 本期收到商品销售收入现金(包括银行存款，下同)250万元，支付客户退货现金3万元。期末应收账款余额20万元，比期初减少8万元；期末应收票据余额15万元，比期初减少5万元。合计商品销售收入现金260万元(250＋8＋5－3)。以上项目均包括随货款一起收到的增值税额。

(2) 本期收到销售商品的增值税销项税额32.11万元(247×13%)，收到前期销货商品应收的销项税额1.69万元(13×13%)，合计收到增值税销项税额现金33.80万元(32.11＋1.69)。

(3) 本期购进商品120万元，支付前期进货应付账款10万元，合计购买商品支付的现金130万元(120＋10)。

(4) 本期交纳增值税39.1万元，支付所得税30万元。

(5) 本期支付给经营人员工资及奖金等现金15万元，支付其他与经营活动有关的现金10万元。

2) 投资活动产生的现金流量

(1) 本期收到某项债券到期本金15万元，债券利息3万元，存入银行。

(2) 本期购建有关设备10套，支付现金35万元。

3) 筹资活动产生的现金流量

(1) 本期向银行借款所收到的现金30万元。

(2) 本期偿还金融借款所支付的现金20万元，偿付利息2.5万元。

要求 编制批发甲企业201×年度现金流量表。

李海波工作室

　　李海波工作室由我国著名会计学专家李海波教授创办，多年来，李海波会计系列、财经系列教科书在图书市场声誉卓著，深受广大读者的欢迎和有关专家的好评。李海波工作室经政府有关部门批准，已经正式注册，工作室的图书及相关业务呈现了新的发展势头。

　　李海波工作室邀集会计、经济等各路专家、教授及出版人才，专门从事图书的选题策划和书稿的创作编写，以及相关出版业务，兼做有关教育培训、财务咨询等业务。

　　李海波教授、研究员毕业于中央财经大学，中国注册会计师，享受国务院特殊津贴专家，长期从事会计、财经等专业的教学、研究和高校管理工作；先后兼任中国会计学会理事、中国审计学会理事、中国生产力学会常务理事等职；曾受聘担任国家教育部全国专科教育人才培养工作委员会副主任，并被收入《中国大学校长名典》和《中国教育名人录》。

　　多年来，李海波工作室策划了许多高质量的图书。李海波教授主编了《新编会计学原理》《公司会计》《企业会计》《新编成本会计》《新编小型企业会计》《新编审计学》《财务管理》《经济法》《财政与金融》《金融会计》《管理会计》《会计电算化》《统计学》《生产力词典》等90多部著作、教材和词典，论文60多篇。他主编的图书获得过许多荣誉和奖项，包括"全国优秀畅销书一等奖""全国优秀教材奖""优秀教材学术专著奖""双效书荣誉奖""建国精品图书奖"等。李海波会计系列、财经系列教科书经受了市场的检验，正在不断地完善和丰富。许多书不断重版、重印，其中《新编会计学原理》再版几十次，重印90多次，发行全国各地，单本发行量多达500多万册。

　　以李海波名字命名的李海波工作室，在会计、财经等专业图书的策划、编辑、出版等方面积累了丰富的经验，有独特的优势，与出版社有着长期的、良好的合作关系。

立信会计出版社